Combien ça va nous coûter ?

Dimitri Pavlenko

Combien ça va nous coûter ?

Comprendre la crise du pouvoir d'achat

PLON
www.plon.fr

92, avenue de France
75013 Paris
Tél. : 01 44 16 09 00
Fax : 01 44 16 09 01
www.plon.fr
www.lisez.com

Dépôt légal : septembre 2022
ISBN : 978-2-259-31200-4
Mise en pages : Nord Compo

« L'étude de la monnaie est, par excellence, le domaine de l'économie dans lequel la complexité est utilisée pour déguiser la vérité et non pour la révéler. La plupart des choses de la vie – automobiles, maîtresses, cancer – comptent surtout pour ceux qui les ont. L'argent au contraire est aussi important pour ceux qui en ont que pour ceux qui n'en ont pas. »

John Kenneth Galbraith, *L'Argent*

« En fait, je n'ai aucun respect pour l'argent. Mis à part son pouvoir d'achat, il est totalement inutile en ce qui me concerne. »

Alfred Hitchcock

« Un travailleur dont le salaire n'augmente pas se retrouve bien démuni face à l'inflation au point qu'il ne peut même plus s'acheter un pantalon. On appelle ça l'effet salaire. »

Philippe Geluck

L'angoisse face au pouvoir d'achat

Dans la grande conversation nationale, les Français placent invariablement le pouvoir d'achat dans le trio de tête de leurs préoccupations prioritaires. Fréquemment sondés sur l'état de leur porte-monnaie, une grosse moitié d'entre eux estiment s'être appauvris au cours des dix dernières années. Les mêmes anticipent que leur pouvoir d'achat déclinera davantage dans la décennie à venir. On obtenait déjà ces mêmes résultats il y a dix ans. Le « grand déclassement » met bien davantage d'accord que le « grand remplacement », et les savants calculs, aussi fiables soient-ils, affirmant qu'au contraire, le pouvoir d'achat n'a cessé de progresser depuis vingt ans ne font pas le poids devant le ressenti populaire de la paupérisation. Plus que jamais, cette conviction l'emporte sous l'effet du retour de l'inflation, décuplée par la guerre en Ukraine.

Désormais, le pouvoir d'achat écrase et structure tout. Est-ce une surprise ? Trois ans après les Gilets jaunes, on relit d'un œil nouveau les cahiers de doléances rédigés pendant l'hiver 2019. On y découvrait déjà que des millions de Français n'arrivaient plus à vivre dignement. À la fin de 2021, 38 millions de Français étaient éligibles à l'« indemnité inflation », réservée aux plus de seize ans gagnant moins de 2 000 euros par mois, soit les trois quarts de la population active. Voilà qu'émerge sous nos yeux une étrange pyramide : celle des revenus en France, totalement déformée. À la base de cet aberrant édifice statistique, 9 millions de pauvres (14,6 % de la population, près d'un Français sur six) vivent avec moins de 1 063 euros chaque mois, prestations sociales comprises, soit 60 % du revenu médian.

Sous la plume des Gilets jaunes revient en boucle cette idée qu'une fois le plein de son véhicule fait, les courses et le loyer payés, il ne reste plus rien. « Pouvoir d'achat pour tous », « TVA à 5,5 % sur les produits de première nécessité », pouvait-on lire au dos de certains gilets, slogans écrits en majuscules au marqueur noir. « Paradis pour les uns, pas un radis pour les autres », « Jo le taxé », aussi. Vous les lanciez sur l'état de leur compte en banque, ils vous parlaient de leur peur de l'avenir, de leurs craintes pour leurs enfants (« ils vivront moins bien que nous »), de leur colère face aux inégalités, de leur sentiment d'injustice, de leur désespoir de voir l'ascenseur social un jour réparé, de leur certitude du déclin. Rien d'étonnant à cela : en quarante ans, les revenus de la majorité ont faiblement progressé, voire stagné, quand ceux d'une infime minorité se sont envolés.

De crise en crise, de récession en récession, de plus en plus de Français sont passés à un mode de vie restrictif. L'ancien publicitaire Maurice Lévy parle d'une véritable « culture de la déflation » qui pourrait avoir comme adage : ne pas perdre, c'est déjà gagner. J'ai entendu, pendant la campagne présidentielle, nombre d'éditorialistes se plaindre de sa médiocrité. Une campagne centrée sur le pouvoir d'achat, c'était si barbant. Augmenter le Smic, verser des primes, défiscaliser les heures supplémentaires, réformer les droits de succession, quel manque de souffle, quelle pauvreté ! Pour les Français, c'était précisément cela le sujet : la pauvreté. Il fallait savoir décoder la crainte que le contrat social de l'après-seconde guerre mondiale, c'est-à-dire la promesse du capitalisme d'offrir une vie décente et prospère, ne soit désormais plus tenue. La France, à la fois pays du Nord de l'Europe par sa dépense publique, et pays du Sud par ses performances, souffre de handicaps structurels si importants qu'elle n'est en effet peut-être plus capable de tenir cette promesse. Ces quarante dernières années, le système n'a eu à offrir aux Français que le chômage et les délocalisations, les inquiétudes face aux ruptures technologiques, les chocs pétroliers et les krachs boursiers.

Unique en Europe, l'obsession française du pouvoir d'achat n'est rien moins qu'une crise existentielle nationale. Derrière l'apparente trivialité des revendications monétaires et matérielles convergent des questions de fond. La France est-elle en train de s'appauvrir ? Et si le progrès s'arrêtait ? Serons-nous la première génération depuis le début de l'ère industrielle à voir baisser les rémunérations, l'éducation, les voyages, la mobilité, la consommation ? La désindustrialisation, la mondialisation portent-elles une responsabilité dans cette (r-)évolution ? Travaillons-nous suffisamment ? Le consommateur est-il l'ennemi du travailleur ? Pour un avenir plus vert, demain sera-t-il encore plus cher ?

C'est cette France-là, préoccupée par son pouvoir d'achat comme jamais, qu'il s'agit maintenant de raconter. Cette France des revenus et des dépenses, profondément recomposée par la « grande métamorphose[1] » engagée il y a maintenant quarante ans à la suite de trois décennies d'une prospérité exceptionnelle, nourrissant en retour une puissante nostalgie. Cette France de la « fracture sociale », déstabilisée par le rétrécissement de sa classe moyenne, la massification de la pauvreté et l'entrée en sécession de ses riches. Cette France, qui voudrait se protéger du monde et dans laquelle l'État, la puissance tutélaire, multiplie les béquilles sociales et budgétaires au prix d'un endettement faramineux,

1. Voir Jérôme Fourquet et Jean-Laurent Cassely, *La France sous nos yeux. Économie, paysages, nouveaux modes de vie*, Paris, Le Seuil, 2021.

mais déçoit toujours, car il ne parvient plus à fournir la protection qu'il promettait, déclenchant un sentiment de vulnérabilité parmi les citoyens. Cette France où le but de l'économie, comme disait Alfred Sauvy, n'est plus le travail, mais la consommation. C'est cette société-là, la nôtre, société de tentations pétrie de nombreuses frustrations, prise d'un profond malaise, que nous allons explorer, décrypter. Combien ça va nous coûter ? Allons-nous sortir de cette crise ? *Quid* de notre pouvoir d'achat demain ? Il est temps de répondre à ces questions, d'apaiser nos angoisses.

PREMIÈRE PARTIE

COMPRENDRE LE MALAISE

1.

Qu'est-ce que réellement le pouvoir d'achat ?

Du pouvoir d'achat, les économistes donnent une définition un peu aride : Il s'agit de la quantité de biens ou de services qu'un revenu permet d'acquérir. En France, sa mesure officielle est réalisée par l'Insee, en pourcentage d'évolution d'un mois ou d'une année sur l'autre. La méthode de calcul est aujourd'hui à peu près la même partout dans le monde, à quelques nuances près. Deux variables entrent en jeu : les rentrées d'argent, et les niveaux de prix. Si vos revenus progressent plus vite que les prix, votre pouvoir d'achat augmente ; si les prix grimpent plus vite que vos revenus, vous perdez du pouvoir d'achat.

Le revenu disponible brut

Le premier paramètre est donc ce que les ménages gagnent. Les statisticiens parlent du « revenu disponible brut des ménages ». On l'obtient en additionnant l'intégralité des revenus dits « primaires », c'est-à-dire tout ce qui tombe chaque année dans les poches des Français par leur travail : les salaires du privé, les traitements des fonctionnaires, les honoraires des libéraux et les bénéfices des indépendants. Viennent s'ajouter toutes les prestations sociales (pensions de retraite, indemnités chômage, allocations familiales et logement, remboursement des soins médicaux, etc.), ainsi que les revenus du patrimoine (loyers et revenus fonciers perçus par les propriétaires, dividendes des actionnaires, revenus d'assurances vie, etc.). De cette somme, on soustrait ensuite les cotisations sociales et les impôts directs (impôt sur le revenu, CSG, CRDS...). À titre d'exemple, le compte de revenu des ménages établi par l'Insee évalue le revenu disponible brut des Français en 2021 à 1 555,2 milliards d'euros.

En divisant le revenu disponible brut par la population, soit 67,8 millions d'habitants au 1er janvier 2022, on obtient un revenu annuel disponible brut par tête de 22 938 euros. Ce chiffre ne signifie rien en soi : la société française est certes moins inégalitaire que d'autres, mais tout le monde n'a évidemment pas les mêmes revenus. Par ailleurs, tous les Français ne sont pas en âge de percevoir des revenus, et ils vivent rarement seuls. On parle ainsi de « ménage » pour désigner un groupe de personnes habitant dans un même logement, quel que soit le lien qui les unit : une colocation d'étudiants est un ménage, un couple marié avec deux enfants également. Un célibataire est un ménage à lui tout seul, au même titre qu'une famille élargie rassemblant sous un même toit un couple de parents, leurs trois enfants âgés de six, douze et quinze ans et un couple de grands-parents. Ce dernier type de ménage, qualifié de « complexe », fréquent au début du XXe siècle, se fait de plus en plus rare. Depuis quarante ans en effet, la tendance est à la diminution de la taille des ménages : on se met en couple plus tard, les unions sont aussi plus fragiles ; 45 % des couples finissent par divorcer. On fait moins d'enfants, et on garde rarement ses vieux parents chez soi. Au début des années 1960, un ménage comptait en moyenne 3,1 personnes. C'est 2,2 aujourd'hui. Alors qu'il y a soixante ans, un ménage sur cinq comptait au moins cinq personnes, ce n'est plus qu'un sur seize. De nos jours, la configuration soliste l'emporte sur toutes les autres : 35 % des ménages sont composés d'une seule personne, 33 % de deux, et 32 % de trois personnes ou plus. Ainsi, on recense de nos jours en France près de 30 millions de ménages, presque 5 millions de plus en vingt ans, sous l'effet pour moitié de la croissance de la population, et pour l'autre de l'évolution de nos modes de vie.

Les démographes utilisent beaucoup la notion de « ménage », mais ils emploient aussi celle de « foyer fiscal ». Dans la législation française, le foyer fiscal est l'unité qui regroupe toutes les personnes tenues de souscrire une même déclaration de revenus. Les ménages ne recoupent pas tout à fait les foyers fiscaux : pour reprendre l'exemple de notre ménage complexe composé de trois générations vivant sous le même toit, les aînés, que l'on imaginera mariés, déclarent leurs impôts ensemble et constituent un premier foyer fiscal ; les parents, eux aussi mariés, en forment un second avec leurs enfants. À l'inverse, prenons un couple marié qui a fait le choix de vivre séparé, et qui a un enfant majeur en études dans une autre ville. Les trois membres de cette famille constituent un seul foyer fiscal, mais trois ménages distincts, car ils vivent séparément, mais déclarent encore leurs revenus ensemble.

Notons d'emblée qu'en matière de pouvoir d'achat, il y a un intérêt certain à jouer en équipe. La taille et la composition d'un ménage ont une incidence forte sur son pouvoir d'achat. On réalise d'importantes économies d'échelle en mutualisant certaines dépenses : un célibataire achètera une machine à laver pour son linge, une famille de quatre individus également. Inutile d'en avoir une par personne. On la choisira simplement plus grosse. Ainsi, du fait des économies d'échelle qu'on réalise en vivant à plusieurs, l'Insee considère qu'au sein d'un ménage, le premier adulte vaut une « unité de consommation » (1 UC), le deuxième la moitié du premier (donc 0,5 UC), de même que les adolescents de plus de quatorze ans. En dessous de cet âge, chaque enfant vaut 0,3 unité de consommation. Une famille de deux adultes et deux enfants de huit et dix ans représente donc 2,1 UC et notre ménage complexe composé de sept membres (quatre adultes et trois enfants de six, douze et quinze ans) 3,6 UC.

Le panier de la ménagère

La seconde variable du pouvoir d'achat est la plus complexe à établir : il s'agit de l'indice des prix à la consommation (IPC). Celui-ci détermine le coût d'un panier de courses fictif composé d'un éventail très large de produits que les Français consomment en quantité significative. L'IPC est le principal indicateur de l'évolution des prix. À la hausse, on parle d'*inflation* ; à la baisse, de *déflation*. Toutes les catégories de produits et de services sont prises en compte : l'alimentation, l'habillement, l'équipement de la maison, les transports, la santé, la téléphonie, les voyages, etc. Dès lors qu'un bien ou un service représente plus d'un millième des dépenses des ménages, l'Insee l'intègre au panier fictif.

Que contient-il, ce chariot de courses imaginaire ? La liste précise en est tenue secrète par l'Institut, afin d'éviter toute manipulation de l'indice, comme l'État se laissa aller à le faire dans les années 1950, et comme certains distributeurs pourraient être tentés de le faire aujourd'hui. Sachez cependant que l'on est dans le *big data* : à peu près tout y passe, du café dans un bar à la baguette de pain en passant par les carburants, le ticket de bus, les contrats d'assurance auto, les factures d'électricité, de gaz, les forfaits de téléphonie mobile, le pull en coton, le paquet de pâtes, le billet de cinéma, etc. Une équipe de 700 agents de l'Insee est chargée de relever physiquement chaque mois sur le terrain les prix de 160 000 produits et services dans 30 000 points de vente (grandes et moyennes surfaces, boutiques, marchés…) et sur tout le territoire. S'y ajoutent 500 000 tarifs collectés sur Internet (qui pèse aujourd'hui près de 15 % des ventes de détail globales en France), et auprès de grands opérateurs (télécoms, fournisseurs d'énergie, banques, assurances, services publics...). Pour parfaire la mesure, l'Insee récupère depuis 2020 auprès d'un certain nombre de points de vente les données de caisse, autrement dit les tickets des clients, soit une masse de 80 millions de prix supplémentaires de produits identifiés par codes-barres.

Au fil du temps, certains produits intègrent le panier, d'autres le quittent au gré des modes, du progrès technologique et de la proportion budgétaire que l'on y consacre. Dans les années 1990, les PC y ont ainsi fait une entrée fracassante, suivis par les téléphones mobiles, puis les smartphones à partir de 2007-2010. Au rayon musique, le disque vinyle a progressivement cédé la place à la cassette audio, puis au CD, à leur tour supplantés par le *streaming*. Bien sûr, dans le panier fictif de l'Insee, des dépenses récurrentes, comme les carburants, cohabitent avec des dépenses beaucoup moins fréquentes mais onéreuses, comme l'achat d'une voiture, et qui vont donc aisément franchir la barre du millième des dépenses engagées par une famille. Les structures de ces deux dépenses sont totalement différentes, mais sont incluses l'une comme l'autre dans le panier du statisticien.

Pour ne pas fausser les comparaisons d'un mois sur l'autre, les agents de l'Insee veillent à toujours relever les prix des mêmes modèles, de la même marque, et du même conditionnement. Autrement dit, si le panier de courses inclut le paquet de quatre tranches de jambon de telle marque, on ne s'intéressera pas au paquet de huit tranches, dont le poids au kilo n'est pas le même (il n'est d'ailleurs pas toujours moins cher). Si la référence vient à disparaître, une autre, comparable, vient la remplacer. Par ailleurs, un même produit n'a pas un prix uniforme selon qu'on l'achète dans un hypermarché ou une supérette, à Paris en janvier, l'été dans une station balnéaire de la Côte basque ou dans un village alsacien. C'est pourquoi les relevés sont faits toute l'année, sur tout le territoire et dans chaque type de magasin afin d'aboutir à une moyenne fiable.

Puis cette immense masse de données est classée par familles de produits et services (plus de 250). Chaque famille est ensuite pondérée dans l'indice global des prix proportionnellement à son poids dans les dépenses de consommation des ménages. Voilà, ci-contre, à quoi ressemble l'indice des prix à la consommation en mars 2022. En gras, les grandes catégories de dépenses d'un ménage, et leur poids exprimé sur une base de 10 000 points : l'alimentation représente 16,49 % du budget d'un ménage moyen, les produits manufacturés 24,4 %, l'énergie 8,8 %, et les services 48 %. Cependant, la lecture attentive de ce tableau nous interpelle quelque peu : ils sont peu nombreux en effet, les Français pour qui le poste logement ne pèse que 7,99 % des dépenses mensuelles. Il y a des raisons techniques à cette anomalie souvent reprochée à l'Insee. En effet, il ne prend en compte que les loyers des locataires, et non les mensualités des crédits immobilier remboursées par les propriétaires (voir plus loin le chapitre 4 de la deuxième partie).

Autre enseignement du tableau, les formidables variations de prix sur un an de certains postes de dépenses. Alors que de mars 2021 à mars 2022 l'inflation d'ensemble s'élève à 4,5 %, les prix de l'énergie ont spécifiquement flambé de 29,2 %, et même de 43,5 % pour les seuls produits pétroliers. Cependant, rappelons-nous la règle du pouvoir d'achat : il est préservé tant que les revenus continuent d'augmenter au moins au même rythme que les prix. Or, que nous enseignent les statistiques ? Qu'en vingt et un ans, de janvier 2000 à décembre 2021, le revenu disponible brut des Français a progressé de 60 %, pour une inflation cumulée de 30 % ! Le pouvoir d'achat a donc statistiquement augmenté de 30 %, malgré cinq années de baisse : 2003 (introduction de l'euro), 2008 (crise financière) et 2011-2013 (crise de la zone euro). Nous devrions donc nous sentir collectivement plus riches, en tout cas plus à l'aise financièrement qu'au début du siècle. D'où vient alors que tant de Français ont l'impression exactement contraire ?

	Pondérations 2022	Variations 12 derniers mois (en %)
Ensemble	**10 000**	**+4,5**
Alimentation	**1 649**	**+2,9**
Produits frais	249	+7,6
Autre alimentation	1 400	+2,1
Tabac	215	– 0,1
Produits manufacturés	**2 444**	**+2,1**
Habillement et chaussures	341	+3,5
Produits de santé	395	– 1,2
Autres produits manufacturés	1 708	+2,6
Énergie	**886**	**+29,2**
dont produits pétroliers	434	+43,5
Services	**4 806**	**+2,3**
Loyers, eau et enlèvement des ordures ménagères	799	+1,7
Services de santé	697	– 0,9
Transports	198	+6,1
Communications	227	+2,3
Autres services	2 885	+3,1

Source : Insee, Indice des prix à la consommation, mars 2022

2.

Chiffre et ressenti du pouvoir d'achat : pourquoi ça diverge ?

Entre le statisticien et le consommateur, les malentendus sont nombreux. Le premier tient au caractère absolument abstrait, sinon insaisissable pour le commun des mortels de l'agrégat économique complexe dont on vient de décrire la méthode de calcul. Pour le grand public, le pouvoir d'achat est une notion beaucoup plus charnelle. Il s'évalue d'abord à la capacité à boucler son budget sans finir tous les mois à découvert. En la matière, les ménages sont les meilleurs experts d'eux-mêmes, et leur ressenti est cruel : selon le baromètre du pouvoir d'achat Cofidis de mai 2022, les Français considèrent qu'il leur manque en moyenne 490 euros pour vivre convenablement. On a dans ce chiffre la quantification monétaire de l'inquiétude entourant la question du pouvoir d'achat. « En avoir » signifie d'abord et avant tout « ne pas être dans le rouge ». Le pouvoir d'achat, pour M. et Mme Tout-le-Monde, c'est la capacité de s'offrir ainsi qu'aux siens, en plus des dépenses courantes, de petits extras qui apportent la preuve qu'on ne fait pas que subir l'existence et les frais qu'elle engendre. La notion de plaisir est décisive. En résumé, selon le sociologue Jérôme Fourquet, le pouvoir d'achat, c'est « la souveraineté du consommateur »[1].

1. Jérôme Fourquet, « Dans une société désidéologisée, je suis ce que je consomme », entretien avec Eugénie Bastié, *Le Figaro*, 17 février 2022.

Perdre cette souveraineté, devoir renoncer à aller au cinéma ou au restaurant parce qu'il y a d'abord des factures à régler, constitue pour les Français une incroyable vexation.

L'année 2020 nous procure un exemple spectaculaire de l'écart entre la mesure et le ressenti du pouvoir d'achat. C'est un fait établi que, cette année-là, nous avons collectivement beaucoup moins travaillé du fait de la pandémie : de mars à mai, entre 7 et 8,4 millions de salariés ont connu le chômage partiel. Ils étaient encore 2,4 millions en décembre. Nous avons donc créé beaucoup moins de richesse : –8 % de produit intérieur brut (PIB) par rapport à 2019. Malgré cela, le pouvoir d'achat a légèrement augmenté (+0,4 % selon l'Insee) grâce au mécanisme, coûteux pour les finances publiques, de nationalisation des salaires. Mais la population n'a pas ressenti de gain. L'explication est en réalité assez simple. Elle réside dans le vécu de la séquence, durant laquelle notre consommation a objectivement baissé : pas de voyages, pas de repas au restaurant, pas de loisirs, etc. La forte progression de l'activité du e-commerce est loin d'avoir absorbé la totalité du chiffre d'affaires perdu par les commerces administrativement fermés, parce que maladroitement jugés « non essentiels ». En 2020, notre niveau de vie s'est donc objectivement affaibli, et l'argent non dépensé dans la consommation est allé se stériliser en épargne. En juillet 2021, les Français stockaient 343,3 milliards d'euros sur leurs livrets A (+36 milliards depuis mars 2020) et 509,3 milliards d'euros sur leurs comptes courants (+90 milliards) ! Ce quasi-billion d'euros dormants sans rendement mais que les Français préféraient garder à portée de carte bleue est le révélateur paradoxal de leur certitude d'avoir perdu des marges de manœuvre budgétaires. Ont-ils nécessairement tort ?

Info ou intox ?

Commençons par renverser la perspective : pourquoi les chiffres auraient-ils forcément raison ? Sont-ils si transparents et fiables qu'ils ne peuvent souffrir la moindre contestation ? Étymologiquement, le mot *statistique* nous vient de l'italien *statista*, « le statiste », c'est-à-dire l'homme d'État. La statistique, c'est littéralement au XVIIIe siècle « la science de l'État », le savoir que les gouvernants doivent posséder pour gérer les affaires publiques. Aujourd'hui, bien sûr, le pouvoir politique n'a plus le monopole des chiffres et de la mise en données du monde. Les statistiques n'en ont pas pour autant perdu leur ambivalence, demeurant à la fois un outil de connaissance et un outil de gouvernement. « Elles sont comme le bikini », dit l'économiste et statisticien américain Aaron Levenstein. « Ce qu'elles révèlent est intéressant. Ce qu'elles dissimulent est essentiel. » Et le grand public a des doutes sur l'impartialité de la « raison statistique » et de la mesure. Le terme *mesure* revêt d'ailleurs une double acception : mesurer, nous dit *Le Robert*, c'est déterminer une valeur. C'est aussi la quantité *souhaitable*. Mesurer renvoie aussi à *modérer*, par exemple un comportement. L'idée de contrôle n'est pas loin, la certification par l'autorité non plus. Selon une enquête de la Commission européenne publiée en 2015, 38 % seulement des Européens croient les chiffres officiels. Un sondage Cevipof-OpinionWay de janvier 2019 arrivait à peu près aux mêmes résultats : 46 % des Français seulement estiment crédibles les statistiques officielles sur le réchauffement climatique, 38 % celles sur la croissance économique et l'inflation, 37 % les déficits publics, 36 % le chômage, 34 % la délinquance, et 33 % l'immigration. « Plus l'indicateur a une portée politique, moins il inspire confiance », concluait alors le Cevipof. Dit autrement, et c'est ce que pensent une majorité de Français, les chiffres sont finalement comme les gens : si on les torture un peu, on peut leur faire dire n'importe quoi… Certains vont plus loin, instruisant même un procès en malhonnêteté de l'Insee dans ses calculs.

Des chiffres et des personnes

Aux doutes sur les statistiques elles-mêmes s'ajoute le manque de finesse de l'agrégat macroéconomique très large dont on a décrit plus haut la méthode de calcul. Les totaux nationaux réalisés pour l'ensemble de la population ne disent pas grand-chose de l'infinie diversité des situations familiales, professionnelles, patrimoniales, ni de la structure des revenus de chacun. Et ce n'est évidemment pas parce que la France s'enrichit que tous les Français s'enrichissent. Ce n'est pas non plus parce que le pouvoir d'achat moyen progresse qu'il progresse pour tout le monde. Évidemment, les statisticiens ne se contentent pas de la moyenne. Ils affinent leurs mesures à différentes granularités, en découpant la population en tranches plus ou moins épaisses selon les besoins : tranches de 25 % (les *quartiles*, parce qu'équivalentes à un quart du total), 20 % (*quintiles*, un cinquième), 10 % (*déciles*, un dixième) voire 1 % (*centiles*, un centième), ce qui permet une lecture beaucoup plus fine des résultats selon les niveaux de revenus, du plus faible au plus élevé. Mais ces données très précises, bien qu'en libre accès sur le site Internet de l'Insee, percent rarement dans les médias, qui se contentent généralement du communiqué de presse ou de la dépêche d'agence relayant la seule mesure moyenne, annuelle ou mensuelle.

Or, chaque année, il y a des gagnants et des perdants des politiques économiques, et donc du pouvoir d'achat, qu'on n'identifie qu'en entrant dans les détails. À l'automne 2021, une étude de l'Institut des politiques publiques révélait ainsi que derrière la façade d'un gain moyen de pouvoir d'achat de 1,6 % par an entre 2017 et 2022, soit 397 euros par Français, trois centiles sur les cinq les plus pauvres avaient en réalité perdu du pouvoir d'achat, tandis que les 1 % les plus riches surperformaient avec un gain de 2,8 % (3 500 euros par an) et même 4,1 % pour le 0,1 % le plus aisé. Une répartition des gains diamétralement opposée à celle décrite dans une autre étude menée en septembre 2021 par la Direction générale du Trésor, donc Bercy, et qui concluait que les 10 % les plus pauvres avaient gagné davantage (+4 %) durant le quinquennat d'Emmanuel Macron que les 10 % les plus aisés (+2 %).

De telles divergences sont du plus mauvais effet. Elles jettent forcément un trouble dans l'opinion. Le travail *a priori* austère et rébarbatif consistant à mesurer les prix, les revenus et le pouvoir d'achat s'avère en réalité hautement sensible. La statistique est une matière inflammable, et il se trouve toujours quelqu'un pour réexaminer le contrat de confiance liant l'Insee, chargé de ce travail, à la nation. À plusieurs reprises dans l'histoire, on lui opposa une concurrence. En 1972, la CGT, toute-puissante à l'époque, lança un contre-indice maison qui, pendant vingt-six ans, évalua l'inflation de deux à quatre points au-dessus de la mesure officielle. L'indice CGT servit pendant trois décennies de renseignement de base à la lutte sociale. Dans les négociations salariales, le syndicat le brandissait systématiquement face à l'indice Insee, considéré comme celui du patronat, parce que moins inflationniste. Plus récemment, en avril 2022, l'association de consommateurs UFC-Que choisir inaugura son propre indice de l'inflation mensuelle, « plus proche de la réalité », en tout cas plus élevé que l'indice officiel des prix à la consommation (5,3 % en avril selon elle, contre 4,8 % selon l'Insee). La critique sous-jacente n'est pas anodine. Elle fut explicitée en des termes violents dans un livre paru en 2018 qui fit grand bruit dans les couloirs du siège de l'Insee à Montrouge. Son auteur, l'économiste Philippe Herlin, y soupçonne l'État de faire pression sur l'Insee pour tasser l'inflation, dans le but de verser moins de prestations sociales ou de maintenir bas le Smic, tous indexés sur l'indice des prix[1]. L'accusation pose une question brûlante : l'Insee fait-il de la politique, même sans s'en rendre compte ?

L'institut vit mal ces remises en cause de son honnêteté. Mais répondre publiquement aux critiques est toujours, pour lui, un exercice délicat, qui lui fait courir le risque de renvoyer le citoyen dans le camp des ignorants et des mal-informés. Afin d'éteindre les polémiques, l'Insee a donc agrandi sa boîte à outils au fil des ans. En 2007-2008, sous la pression de Christine Lagarde, à l'époque ministre de l'Économie et des Finances, il commença à publier de nouveaux thermomètres budgétaires : indicateur des dépenses pré-engagées et du revenu arbitrable, des remboursements d'emprunts, etc. Depuis 2007, l'Insee propose aussi un simulateur d'indice des prix personnalisé. Il suffit, pour chaque poste de dépense (alimentation, loyers, énergie, santé, automobile, habillement, restauration…), de livrer le pourcentage qu'il représente dans votre budget pour vous voir communiqué le chiffre de votre inflation personnelle. On trouve aussi depuis 2004 un indice des « opinions personnelles sur l'inflation » (OPI) qui révèle le fossé, par moment abyssal, entre mesure et perception. De 2004 à 2015, les OPI en France se situent en moyenne six points au-dessus de l'inflation mesurée par l'indice des prix à la consommation, avec certaines années des écarts supérieurs à vingt points !

Par ailleurs, plus une personne est pauvre, plus elle a le sentiment que les prix augmentent. Les statisticiens ont d'abord imputé ces distorsions au passage à l'euro, en 2003. L'introduction de la monnaie unique a chamboulé les repères des consommateurs en matière de prix. Mais il y a un mystère spécifiquement français : alors que, dans l'ensemble des pays passés à la monnaie unique, la courbe de perception a fini par recoller assez rapidement à

1. Philippe Herlin, *Pouvoir d'achat. Le grand mensonge*, Paris, Eyrolles, 2018.

celle de l'inflation (dès 2004, par exemple, dans le cas de l'Allemagne), un écart important persiste en France. L'Insee se range donc à l'avis que les consommateurs prendraient davantage en compte, pour estimer l'inflation, ce qu'ils achètent fréquemment, notamment l'alimentaire et les carburants, catégories toutes deux sujettes à de fortes variations saisonnières. Et comme on retient mieux les mauvaises nouvelles que les bonnes, les Français surévalueraient la hausse des prix et la baisse de leur pouvoir d'achat.

L'IMPACT DES FACTURES

Par-delà les « opinions » sur les prix, un phénomène est incontestable : c'est la part croissante dans les budgets des dépenses pré-engagées. Ce sont les charges auxquelles on ne peut pas se soustraire : le logement (loyer, prêt immobilier, taxes et impôts fonciers et locatifs), l'énergie, les assurances, les télécoms, les éventuels frais de cantine, etc. Autant de dépenses généralement mensualisées, pour lesquelles il est souvent obligatoire de souscrire un abonnement impliquant un prélèvement automatique. En soixante ans, la part des dépenses pré-engagées dans la dépense totale des ménages a pratiquement triplé : de 12 % en 1960, elle est passée en moyenne pour la population française, selon une étude de France Stratégie publiée en septembre 2021, à 27 % en 2001, puis à 32 % en 2017, impliquant autrement dit près d'un euro gagné sur trois.

Ce bloc de dépenses inévitables et difficilement compressibles se décompose de la manière suivante : 14 % de loyers et de charges liés au logement, 8 % de remboursements de prêts immobiliers, 7 % d'assurances, 2 % de télécoms, et 1 % de dépenses diverses. Moins on est riche, plus le fardeau des dépenses pré-engagées pèse lourd, selon France Stratégie : 41 % de leurs revenus pour le quartile des ménages les plus pauvres, 37 % pour le second, 32 % pour le troisième quartile (les classes moyennes) et 28 % pour les ménages les plus aisés. À l'intérieur de chacun de ces groupes, la configuration familiale fait varier de plus ou moins cinq points la part de ces dépenses non négociables. Très clairement, vivre à deux actifs constitue un sérieux avantage pour doper son pouvoir d'achat. Quel que soit son niveau de revenu, un couple sans enfant parvient toujours à dégager davantage de revenus arbitrables que, dans l'ordre, un couple avec enfant, un célibataire, ou une famille monoparentale.

L'âge est aussi un facteur important : la part des dépenses pré-engagées dans le revenu décroît à mesure que l'on avance dans l'existence. Selon une étude menée en 2018 par la Direction de la recherche, des études, de l'évaluation et des statistiques (Drees) rattachée au ministère de la Santé, en dessous de quarante ans, les charges contraintes pèsent en moyenne 36 % des dépenses totales, et jusqu'à 69 % pour les plus pauvres. Les choses s'arrangent la quarantaine passée, mais lorsque l'on interroge la population sur son sentiment d'aisance financière, les résultats sont éloquents : sur cinq réponses possibles, les pauvres répondent à 76 % « j'y arrive difficilement » ou bien « c'est juste, mais il faut faire attention ». Cette dernière réponse ne commence à le disputer au « ça va » qu'aux portes des classes moyennes. Et près d'un quart des ménages aisés estime indispensable de « faire attention ».

Traduits monétairement, ces pourcentages et ces déclarations de ressenti confirment les tensions budgétaires subies par les Français, mais aussi d'importants écarts de reste à vivre : les 10 % des ménages les plus pauvres gagnant moins de 840 euros par mois n'ont en poche que 180 euros après paiement des factures et des courses alimentaires. C'est à peine plus d'un cinquième de leurs revenus, quand les plus riches (9e décile) disposent, quant à eux, de 1 890 euros en moyenne. Pour la classe moyenne, c'est-à-dire les 60 % de ménages qui vivent avec des revenus mensuels compris entre approximativement 1 400 et 4 200 euros par mois (déciles 4, 5, 6, 7 et 8), le reste à vivre hors alimentation s'échelonne de 680 à 1 440 euros.

Seulement, cet argent n'est pas encore de l'argent de poche. Il reste à payer un certain nombre de choses qui ne font pas l'objet de factures ou d'abonnements, mais qu'il est difficile de différer ou de réduire. C'est le cas par exemple du carburant, qui représente en moyenne le quart du budget transport. En 2018, l'essence ou le gazole pesait 3 % des dépenses des Français, mais en moyenne 6 % des dépenses dites « arbitrables ». Par conséquent, pour bon nombre de Français, la moindre hausse d'une partie des prix suppose de consommer moins, ou moins cher. D'où l'immense succès du *low-cost* ces vingt dernières années, et la grande dispersion des classes moyennes à la périphérie des grandes villes, pour se loger moins cher sans trop rogner sur leur espace de vie privée. Avec comme conséquence de se mettre à la merci de la voiture et de la station-service. Ce fut le point de départ du mouvement des Gilets jaunes.

Il y a donc des fondements solides au sentiment qu'expriment un grand nombre de Français d'un manque de latitude dans leurs dépenses. Si le pouvoir d'achat moyen a augmenté, le reste à vivre, c'est-à-dire la part arbitrable des dépenses pour des extras, a inversement fondu. Les trajectoires personnelles, les accidents ou les heureux événements de la vie ont aussi des répercussions sur le niveau de vie, indépendamment des ressources : le passage à la retraite, une naissance, un mariage, un divorce. On voit là, clairement, l'influence de la démographie sur le pouvoir d'achat : une famille qui s'agrandit ou qui se sépare, c'est une cellule économique qui doit reconsidérer ses dépenses, et rarement à la baisse. Depuis cinquante ans, le nombre de ménages en France est passé de 20 à presque 30 millions, avec une réduction de leur taille moyenne : 2,2 personnes, ce qui minore l'effet de mutualisation constaté sur certaines dépenses, les équipements de la maison notamment.

Métamorphose de la consommation

Qui n'a jamais observé le changement sur les présentoirs du boulanger ? Jadis, le choix s'avérait plutôt restreint. C'était baguette, pain, pain complet, pain de mie, éventuellement pain de campagne, et quelques viennoiseries. Puis sont apparus de nouveaux types de pains toujours plus spéciaux les uns que les autres : aux graines, sans gluten, hyperprotéinés, pains régionaux pliés, tordus, en collier. Pains pour le petit-déjeuner, le foie gras, les toasts, les brunchs. La gamme des pains s'est considérablement étoffée. Même la baguette générique se décline aujourd'hui en marques, en labels et en signatures. Les farines s'assemblent comme les cépages pour le vin. Et les recettes de pain, de plus en plus souvent brevetées, se paient plus cher : 10 à 15 centimes en moyenne de plus qu'une banale baguette sans étiquette. La boulangerie monte en gamme, comme à peu près toutes les références dans nos magasins, et cela nourrit le sentiment que tout est plus cher. Combien de nuances de chips, de yaourts, de recettes de bière ? Starbucks connaît un succès planétaire avec une carte proposant vingt recettes de café différentes, vingt préparations de thé et dix-huit de chocolat ! Aucune spécialité populaire n'échappe au phénomène. Les commerces eux-mêmes montent en gamme : songez à l'évolution de l'enseigne Franprix, passée en quelques années du statut de supérette du coin à celui de « lieu de vie » où l'on peut s'offrir un jus d'orange pressé et des barquettes de poulet rôti cuit sur place, voire travailler sur une table haute avec connexion Wi-Fi. La sophistication gagne tous les pans de la consommation. L'acheteur, évidemment, est libre d'y céder ou non. On est dans le domaine de l'arbitrable. Cependant, la présence de la nouveauté a pour effet de dévaluer l'offre préexistante aux yeux du consommateur. Au point que, parfois, la version de base disparaît. Certains produits ont connu des ascensions sociales fulgurantes : le vin, désormais presque systématiquement AOC, au minimum ; le poulet, bio ou Label rouge, qui représente 60 % des ventes alors qu'il est deux fois plus cher au kilo que son congénère sans mention. La « prémiumisation » de l'offre répond évidemment à une demande des consommateurs. Elle est aussi parfois subie, quand, par exemple, la législation change : ce fut le cas en 1993 lorsque furent rendus obligatoires les pots catalytiques sur les véhicules pour réduire les émissions polluantes. Prix d'un pot catalytique : de 1 000 à 2 000 euros ! *Idem* pour le contrôle technique, peu onéreux (50 à 130 euros selon le contrôleur et le véhicule), mais obligatoire, ou quand, à partir de 1982, les assureurs eurent l'obligation d'inclure la couverture « catastrophe naturelle » dans leurs contrats. Qu'on parle de chips ou d'assurance, d'électronique dans les voitures ou de pain aux six céréales, la substitution avec l'offre antérieure, imposée ou désirée, se traduit par une hausse de prix. Mais le service s'en trouve amélioré, et, en théorie, la satisfaction du consommateur s'accroît.

Des produits et des prix

De ce fait, un sérieux problème se pose néanmoins aux statisticiens : comment quantifier *la qualité* d'un produit dans l'indice de prix ? Prenons l'exemple du smartphone. Chaque année, de nouvelles générations de terminaux sont lancées sur le marché, toujours plus chères que leurs devancières. L'iPhone d'Apple est un parfait exemple d'inflation téléphonique : lancé en 2007 entre 399 et 599 euros, le premier modèle coûtait, selon les versions, de 31 % à 46 % du Smic de l'époque (1 280,07 euros). L'iPhone 13 apparu à l'automne 2021 coûte entre 809 et 1 839 euros, soit de 52 % à 118 % du Smic à la même période

(1 554,58 euros). En échange, il procure un meilleur service, et finit par s'imposer commercialement. L'Insee va donc remplacer dans l'indice des prix les anciens modèles par les nouveaux. Et c'est là que se produit la confusion statistique, puisque les tarifs de lancement des nouveaux téléphones deviennent les nouveaux prix de référence. Leur intégration se fait à inflation zéro, alors même que le coût d'acquisition des nouveaux appareils a augmenté. Certaines hausses de prix sont donc masquées dans l'indice des prix au nom de l'« effet qualité ». Bien entendu, personne n'est obligé de craquer pour les smartphones dernier cri. Les anciens modèles ne disparaissent pas immédiatement des comptoirs des magasins ou des catalogues des opérateurs. Vous conservez le choix du prix que vous êtes prêt à mettre dans votre mobile. Mais la réalité commerciale est un peu différente. Observons la courbe des ventes de smartphones neufs au moment du déploiement de la 5G : au premier trimestre 2021, les ventes de nouveaux terminaux ont progressé de 24 % dans le monde, niveau plus vu depuis 2016 et le déploiement de la précédente génération de téléphonie mobile, la 4G. Y avait-il urgence à opter sans délai pour un appareil compatible avec la nouvelle norme ? Courions-nous le risque de ne plus pouvoir nous connecter ? Non. La 5G va encore cohabiter pendant des années avec la 4G. En l'occurrence, la ruée vers la nouveauté ne s'explique pas par la contrainte, mais par le désir : c'est le *vouloir* d'achat qui a commandé le *pouvoir* d'achat et, en l'occurrence, poussé un grand nombre de consommateurs à investir dans de nouveaux terminaux coûteux qui ont pris leur part de revenu arbitrable, sans que l'indice des prix ne le reflète totalement.

Le coût de la vie est-il vraiment mesurable ?

L'effet qualité n'est pas le seul casse-tête quand il s'agit d'apprécier l'évolution des prix. Comment, également, prendre en compte la durabilité d'un bien à l'âge de l'obsolescence programmée, ainsi que le niveau de bien-être qu'il procure par rapport à l'offre concurrente ? Tout cela fait l'objet d'âpres discussions théoriques depuis les années 1950, dont je vous épargne les détails, tant ils sont complexes. On retiendra tout de même cette idée essentielle : fondamentalement, l'indice des prix à la consommation n'est plus vraiment adapté au monde d'aujourd'hui. C'est un outil fait pour « une économie de production d'acier et de blé », écrivait en 2014 l'historien de l'économie Joel Mokyr[1]. Autrement dit, une économie de productions de masse, standardisées, avec des gammes de produits réduites et des circuits de production et de distribution facilement identifiables. L'indice des prix, baromètre du pouvoir d'achat, reflète-t-il encore la complexité d'une économie aussi sophistiquée que la nôtre, où les prix intègrent de plus en plus une part d'irrationnel, celle du rêve que le produit suscite ? Une économie aussi où, à l'inverse, certains produits ou services tels que ceux proposés par Google sont gratuits, d'autres monétisés en bloc sans limites de consommation, à l'image des films et séries accessibles sur Netflix, rendant difficilement chiffrable leur coût unitaire ? Une économie où certains tarifs dits « dynamiques », comme les billets d'avion ou de train, peuvent varier du simple au quintuple en l'espace de quelques jours, voire de quelques heures, en fonction de la demande ? Tout cela complique énormément la tâche des statisticiens, à qui l'on demande de surcroît de trouver le Graal : un indice du *coût de la vie*. Autrement dit, de quelle somme d'argent a-t-on besoin en France aujourd'hui pour atteindre un certain niveau de bien-être ?

Mais qu'est-ce donc que le bien-être ? Comment le mesurer ? Qu'est-ce qui est essentiel pour y accéder ? Est-il réductible, pour un individu, à une fraction de la richesse annuellement créée par

1. Joel Mokyr, *La Culture de la croissance : les origines de l'économie moderne*, trad. Pierre-Emmanuel Dauzat, Paris, Gallimard, 2020.

le pays dans lequel il vit ? Bien évidemment, non. Le PIB ne dit rien de mon état de santé physique et psychique, de l'équilibre entre ma vie privée et ma vie professionnelle, de la qualité de mon environnement (l'eau, l'air, le bruit), de mon sentiment de sécurité, de mes relations sociales. L'approche purement économique manque un peu de cœur pour cerner ce qu'est le bien-être, et *a fortiori* le bonheur.

En 1995, le Sénat américain commanda un rapport à une commission présidée par Michael J. Boskin, professeur à Stanford. Dans ses conclusions, la commission Boskin s'empara de ces questions difficiles et profondes, et elle fit des suggestions étonnantes : pour mesurer le coût de la vie, entendez une *bonne* vie, ne faudrait-il pas tenir compte, par exemple, de l'impact sur les budgets de la criminalité, qui oblige les populations de certains quartiers à s'équiper avec du matériel de sécurité (alarmes, assurances) ? Quelles conséquences, aussi, le télétravail aurait-il sur les budgets des familles ? se demandait déjà la commission Boskin. Il s'agirait, en somme, d'élargir le jeu de données au champ social, avec le risque que l'appareil statistique s'érige en instance normative de la vie en société. C'est pour cela qu'à ce jour, les statisticiens s'en tiennent à compiler les données purement tarifaires et monétaires de la consommation (les revenus et les prix), sans s'aventurer à faire de la prescription.

3.

Quarante ans de stagnation

Ces querelles théoriques et politiques trouvent leur place dans le cadre plus vaste de la « bataille du pouvoir d'achat » qui s'est engagée voilà maintenant près de cinquante ans, et qui continue de faire rage. L'autre nom de cette bataille, c'est la Crise, avec un *C* majuscule, née au début des années 1980. Une crise sans fin qui trouve sans arrêt à se réinventer, nourrissant la nostalgie de l'époque pas si lointaine où le pouvoir d'achat progressait à l'œil nu, sans effort apparent. C'est l'histoire de cette rupture qu'il nous faut maintenant conter.

C'ÉTAIT VRAIMENT MIEUX, AVANT ?

Pour se donner une idée des choses, on estime que, de 1900 à 2020, le pouvoir d'achat a été multiplié par cinq. Mais cette progression ne s'est pas faite à un rythme de croisière. Elle est en réalité calquée sur les cahots de la croissance globale. De 1900 à 1950, on observe une quasi-stagnation, puis une véritable envolée de l'après-guerre jusqu'à 1980 pendant les fameuses Trente Glorieuses. Passé ce cap, la croissance du pouvoir d'achat connaît un sérieux coup de frein, jusqu'à aujourd'hui. Mais revenons au début du XXe siècle.

À la veille de la guerre de 1914, on se prive encore volontairement de beaucoup de choses. Les dépenses de nourriture absorbent, comme au siècle précédent, plus de la moitié du budget de l'immense majorité des Français. Cependant, l'alimentation ne dicte plus tous les choix, et c'est une importante conquête dans l'histoire populaire. La France n'a plus peur de la faim, mais elle voit encore régulièrement remis en cause un niveau de vie difficilement acquis. De 1900 à 1950, le salaire moyen exprimé en francs est multiplié par cent ! Mais comme les prix progressent d'autant, la consommation à laquelle il donne accès ne s'améliore que très faiblement. Au milieu du siècle, le rapport entre les revenus et les prix est pratiquement le même qu'à son commencement. Cette stagnation de long terme est jalonnée de variations brutales. À des phases d'accroissement rapide du pouvoir d'achat succèdent des pics inflationnistes qui dévorent les gains précédents.

Du point de vue du pouvoir d'achat, l'histoire économique du pays s'écarte d'ailleurs sensiblement du récit centré sur la croissance. Ainsi, la décennie 1920, les fameuses Années folles dont nous conservons une image d'opulence et de prospérité, sont pour les Français des années contrastées. En 1929, la vie coûte six fois plus cher qu'en 1919. Mais les salaires progressent eux aussi fortement, souvent plus vite que les prix. Le rapport de force est incontestablement en faveur des travailleurs. Les employeurs sont contraints de procéder à des rattrapages salariaux à une époque où la France, amputée de presque toute une génération par la guerre de 14-18, manque cruellement de bras : on peine à imaginer qu'en 1929, le nombre de chômeurs indemnisés dans le pays est d'à peine… 1 000 ! Mais pour les rentiers, et ils sont nombreux, qui vivent de placements à rendement fixe, notamment les bailleurs, la spirale inflationniste est une catastrophe qui anéantit leurs revenus. Pour les locataires, les loyers sont dérisoires, mais plus personne n'entretient les habitations. Le délabrement général du parc immobilier deviendra une urgence nationale. Il faudra construire massivement et vite après la seconde guerre mondiale pour loger décemment les Français.

À l'inverse, on imagine toujours la récession des années 1930 comme une séquence d'appauvrissement général. En réalité, les revenus baissent de 10 % en moyenne, mais comme les prix baissent plus vite encore (–20 %), le pouvoir d'achat est épargné pour les Français qui ont la chance d'échapper au chômage, au temps partiel ou aux baisses de salaires. Le pouvoir d'achat touche néanmoins son point bas du siècle en 1940. À l'issue de la seconde guerre mondiale, il se retrouve à ses niveaux de 1914. Tout change à partir des années 1950.

LES VACHES GRASSES

Les Trente Glorieuses n'usurpent pas leur réputation de « révolution invisible », durant laquelle l'économie française entre dans une longue phase d'expansion qui propulse les Français, quarante ans après les Américains, dans la société de consommation. Tous rêvent de rattraper les années de privation. Ils vont d'abord ronger leur frein dans l'immédiat après-guerre, jouant le jeu de la « bataille de la production » et de la reconstruction. Ils en seront récompensés : de la fin des années 1940 à 1975, la croissance atteint la moyenne de presque 5 % par an. Avec un petit décalage temporel, le revenu disponible brut des ménages progresse, quant à lui, de 1960 à 1982 à un rythme annuel moyen supérieur à 13 % ! Dans les familles, de plus en plus souvent, les deux conjoints travaillent, ce qui permet au revenu moyen des ménages d'atteindre son plus haut du XXe siècle en 1978-1979, à environ 130 000 francs de l'époque par an. La croissance des revenus est stimulée par le plein-emploi absolu : on a du mal aujourd'hui à s'imaginer qu'en 1973, lorsque le taux de chômage atteint 2 à 3 %, soit 500 000 à 600 000 demandeurs d'emploi, le pays vit cela comme un choc. Mais c'est alors le niveau de chômage le plus élevé que la France ait connu depuis la dépression des années 1930.

Au sein des branches professionnelles, les salaires s'homogénéisent grâce à la généralisation des conventions collectives nationales. Sous l'effet d'une puissante redistribution pilotée par l'État-providence, les écarts de richesse se resserrent. En forte progression, les prestations sociales, financées par des cotisations sociales et patronales abondantes, atténuent considérablement les écarts de niveau de vie et permettent à l'ensemble de la société d'accéder à la consommation. En 1960, les « allocs » représentent 20,2 % du revenu disponible des ménages, 25,7 % en 1970 et 32 % en 1978.

Alors qu'en 1910 la part de richesse détenue par les 10 % les plus riches atteignait 90 %, celle-ci tombe à 50 % en 1970. Une vaste classe moyenne prend corps, pesant de 30 à 40 % de la population et concentrant 40 % de la richesse. Cette large « constellation centrale » (Henri Mendras) regroupe la majorité des cadres, les professions intellectuelles, les professions intermédiaires, les employés et une partie des ouvriers. Arrimée à elle, une constellation populaire, qui croit en ses chances d'ascension sociale. Et aux marges de ce vaste bloc central de la société française, des franges étroites d'exclus et de privilégiés. Pour figurer cette structure sociale, Mendras inventa l'image d'une toupie au ventre bombé, réduite à deux pointes à sa base et à son sommet[1].

Les salaires progressent à une vitesse folle ; ils courent aussi après les prix. Les anciens se rappelleront peut-être que, sous l'effet d'une inflation à deux chiffres pendant les années 1970, les salaires étaient parfois révisés chaque trimestre ! Cependant, les

1. Henri Mendras, *La Seconde Révolution française (1965-1984)*, Paris, Gallimard, 1988.

progrès de l'industrie et de l'agriculture exercent simultanément un puissant effet déflationniste : ainsi, de 1950 à 1980, le prix d'une cafetière est divisé par neuf, celui d'une machine à laver par plus de vingt-trois. Les prix de l'huile d'arachide et de la confiture sont divisés par huit, celui des pâtes par six. Les postes de dépenses concernés (équipement de la maison, alimentation...) s'allègent considérablement. Et le pouvoir d'achat s'en trouve multiplié par près de quatre, soit l'essentiel des gains de l'ensemble du XXe siècle. Bien sûr, cela ne signifie pas que les gens se sont mis à acheter des quantités quatre fois plus importantes de ce qu'ils consommaient. Leurs dépenses, essentiellement alimentaires à la fin de la guerre, se sont surtout considérablement diversifiées.

Ce tableau presque idyllique ne doit pas masquer que cette période de forte croissance a aussi généré son lot de frustrations. Si les écarts de revenus sont globalement contenus, tout le monde ne recueille pas les mêmes quantités de fruits de la croissance : de 1958 à 1967, le pouvoir d'achat du Smig, ancêtre du Smic, n'augmente ainsi que de 6 %, contre 32 % pour le salaire horaire moyen. À l'orée des années 1970, la croissance économique a même mauvaise réputation dans une partie de l'opinion : c'est le début de la carrière du concept de « croissance zéro », qui mutera plus tard, sous l'influence du mouvement écologiste naissant, en l'idée de décroissance. Mais dans l'ensemble, rien ne vient sérieusement freiner l'élévation du niveau de vie, pas même le premier choc pétrolier en 1973-1974. Alors que le prix du baril de pétrole passe en six mois de 2,5 à près de 12 dollars, le pouvoir d'achat continue de croître sereinement de plus de 3 %. Jusqu'à ce que la musique change à partir de 1979.

Le tournant de la rigueur

Cette année-là, le monde entre en récession sous l'effet du second choc pétrolier. Contrairement à nombre de pays, la France parvient à conserver un peu de croissance, mais elle en perd deux points d'un coup : de 3,6 % en 1979, on tombe à 1,6 % en 1980. La France n'est pas en récession, mais c'est uniquement grâce à ses acquis de la décennie précédente : en réalité, à ce moment-là, seule la consommation des ménages, composée déjà en grande partie de produits importés, porte encore la croissance du PIB, avec pour effet de creuser sérieusement le déficit commercial avec l'étranger. La crise est déjà là : les entreprises voient leurs marges diminuer fortement, elles ont déjà stoppé leurs investissements, et le chômage augmente de près de 20 % entre octobre 1980 et octobre 1981, essentiellement pour les ouvriers. Le pouvoir de négociation change durablement de main : il passe des salariés aux employeurs. Plus question pour eux de revaloriser généreusement les salaires comme dans la décennie précédente. C'est le point de départ du long mouvement de désyndicalisation des salariés français jusqu'à nos jours.

De 5,9 % en 1978, la croissance du pouvoir d'achat tombe à 0,7 % l'année suivante, sous l'effet de la fameuse « stagflation », ce cocktail affreux combinant une croissance faible, voire nulle (la stagnation), et une inflation puissante, fortement corrosive pour le pouvoir d'achat. À cette époque, la courbe des salaires est encore indexée sur celle des prix : de mai 1981 à juillet 1982, le revenu réel des Français progresse encore de 5,2 %. Mais c'est en réalité une catastrophe annonciatrice du fameux « tournant de la rigueur » de 1983. La gauche au pouvoir tente par tous les moyens de juguler l'inflation. Par trois fois en deux ans, elle dévalue le franc, provoquant une fuite des capitaux. Les mesures de ponction s'enchaînent : en 1982, le Premier ministre de gauche Pierre Mauroy impose le blocage des salaires et des prix, supprimant de fait l'indexation mise en place trente ans plus tôt, en 1952, par un ministre de droite, Antoine Pinay. La suppression de l'indexation, excepté pour le Smic, sera actée dans la loi l'année suivante. Les impôts augmentent fortement, de même que les tarifs de l'énergie. Pire encore, le gouvernement procède à un emprunt forcé sur les ménages payant plus de 5 000 francs d'impôts, lointain écho du milliard prélevé sur les riches en 1793. Les électeurs de gauche crient à la trahison, mais le gouvernement n'a pas le choix. Le modèle de croissance de la France s'est enrayé : le coût du travail sape la compétitivité des entreprises, alors même que la concurrence est, depuis longtemps déjà, mondiale. La France a perdu sa souveraineté économique, et elle s'en rend compte brutalement.

De la hausse des salaires à la maîtrise des prix

La baisse de l'inflation est un succès : de 13,4 % en 1981, elle revient à 2,7 % en 1986, réduite durablement à l'état de « spectre ». L'inflation disparaît du combat politique, remplacée par le chômage. Pour les Français, c'est un changement de paradigme. En désarrimant la progression des salaires de l'inflation, le gouvernement prive les Français de leur capteur le plus direct des bénéfices de la croissance du pays. Celle-ci, d'ailleurs, ne retrouvera plus les niveaux des Trente Glorieuses. De 5 % de moyenne, elle tombe entre 1980 et 2019 (on sort 2020 de la mesure, la chute exceptionnelle de 7,9 % du PIB déformant la moyenne de long terme) à 1,8 %. Le pouvoir d'achat du revenu disponible brut progresse moins vite encore, +1,48 % par an en moyenne, tiré vers le haut par un petit nombre de bonnes années (1988-1990, 1998-2002, 2006-2007, 2019), mais aussi vers le bas par des « années terribles » comme la triade 2011-2013, durant laquelle il baisse sous l'effet de la crise de la zone euro et des hausses d'impôts. La meilleure année de la période pour le pouvoir d'achat (1990, 4 %) n'atteint même pas le niveau de la plus mauvaise année de la période 1960-1978. Les années grasses cèdent la place au sentiment de la « crise » en continu. C'est l'avènement des politiques de compression salariale au nom de la compétition mondiale. Avant 1983 et les premières mesures d'austérité, les revenus des 50 % les plus pauvres et des 40 % de la classe moyenne progressaient plus vite que ceux des 10 % les plus riches. Depuis, c'est l'inverse. En 1975, il fallait trente-six ans à un ouvrier pour rattraper le niveau de vie d'un cadre supérieur ; il lui faudrait plus de cent soixante ans aujourd'hui.

Faute d'augmenter les salaires, ne reste alors plus qu'une solution pour améliorer le niveau de vie : maîtriser la hausse du coût de la vie. La bataille du pouvoir d'achat change de terrain ; elle quitte celui des revenus pour se jouer désormais sur celui des prix. Pour les pouvoirs publics, c'est un combat perdu d'avance : la visibilité de telles politiques, en stimulant par exemple la concurrence dans un secteur, est assez faible pour les consommateurs, moins marquante en tout cas que des hausses de salaire. En cas de succès, on en attribue rarement les mérites aux pouvoirs publics. Quand Free entra sur le marché de la téléphonie mobile, Arnaud Montebourg, encore dans l'opposition, écrivit sur Twitter au début de 2012 que « Xavier Niel [venait] de faire plus avec son forfait illimité pour le pouvoir d'achat des Français que Nicolas Sarkozy en cinq ans ». Alors même que l'entrée d'un quatrième opérateur sur le marché du mobile fut portée par le gouvernement Fillon en 2009… On comprend mieux pourquoi Bercy, à la suite de la suppression des cotisations salariales en 2018, décida pour communiquer sur sa politique fiscale de passer par le bulletin de salaire, en le rallongeant d'une ligne supplémentaire écrite 1,5 fois plus gros que les autres, afin de rendre nettement visibles les gains de salaire nets avant impôt sur le revenu.

Quand bien même les prix restent stables, l'offre de biens et de services ne cesse, pour sa part, de s'étendre. L'indice des prix de l'Insee était passé de 34 articles en 1946 à 295 en 1970. Aujourd'hui, selon le cabinet Nielsen, près de 350 000 références de produits de grande consommation sont en vente en France. Or, comme le budget des Français ne parvient plus à suivre cet élargissement incessant de la proposition commerciale, la frustration est immense. Quand les prix augmentent, même faiblement, le thème du « tout augmente » ressort systématiquement. À plus forte raison quand l'inflation renaît de ses cendres, agrandissant les trous des porte-monnaie déjà mités par quatre décennies de faiblesse salariale.

4.

Et l'inflation, dans tout ça ?

Dans l'histoire des hommes, l'inflation est aussi ancienne que l'échange marchand. À toutes les époques, dès la Haute Antiquité, on en trouve des traces dans les chroniques et les livres. La leçon universelle que l'on tire de ces lectures, c'est que les hausses de prix, notamment des denrées alimentaires, ne sont jamais une bonne nouvelle pour la tranquillité publique : lorsqu'on les signale, c'est toujours pour leurs conséquences politiques, souvent violentes. L'inflation est un puissant détonateur des colères sociales. Elle est la compagne des guerres, qu'elle précède ou suit, entraînant souvent révoltes, révolutions et changements de régime. C'est sa première caractéristique : l'inflation est tout le contraire d'une abstraction monétaire. C'est un phénomène politique et social extrêmement visible, qui s'impose à tous. La mémoire collective allemande est marquée au fer rouge par l'épisode d'hyperinflation (quand l'inflation dépasse 50 % par mois) de l'automne 1923, au cours duquel les prix grimpèrent de 29 500 %. Le 15 novembre, cette année-là, il fallait 2 500 milliards de marks pour un dollar. On paie alors les ouvriers trois fois par jour pour suivre le rythme fou du renchérissement des denrées, et on montre encore dans les livres d'histoire l'image des brouettes de billets nécessaires pour acheter de quoi se nourrir. Au Venezuela, de nos jours, inutile de se présenter dans un commerce avec une brouette si elle n'est pas chargée de dollars américains : le bolivar s'est tellement déprécié qu'il vaut moins cher que le papier sur lequel on l'imprime. On donne les billets aux enfants en guise de jouets. En Argentine, la situation est à peine moins catastrophique. Le pays se débat avec une inflation impossible à maîtriser depuis près de cinquante ans. Le peso vaut moins d'un centime d'euro. En 2021, les prix ont grimpé de 50,9 %, et ils sont attendus en hausse de 60 % en 2022. Les prix du matin sont encore à peu près ceux de l'après-midi, mais les étiquettes valsent tous les quatre à cinq jours. 42 % de la population vit dans la pauvreté.

Ces quelques exemples nous éclairent sur la nature de l'inflation : elle est un phénomène d'érosion monétaire. Si le pouvoir d'achat mesure la quantité de biens et de services que je peux m'offrir avec ce que je gagne, l'inflation est la force qui le dilue en dépréciant graduellement la valeur de l'argent. En Argentine, les pièces ont désormais une valeur si faible que les commerçants ont pris l'habitude de rendre la monnaie en bonbons. En période d'inflation, les prix progressent plus vite que les revenus et les niveaux de vie baissent rapidement. Il devient difficile de prévoir son budget. Les comportements de consommation changent. Sous le soleil de l'inflation, l'épargne et le pouvoir d'achat fondent comme la neige. L'inflation tient aussi, un peu, du dentifrice. « Une fois qu'elle est sortie du tube, impossible de l'y faire rentrer », explique en 1980 Karl Otto Pöhl, le président de la Bundesbank, la banque centrale allemande. Le processus inflationniste, dès lors qu'il est enclenché, ressemble à une roue à mouvement perpétuel, s'entretenant lui-même. Anticipant que demain tout sera plus cher, les consommateurs achètent tout de suite, stimulant la hausse des prix.

L'épisode inflationniste que nous connaissons actuellement en France n'est évidemment pas aussi dramatique que celui, sans fin, que vivent les Argentins et les Vénézuéliens. Il suscite tout de même de l'inquiétude, car la hausse des prix se concentre en premier lieu sur les produits du quotidien, comme l'énergie ou l'alimentation, dont on peut difficilement se priver. Pour les Européens, c'est un choc. Nous avions collectivement perdu l'habitude de voir les étiquettes valser à des fréquences aussi élevées. Depuis dix ans en effet, l'inflation n'était pas simplement contenue en zone euro : elle était maintenue sous le boisseau, carrément introuvable. La Banque centrale européenne s'en inquiétait car, si trop d'inflation pose un problème, le manque d'inflation également. C'est le signe d'une économie molle, à la croissance anémique, voire nulle, dans laquelle le chômage évolue à un niveau élevé et les salaires ne progressent pas, ou peu. L'inflation faible exprime une consommation faible, et une stagnation des prix.

Il faut donc désirer un peu l'inflation. Ceux qui la connaissent trop bien courent après une monnaie stable. Mais ceux qui l'ont perdue sont prêts à prendre des risques pour la retrouver, car elle est la rançon normale d'une économie qui se porte bien. Pour l'emprunteur, l'inflation est même une alliée. Elle fait prendre de la valeur au bien pour lequel il s'est endetté, et le coût de son éventuel crédit s'amenuise au fil du temps. L'inflation pousse à l'investissement car, comme un muscle qui s'atrophie si on le laisse trop au repos, l'argent qui dort sans travailler en période d'inflation perd progressivement de sa force. Chaque point de hausse des prix, c'est autant de pouvoir d'achat en moins pour l'épargne improductive.

La cible des 2 %

Qu'il s'agisse de la Federal Reserve (FED) aux États-Unis, de la BCE pour l'Europe ou de la Banque d'Angleterre, toutes les grandes banques centrales situent la « cible » d'inflation à 2 % annuels en moyenne. 2 % est considéré comme le niveau optimum, suffisamment haut pour mettre de l'huile dans les rouages de l'économie, et en même temps suffisamment bas pour préserver la confiance dans la monnaie et le pouvoir d'achat des ménages. Or, depuis près de quinze ans, la BCE échoue à atteindre sa cible. De la crise financière de 2007-2008 jusqu'à la pandémie de Covid, l'inflation en zone euro n'a atteint 2 % que pendant deux ans, de la fin de 2010 à la fin de 2012. Le reste du temps, elle a végété entre 0 et 1 %, passant certains trimestres en territoire négatif. Depuis 2015, la BCE a pourtant tout tenté pour aiguillonner les prix et les salaires, en somme « faire de l'inflation ». Elle a déployé des politiques monétaires de plus en plus accommodantes, espérant créer les conditions d'une relance de l'activité, dont on prendrait le pouls en regardant l'indice des prix. En achetant à tour de bras des titres de dette publique, elle offrit des marges de manœuvre budgétaires aux États pour qu'ils puissent investir. En plaçant les taux directeurs à 0 %, elle incita les banques à prêter aux entreprises et aux particuliers pour qu'eux aussi consomment et investissent. De manière assez énigmatique, ça n'a pas fonctionné. On parlait même encore en avril 2021 d'une possible « japonisation » de la zone euro : un enlisement économique comparable à celui que vit le Japon depuis trente ans, dans un régime de croissance faible avec une inflation fantôme, avec des salaires qui stagnent, voire baissent, une population vieillissante consommant de moins en moins, et tout cela en dépit de taux bas quasiment perpétuels et de plans de relance se succédant les uns aux autres. Les forces déflationnistes demeuraient plus puissantes – pêle-mêle, la mondialisation et la concurrence internationale qui écrasent les prix, l'affaiblissement des syndicats, incapables de créer un rapport de force avec les employeurs, la dérégulation du marché du travail qui permet d'atteindre le plein emploi ou de s'en approcher sans avoir à augmenter les salaires, le progrès technologique, qui fait baisser les prix, etc. La BCE persévéra, s'obstina en vain, jusqu'à la pandémie de Covid-19. Les plans massifs de soutien à l'économie finirent par provoquer l'étincelle tant espérée.

Le choc d'offre, principal moteur inflationniste

Les milliards d'euros d'argent public créés pendant la crise du Covid préservèrent le tissu économique le temps des confinements successifs. À peine rouvrit-on que l'économie repartit en trombe. Seulement, avant de pouvoir produire comme avant la pandémie, il fallut d'abord refaire les stocks qu'on n'avait pas pu réapprovisionner et sur lesquels on avait vécu pendant la crise. Les entreprises passèrent commande toutes au même moment. D'énormes goulots d'étranglement se formèrent sur les chaînes logistiques en redémarrage. Tout le monde voulut de tout en même temps : gaz, pétrole, matières premières agricoles et intrants chimiques, métaux et bois de construction, semi-conducteurs, etc. À la clé, un fort déséquilibre entre une demande énorme et une offre insuffisante. Côté consommation, aux États-Unis, les chèques de plusieurs milliers de dollars envoyés aux ménages par le Trésor américain nourrirent une frénésie de dépenses, surtout pour des produits importés de Chine, ce qui eut pour effet de multiplier par dix à vingt le prix du transport maritime.

On voit donc poindre l'inflation dans les statistiques dès la mi-2021. À la fin de l'année, les prix ont déjà augmenté de 5 % en zone euro sur un an. Rien d'alarmant, en vérité, compte tenu de l'effet de base par rapport à l'année précédente. Si on compare les prix de la fin de 2021 à ceux de la fin de 2019, la hausse est en effet deux fois moindre. La raison est qu'en 2020, du fait de l'arrêt total de pans entiers de l'économie, les prix ont baissé au deuxième trimestre. Au mois d'avril, lors du « grand confinement », comme le baptisa le FMI, le prix du pétrole aux États-Unis tomba même brièvement en dessous de zéro dollar, créant un point bas dont on était simplement en train de remonter. Pendant toute l'année 2021, les économistes et les banquiers centraux martelèrent donc que la hausse des prix serait très probablement « transitoire », le temps que les chaînes de valeur se remettent tranquillement en route. Les semaines passant sans que l'on observe de baisse, ils estimèrent que l'inflation serait peut-être « durablement transitoire ». Avant de reconnaître qu'elle pourrait s'avérer « durable ». Le provisoire finit par s'incruster sous l'effet de cette inflation « radicale », au sens premier du terme, puisqu'elle prend sa source à la racine du système de production : l'énergie. Elle progresse ensuite par effet domino d'une matière première à une autre.

Le choc géopolitique de la guerre en Ukraine

Le 24 février 2022, l'inflation entre dans une nouvelle dimension avec l'invasion russe en Ukraine. Planant à des niveaux de prix déjà très élevés du fait d'une demande insatiable, les matières premières deviennent subitement encore moins accessibles, entraînant une inflation parfois à trois chiffres. Le monde prend brutalement la mesure de sa dépendance à la Russie et à l'Ukraine. Poids plume par leurs PIB (1 400 milliards de dollars pour la Russie, au niveau de l'Espagne, 155 milliards de dollars pour l'Ukraine), les deux pays sont en revanche des fournisseurs stratégiques de l'industrie mondiale.

La Russie est à la fois le premier exportateur mondial de pétrole et de palladium (indispensable aux pots catalytiques des voitures) et le deuxième exportateur de gaz, dont elle possède les réserves prouvées les plus importantes de la planète. Acteur majeur des marchés de l'aluminium, du cuivre, du cobalt, du platine, du nickel, du titane, elle est aussi le sixième producteur mondial de charbon, avec près de quatre siècles de réserves devant elle. Combinée à la Biélorussie, la Russie pèse également 42 % de la potasse mondiale, ingrédient clé dans la production de fertilisants. Peut-on se passer de la Russie ? Pas si simple. Avant la guerre, le pays était considéré comme un fournisseur de diversification vis-à-vis de la Chine pour toutes les matières premières minérales. Les sources alternatives sont rares et moins abondantes. Quant à l'Ukraine, elle produit 70 % du néon mondial, un gaz indispensable à la fabrication des semi-conducteurs. Elle est le fournisseur majoritaire de kaolin pour l'industrie européenne du carrelage. Avant la guerre elle fournissait aussi, de concert avec la Russie, 65 % de certains types d'acier indispensables à la fabrication des armatures du béton armé.

Les deux ennemis sont aussi des superpuissances agricoles. La Russie est le premier exportateur mondial de blé et l'Ukraine le quatrième, avec 75 % de sa production destinée à l'étranger. Ensemble, les deux pays assurent en temps normal 30 % des livraisons à l'international de cette céréale stratégique, de loin la plus consommée au monde (un quart de la ration calorique quotidienne mondiale). À eux deux, ils produisent aussi 78 % de l'huile de tournesol de la planète. Les industries agroalimentaires européennes (fabricants de gâteaux, de biscuits, de pains industriels…) en sont dramatiquement dépendantes. Or, plus un bateau ne sort des ports de la mer Noire depuis la fin de février.

La fin d'une époque ?

Cette disparition d'une part significative de l'offre mondiale provoque une réaction en chaîne aux conséquences difficilement calculables. L'inflation sature désormais les prix de pratiquement toutes les matières premières, rendant impossible la substitution d'une ressource par une autre. Pour l'Europe, la proximité géographique du conflit en cours contribue en outre à la dépréciation de l'euro, tombé à 1,04 dollar en mai 2022, son plus bas niveau depuis 2002. Cette faiblesse de la monnaie unique s'est révélée dans l'envolée des prix à la pompe au-delà de 2 euros le litre, alors que le baril de pétrole brut gravitait autour de 110 dollars. En mai 2008, quand le Brent cotait 147,50 dollars, jamais les prix n'excédèrent 1,50 euro le litre en station-service, grâce à un euro puissant à l'époque (1,59 dollar). On a d'ailleurs longtemps reproché à la devise européenne d'être trop forte et de nuire aux exportations et à la compétitivité des entreprises françaises. Mais la force de sa parité face au billet vert était un atout incontestable pour réduire la facture des importations et maintenir le pouvoir d'achat. Aujourd'hui affaiblie, « l'arme géopolitique » n'est plus ce bouclier monétaire qui protégeait le pouvoir d'achat des Européens.

La perte de poids de l'euro face au dollar aggrave le choc inflationniste et met à terre quarante années de stratégie économique française et européenne. Car qu'avons-nous fait depuis les années 1980, sinon pousser à fond tous les leviers pour proposer les prix les plus bas possibles ? Au nom du consommateur, les entreprises ont massivement déplacé leur production vers les pays émergents à coûts salariaux faibles, quitte à détruire en trente ans 20 % de l'emploi industriel français et à tirer vers le bas les salaires pour les emplois à faible qualification. Au nom du consommateur, on accepte dans certains secteurs d'activité (restauration, distribution, santé, nettoyage, agriculture…) l'existence de travailleurs pauvres, qui rendent possibles des prix de vente bon marché. Au nom du consommateur encore, la concurrence fut érigée en dogme européen pour empêcher l'apparition de positions dominantes qui auraient permis à une poignée d'entreprises d'augmenter leurs prix. Tout cela, dans le seul but de comprimer les tickets de caisse. Ce fut un succès : le Conseil d'analyse économique (CAE, rattaché à Matignon) chiffrait en avril 2021 le bénéfice de la mondialisation à 300 000 euros de gain de pouvoir d'achat par emploi détruit. Mais avec le retour d'une inflation dopée à l'euro faible, ce « quoi qu'il en coûte » avant l'heure appliqué au nom du consommateur perd tout son sens.

Le coût de l'inflation pour les ménages

Le célèbre milliardaire et investisseur américain Warren Buffett dit à propos des krachs sur les marchés financiers que « c'est lorsque la mer se retire que l'on voit qui nage sans maillot de bain ». L'inflation opère comme un révélateur similaire, mais dans l'autre sens. C'est lorsqu'elle monte que l'on voit qui porte des brassards et qui n'a plus la force de nager. Combien de noyés sous la vague inflationniste actuelle ? Selon les calculs de l'économiste de l'OFCE Raul Sampognaro, la puissance du choc pour les ménages varie de un à quatre selon les profils de consommation. Et c'est le cœur de la société française qui est le plus durement touché. « Si l'on classe les ménages suivant leur position dans l'échelle des niveaux de vie, on constate que l'inflation moyenne subie suit une courbe en U inversé », écrit-il dans une note portant sur l'étude de l'inflation en mars 2022[1]. Autrement dit, les plus modestes et les plus aisés sont moins concernés que les classes moyennes ; les riches, du fait de l'ampleur de leurs revenus, les pauvres compte tenu de leur sobriété énergétique forcée. Ils n'ont souvent pas de voiture. En revanche, la classe moyenne au sens large, massivement logée hors des grandes villes et très dépendante de l'automobile, prend de plein fouet l'envolée des prix de l'énergie. Un ménage dépense en moyenne autour de 40 000 euros par an pour sa consommation, tout compris. 5 % d'inflation signifie qu'il faut débourser 2 000 euros de plus d'une année sur l'autre pour exactement les

1. Pierre Madec, Mathieu Plane et Raul Sampognaro, *Une analyse macro- et micro-économique du pouvoir d'achat. Bilan du quinquennat mis en perspective*, Étude OFCE n° 02/2022 [en ligne : www.ofce.sciences-po.fr/pdf/etudes/2022/EtudeOFCE-02-2022.pdf].

mêmes dépenses. 8 % d'inflation, c'est un mois de salaire en plus à trouver d'une année sur l'autre, à panier constant. Autrement, pas le choix : il faut consommer moins. C'est une perte sans précédent depuis quarante ans pour des Français convaincus depuis longtemps déjà d'être pris dans la spirale de l'appauvrissement.

DEUXIÈME PARTIE

COMBIEN ÇA COÛTE ?
LES FRANÇAIS FACE À LEURS DÉPENSES

1.

Que consommons-nous aujourd'hui ?

Dans notre société de consommation et d'épargne, un homme qui a de l'argent est un homme considéré. Un homme qui n'en a pas est également un homme considéré, mais lui, comme un pauvre type.

Pierre Dac

La consommation des ménages est le principal moteur de l'économie française. Elle représente de 50 à 55 % du PIB, et elle explique 30 % de la variation du PIB chaque trimestre. Depuis dix ans, ce sont ainsi entre 1 100 et 1 250 milliards d'euros que nous dépensons chaque année en biens et services. D'où l'importance prise par le suivi du moral des ménages, qui indique mensuellement leur niveau de confiance dans l'évolution de leur situation financière personnelle et du niveau de vie en France. Cette prise de température régulière offre des renseignements précieux sur l'état d'esprit général et la pression « atmosphérique » du commerce dans les semaines à venir. C'est un élément décisif pour savoir si les ménages s'apprêtent à faire des achats importants ou, au contraire, à épargner.

Entre 1959 et 2019, la consommation des Français a progressé tous les ans en valeur, sauf en 1993 et en 2012. Cette progression des dépenses ne colle d'ailleurs pas tout à fait à celle du pouvoir d'achat : entre 1980 et 2008, les Français ont accru leur consommation plus vite qu'ils ne gagnaient en pouvoir d'achat. Le rapport s'inverse à partir de 2008 sous les effets conjugués de plusieurs facteurs, parmi lesquels l'inquiétude pour l'avenir, qui pousse à mettre de l'argent de côté, l'envolée des prix de l'immobilier, la prise de conscience environnementale et l'aspiration à une consommation plus éthique.

La hiérarchie des postes de dépenses a aussi beaucoup évolué : quand l'alimentation, alcool et tabac compris, mangeait la plus grosse part des revenus des ménages en 1960 (32,2 %), elle n'en représente plus de nos jours que 17 %. Plus spectaculaire encore, la fonte du budget dédié à l'habillement, réduit de 11,9 % à 3,6 %. C'est le logement qui détient aujourd'hui la ceinture poids lourds des budgets domestiques : sa part a plus que doublé en soixante ans, passant de 11,5 % à 26,6 % des dépenses de consommation. En longue période, on voit aussi croître les parts dédiées aux loisirs, à la culture, aux communications, aux transports et à la restauration, mais dans une moindre mesure que les dépenses de santé, qui ont plus que triplé en soixante ans sous l'effet de l'extension et de l'amélioration de l'offre de soins, ainsi que du vieillissement. La charge des dépenses de santé sur les budgets des ménages demeure cependant contenue (4 % aujourd'hui contre 2,4 % en 1960), car la Sécurité sociale en paie près des deux tiers.

Toujours plus

L'essor de la consommation se voit aussi dans la progression du taux d'équipement des ménages : le kit de base d'un foyer en électroménager n'a eu de cesse de s'élargir depuis quarante ans. En 1980, 90 % des foyers possédaient déjà un téléviseur et un réfrigérateur. On est presque à 100 % aujourd'hui pour le réfrigérateur. Le micro-ondes était présent dans moins de 5 % des foyers en 1987 ; il trouve sa place dans 89 % des cuisines aujourd'hui. Le lave-linge et le congélateur se sont eux aussi totalement démocratisés, davantage que le lave-vaisselle (61 %), présent dans plus d'un foyer sur deux depuis seulement 2010. Une seconde vague d'équipement, liée aux nouvelles technologies, est observée depuis le milieu des années 1990. Ainsi, le taux d'équipement en ordinateur est passé de 10 % en 1995 à près de 85 % aujourd'hui. Chez les jeunes, il remplace souvent le téléviseur. 69 % des Français possédaient un téléphone mobile en 2004 ; c'était 95,7 % en 2019. Les foyers possèdent à ce jour 6,4 écrans en moyenne, un de plus qu'en 2017. La connexion Internet, présente dans à peine un quart des foyers il y a dix-sept ans, les équipe aujourd'hui à 85 %. Au-delà de ces fondamentaux de la vie contemporaine, un nombre croissant de biens gagnent du terrain dans les maisons : les cafetières à dosettes ou capsules sont présentes chez 63 % des Français, selon Kantar. Il s'est vendu en 2020 près de 1,5 million de friteuses (taux d'équipement de 38 %). On trouve des nettoyeurs vapeur dans 20 % des domiciles, des tondeuses à cheveux (42 %), des épilateurs électriques (29 %), des lisseurs à cheveux (25 %), des caves à vin (9 %, plus de 200 000 exemplaires vendus en 2020), des home cinéma, des robots culinaires (54 %), etc. Le taux d'équipement en voiture est évidemment très élevé : 83,4 %. Plus d'un ménage sur trois (35 %) en possède deux, et c'est le cas de plus de deux familles avec enfant sur trois.

Les chiffres de vente démentent à ce jour le déclaratif sur les intentions d'aller vers un mode de vie plus frugal. Cela dit, les distinctions sociales non seulement perdurent, mais elles s'accentuent, avec des comportements de consommation nettement différenciés selon les niveaux de revenus. Entre les plus aisés d'un côté, et de l'autre les classes populaires ainsi qu'une part croissante des classes moyennes, des écarts significatifs apparaissent tant en volume de dépenses que dans les coefficients de chaque poste budgétaire. La consommation classe, et les comportements se découplent.

Les cadres au-dessus du lot

Les cadres consomment nettement plus que les autres, et différemment. En montant de dépenses annuelles, les 20 % des ménages aux revenus les plus élevés consomment ainsi moitié plus que la moyenne : 42 000 euros contre 27 550 euros environ. Cette surface budgétaire étendue leur permet à la fois de débourser plus sur tous les postes de consommation, tout en se libérant davantage de revenus arbitrables sur les postes de dépenses non indispensables. Ainsi, quand un ouvrier consacre près de 17 % de ce qu'il gagne à l'alimentation, ce n'est que 13,2 % pour les plus aisés. Ces derniers dépensent pourtant 1 340 euros de plus par an en moyenne pour ce qu'ils mangent, avec une part de fruits et légumes 2,5 fois supérieure. La différence se joue sur la quantité de certains produits, mais aussi sur leur qualité : bio, fermier, marques de prestige, produits rares…

D'une manière générale et sans surprise, les cadres se soignent plus et mieux, avec un recours beaucoup plus fréquent aux médicaments non remboursés ; ils possèdent plus de vêtements et de meilleure qualité (2 000 euros par an dépensés contre 960 euros environ) ; ils vont davantage au restaurant, dépensent plus pour leurs loisirs et la culture, voyagent, se déplacent et investissent plus que les autres dans l'éducation de leurs enfants. Les cadres déboursent également beaucoup plus pour l'équipement de leur logement : près de 6 000 euros hors crédit immobilier, soit près de 1 500 euros de plus que la moyenne. Pourtant, la part du logement dans leur budget est inférieure de près de six points :

13,4 % contre 19 % pour les ouvriers et les employés. Deux cadres sur trois sont propriétaires, contre moins d'un ouvrier sur deux et un employé sur trois. Les cadres en revanche dépensent beaucoup pour décorer leur domicile : la logique de standing joue à plein dans le choix du mobilier, de la vaisselle, de la literie, de l'outillage, de même que dans la fréquence de renouvellement des matériels, alimentant en aval le marché de la seconde main, en plein *boom*.

Culture de masse et gentrification

Leur consommation culturelle est également incomparable : les cadres et professions intellectuelles supérieures consacrent entre 4 000 et 5 400 euros par an à la culture et aux loisirs, quand l'enveloppe moyenne des Français n'excède pas 2 500 euros. Les classes supérieures lisent de moins en moins, mais toujours plus que les autres : leur budget presse et livres dépasse 500 euros par an contre 319 euros en moyenne. Elles vont plus au musée que les autres : en 2018, 74 % des cadres ont vu au moins une exposition, contre 22 % des ouvriers. Pour le spectacle vivant (concerts, théâtre…), leur domination numérique dans les salles rejaillit sur les politiques tarifaires du monde du spectacle, à rebours du slogan « La culture pour tous » rabâché par les pouvoirs publics. À tel point que le 30 septembre 2021 *Le Figaro* se demandait si les sorties culturelles ne devenaient pas trop chères, citant un prix moyen de 88 euros pour une place à l'Opéra de Paris, 95 euros pour voir Ibrahim Maalouf à l'Accor Arena à Noël, 60 à 90 euros pour *Le Roi Lion* à Mogador, 222 euros pour la dernière tournée d'Elton John et même 2 130 euros pour l'avant-première du dernier *James Bond*, *Mourir peut attendre*, à Monaco ! Hors exception de ce genre, le cinéma demeure la sortie la plus économique, avec un tarif moyen de 6,63 euros. Pourtant, les salles obscures sont, là encore, davantage fréquentées par les classes supérieures que les autres : huit cadres sur dix y vont au moins une fois par an, contre un ouvrier sur deux. Le filtre social se voit d'autant mieux dans le succès croissant des salles *premium*, qui proposent des fauteuils extra-larges à sièges inclinables et éventuellement mobiles, grand écran ultra-haute définition et Dolby Atmos, le *must* en matière de son enveloppant. Pathé multiplie les concepts du genre avec ses salles « Cocoon », « Lounge » et même « Tediber », pour voir le film sous un plaid allongé sur un lit. Tarif : jusqu'à 35,50 euros la place. Pour les *blockbusters* très attendus, Pathé fait 30 % de ses entrées dans ces salles *premium* à forte rentabilité.

Qualitativement, la distinction des classes supérieures s'est d'ailleurs déplacée, à mesure que culture et loisirs se sont rapprochés. Le champ de leur consommation en la matière s'est largement ouvert aux œuvres populaires. L'élite d'aujourd'hui ne vit plus enfermée dans la culture savante : elle regarde les mêmes films, les mêmes émissions, les mêmes sports, joue aux mêmes jeux et écoute les mêmes artistes que tout le monde. Non pas que les hiérarchies culturelles aient disparu : simplement, la consommation des classes supérieures est beaucoup plus omnivore, intensive et éclectique. Comme l'écrit Philippe Coulangeon, les classes supérieures se distinguent aujourd'hui par « l'orientation cosmopolite de leur goût »[1]. Il est ainsi devenu de bon ton d'aimer autant le rap que l'opéra, qui se retrouvent d'ailleurs de plus en plus souvent associés dans un mouvement de gentrification culturelle : un nombre grandissant d'adaptations d'œuvres majeures mêlent désormais danseurs classiques et artistes de rue, « grande » musique et *breakdance* dans une fusion des genres.

1. Philippe Coulangeon, *Culture de masse et société de classes. Le goût de l'altérité*, Paris, PUF, 2021.

Les classes populaires font bande à part

De l'autre côté du spectre social, les logiques de consommation des classes populaires sont radicalement différentes. Elles sont d'abord conditionnées par les effets de la précarisation du salariat : faiblesse des revenus, perte de la sécurité professionnelle, et poids croissant des dépenses contraintes qui captent un bon tiers de leurs ressources. Les possibilités d'arbitrage s'en trouvent considérablement réduites. Cela se traduit de nombreuses manières : les classes populaires consomment d'abord beaucoup moins de services domestiques (livraison de repas, garde d'enfant, ménage, pressing…). En revanche, elles ne renoncent pas à la consommation matérielle. L'engouement général pour l'électronique tire nettement à la hausse le budget culture et loisirs des plus modestes. Ainsi, les classes populaires consomment massivement la télévision. L'écran TV est le seul bien durable pour lequel leur taux d'équipement dépasse celui des plus aisés. Quand 31 % seulement des cadres possèdent deux téléviseurs, c'est près de 49 % des ouvriers. Dans l'enquête Insee « Emploi du temps » réalisée en 2009-2010, plus de 90 % des ouvriers et des employés déclaraient l'allumer tous les jours, contre moins de 70 % des cadres.

Le fossé les séparant apparaît aussi à propos des vacances. Pour les Français dont les revenus mensuels se situent en dessous de 1 200 euros par mois, le taux de départ était inférieur à 50 % en 2019, alors qu'il dépassait 80 % pour ceux percevant plus de 2 600 euros. Le taux de départ des plus modestes est par ailleurs largement amélioré par la possibilité de disposer d'un hébergement gratuit prêté par des amis ou la famille, et le soutien financier des comités d'entreprise. Le style de vie des catégories supérieures les place à part : près d'un haut revenu sur deux part plusieurs fois dans l'année, contre moins d'un quart des Français.

Ils prennent l'avion au moins une fois par an, quand un Français sur deux ne l'a jamais fait, malgré l'essor des compagnies *low cost*, et même *ultra-low cost.*

Malgré la faiblesse de leur pouvoir d'achat, les classes populaires, ainsi qu'une part grandissante des classes moyennes, nourrissent un puissant désir de consommer qui trouve, pour s'assouvir, des voies détournées ou parallèles. Dans les tactiques d'achat d'abord, par la chasse aux bonnes affaires, le suivi des prix et des promotions en rayon, le recours à des comparateurs de prix, aux sites de ventes privées, l'attente des soldes, les achats d'occasion, etc. Dans leur ouvrage *La France sous nos yeux*[1], Jérôme Fourquet et Jean-Laurent Cassely décrivent l'émergence d'un véritable « marché secondaire » qui est aux circuits principaux de la distribution ce que le réseau des routes départementales et communales est aux autoroutes et aux voies rapides : ce sont deux univers distincts, parcourus par des clientèles qui se croisent de moins en moins. Le marché secondaire, c'est la France du *hard discount* et du déstockage, des bons plans et des lots « 2+1 offert », des émeutes à Intermarché lors de promotions monstres sur des produits de « vraies marques » habituellement inaccessibles sur le plan tarifaire à toute une frange de la population, comme le « vrai Coca-Cola » ou le Nutella.

Le marché secondaire, ce sont aussi les 50 000 brocantes et vide-greniers annuels fréquentés par plus d'un Français sur deux. La plus importante, la Braderie de Lille, attire 2 à 3 millions de personnes en septembre. Même les sites Internet de petites annonces n'ont pas réussi à les ringardiser. Il faut cependant prendre la mesure du succès des petits prix sur le Web. Apparus au milieu des années 2000, les sites de petites annonces se sont imposés en quelques années sur tous les segments (vente entre particuliers, immobilier, auto, emploi) au point de quasiment

1. Voir plus haut la note 1, p. 11.

mettre à mort les petites annonces papier, qui faisaient la fortune de la presse quotidienne régionale. D'un côté, des spécialistes : Indeed, Hellowork ou Monster pour l'emploi, La Centrale ou Caradisiac pour l'automobile, eBay ou Price Minister (devenu Rakuten) pour les bonnes affaires. De l'autre, des généralistes, tels le Marketplace de Facebook qui totalise un milliard d'utilisateurs dans le monde. Mais le plus beau succès en France demeure Leboncoin, créé en 2006. En court-circuitant tous les intermédiaires, la plateforme est devenue le champion toutes catégories de l'achat-vente entre particuliers. Avec 29 millions de visiteurs mensuels, elle héberge chaque jour 800 000 annonces nouvelles. En février 2021 son directeur général, Antoine Jouteau, affirmait que le total des transactions annuelles sur Leboncoin représente un point de PIB, soit 25 milliards d'euros ! Autre succès impressionnant du e-commerce de pair à pair : Vinted, spécialiste des ventes de vêtements d'occasion entre particuliers, fondé en 2008 par une étudiante lituanienne. Le site compte aujourd'hui 19 millions de membres en France, son premier marché. Le nombre de transactions a bondi de 140 % en deux ans sur la plateforme. Le succès est tel que plusieurs enseignes, dont La Redoute, Zalando, Carrefour et Auchan, songent à se mettre elles aussi à la vente de prêt-à-porter d'occasion.

Jadis marginalisée et peu considérée, la vente de seconde main est en train de se structurer comme un segment majeur de la distribution, destiné à satisfaire la demande d'une clientèle à faibles revenus qui n'entend pas cependant renoncer à la consommation matérielle. Dans le commerce physique, les réseaux en franchise d'achat-vente d'occasion se multiplient depuis vingt ans, et ne cessent de s'étendre. Au vide-grenier, Easy Cash, Happy Troc, Cash Express, Cash Converters… La clientèle de ces *pure-players* de l'occasion plébiscite les petits prix et la possibilité de revendre elle aussi, souvent pour acheter derrière. Cash Express, né en 2002, compte 130 magasins, dont huit ouvertures en 2021 uniquement dans des villes moyennes : Manosque, Oyonnax, Le Pont-de-Beauvoisin, Auch, Châteaudun, Bernay, Soyaux et Avranches. Signe du dynamisme du marché de l'occasion, des mariages ont lieu : Happy Cash vient d'absorber Troc.com/ La Trocante.

La seconde main intéresse désormais tous les acteurs du commerce. Ikea a organisé en novembre 2021 une opération de reprise de meubles d'occasion et s'apprête à ouvrir à Paris une première boutique dédiée à une offre de « seconde vie ». Cash Converters s'est associé en 2021 à Carrefour pour déployer Carrefour Occasion, sous la forme de *corners* dans une dizaine d'hypermarchés. Là encore, l'offre vise géographiquement la France périphérique : Libourne, Vitrolles, Lormont, Tourville, Mulhouse, etc. Les produits les plus vendus en seconde main sont le matériel audio et musical, les livres, les DVD, la téléphonie et les bijoux. Soit la culture, l'électronique et l'ostentatoire, à petits prix. Sans oublier les consoles et les jeux vidéo, pour lesquels les spécialistes de l'achat-vente sont devenus les animateurs d'un sous-marché de résistance à la dématérialisation.

27 % des ventes de meubles et 12 % de celles de livres se font aujourd'hui en seconde main, selon une étude Xerfi. Un smartphone vendu sur dix en 2021 était reconditionné et vendu à un prix inférieur au neuf. L'argument marketing valorisé est celui de la consommation « responsable » et de l'économie circulaire en action. Mais la « consommation collaborative », qui pesait en 2020 près de 7,5 milliards d'euros hors ventes entre particuliers, doit avant tout son succès à la bouffée d'oxygène qu'elle apporte au budget des ménages. Elle leur permet de faire des économies, pour éventuellement libérer du pouvoir d'achat arbitrable destiné à des dépenses plus importantes.

Les pauvres, en mode survie

Statistiquement, les pauvres sont les personnes qui gagnent moins de 1 063 euros par mois (60 % du revenu médian). Mais la pauvreté ne se vit pas seulement à partir de ce strict seuil monétaire. Dans un focus paru le 1er septembre 2021, l'Insee ajoutait trente-trois critères de conditions de vie à prendre en compte pour mieux l'appréhender : taux d'emprunt supérieur à 33 % des revenus, fréquence élevée des découverts bancaires, absence d'épargne, factures, impôts ou loyers en retard de paiement, consommation de poisson ou de viande, capacité à offrir des cadeaux ou recevoir des amis, à dépenser une petite somme pour soi-même, nombre de paires de chaussures, humidité et isolation du logement, absence de toilettes ou de salle de bains, de point d'accès à l'eau, etc. En situation de vie réelle, 21 % de la population française est considérée comme pauvre. Soit 13,8 millions de personnes qui participent de manière très limitée à la société de consommation du fait du poids écrasant des dépenses incompressibles.

La structure du budget des personnes pauvres est totalement déformée par rapport au reste de la population. Le logement engloutit plus de 28 % de leurs revenus, et l'alimentation 20 %. Les consommations sélectives de type loisirs, restauration et transports sont réduites à la portion congrue. Ils sont en outre frappés d'une « double peine », décrite en 2013 par Martin Hirsch. Dans son livre *Cela devient cher d'être pauvre*[1], l'ancien haut-commissaire aux Solidarités actives dressait la liste des surcoûts acquittés par les pauvres : pour le téléphone, les offres sociales et l'arrivée des opérateurs *low cost* proposant des forfaits à très bas prix ont eu raison des fameuses cartes prépayées,

1. Martin Hirsch, *Cela devient cher d'être pauvre*, Paris, Stock, 2013.

plus chères que les forfaits classiques. Mais pour leurs achats du quotidien, ces populations se tournent toujours de préférence vers les minidoses, plus onéreuses que les formats standard. Pour leur santé, ils règlent un reste à charge moyen de l'ordre de 20 % faute de bénéficier d'une mutuelle complémentaire. Logements et voitures vétustes génèrent davantage de dépenses en énergie. L'électroménager d'entrée de gamme est plus fragile et plus gourmand en énergie, lui aussi ; etc. Les pauvres consomment moins que les autres, mais ils paient tout plus cher. En 2013, les 8 millions de pauvres gagnaient environ 17 000 euros par an, mais en dépensaient 18 600. Sur ce déficit de 1 600 euros, entre 500 et 1 000 euros étaient imputables à la « double peine ». S'ensuit le développement de comportements spécifiques : refus des prélèvements automatiques, préférence pour le paiement par chèque, y compris sans provision, tendance au stockage de produits alimentaires en fin de mois en cas de coup dur, renoncement aux soins, coupure volontaire du chauffage pendant les vagues de froid, etc. À l'hiver 2021, plus de 2,1 millions de Français se sont dirigés vers les banques alimentaires. Ils étaient 7 millions en 2020.

Les hautes tensions exercées sur les budgets des pauvres ont évidemment une incidence sur leur situation bancaire. Selon une enquête du Credoc menée en 2020 à la demande du Comité consultatif du secteur financier (CCSF) rattaché à la Banque de France, 99 % des Français détiennent un compte de dépôt, et 94 % des pauvres disposent d'une carte bancaire. Mais 20 % d'entre eux ont connu dans l'année un incident de paiement générateur de frais supplémentaires, contre 8 % seulement des détenteurs de comptes en général. Par ailleurs, on ne prête qu'aux riches, la preuve : seuls 12 % des ménages défavorisés ont un crédit immobilier en cours de remboursement, contre 29 % des Français en général. Et un emprunteur pauvre sur quatre rencontre des difficultés de remboursement, contre un sur dix en moyenne dans l'ensemble de la population.

À des marges de manœuvre aussi étroites, les pauvres répondent par des conduites de survie dont l'historien Jean-Claude Daumas dresse la typologie dans son livre *La Révolution matérielle* à partir d'une enquête sur les ouvriers du Nord[1]. Il identifie d'abord les « conduites ascétiques », faites de privations et de restriction des dépenses au minimum, et de la recherche d'emplois complémentaires. Vient ensuite la « conduite tactique », où la pauvreté est un combat au jour le jour, sans perspective réelle d'avenir ni projet pour s'en sortir. Jean-Claude Daumas cite l'exemple de Jean-Louis, chômeur depuis dix ans. Il paie son loyer dès le premier jour, met de côté pour régler les factures incontournables, fait des réserves de nourriture dès qu'il le peut, pratique la récupération, mais il ne sollicite jamais d'aide extérieure. Tout imprévu est évidemment une catastrophe. Enfin, les « conduites de fuite », dans les familles qui refusent de renoncer à consommer. Les privations continuelles ont généré chez elles tant de frustrations qu'elles ont fini par avoir raison de leur volonté. Elles accumulent les impayés dans une forme de « consommation-revanche », sorte de double inversé du minimalisme prônant la sous-consommation volontaire.

La France à crédit

Il n'est que partiellement vrai que l'on ne prête qu'aux riches : pour maintenir leur niveau de vie, des millions de Français s'endettent. L'encours total des crédits à la consommation contractés est passé de 57 milliards d'euros en 1993 à 225 milliards en février 2022, selon la Banque de France, soit près de neuf points de PIB. Une étude Cofidis de décembre 2019 nous dévoile la sociologie et la géographie des emprunteurs. D'abord, la masse :

1. Jean-Claude Daumas, *La Révolution matérielle. Une histoire de la consommation (France, XIXe-XXIe siècle)*, Paris, Flammarion, 2018.

10 millions de Français détiennent un crédit à la consommation. Ensuite, les projets : un emprunteur sur dix se sert de l'argent pour acheter une voiture. Le deuxième motif d'emprunt le plus cité est inquiétant : à 5,4 %, il s'agit de financer un imprévu. Dans 0,6 % des cas, le crédit sert à payer ses impôts, et pour 0,4 % (c'était deux fois moins en 2010) à s'offrir des vacances. L'emprunt ne sert plus à investir, c'est une avance de trésorerie, voire un revenu de substitution. Facialement pourtant, la part des ménages modestes parmi les emprunteurs (24 %) est en nette baisse sur la dernière décennie (–3 points), par un mécanisme d'exclusion dû à l'entrée en vigueur des lois Lagarde (2010) et Hamon (2014), qui ont sensiblement durci les conditions d'octroi du crédit. Symétriquement, la part des Français se déclarant en difficulté financière a augmenté, de même que celle attestant être à découvert au moins une fois par an. Géographiquement enfin, on a davantage recours au crédit à la campagne qu'en ville, à cause de l'obligation d'avoir une voiture pour se déplacer. Et les deux régions qui consomment le plus de crédits sont la plus dynamique et la plus pauvre, à savoir les Pays de la Loire et les Hauts-de-France, où 18 % de la population vit sous le seuil de pauvreté. À Lille et dans sa région, près d'un ménage sur quatre (22 %) rembourse un emprunt, dont 31,1 % des familles nombreuses et 33,9 % des ouvriers.

Historiquement, le crédit à la consommation est le pur rejeton du pouvoir d'achat et de la société de consommation. Il apparaît en France à la fin du XIXe siècle sous la forme du « crédit par abonnement », consenti directement par un magasin ou un intermédiaire. Il se développe dans l'entre-deux-guerres sous le nom de « vente à tempérament », et accompagne la diffusion des postes de radio, de l'électroménager et de l'automobile. Son essor s'accélère pendant les Trente Glorieuses, soutenu par la régularité et la croissance des revenus qui permet d'aborder sans anxiété la question de l'endettement. Aujourd'hui, le crédit ne remplit plus seulement cette fonction d'accroissement du pouvoir d'achat d'un emprunteur à la solvabilité dûment vérifiée. Il sert à des millions de Français de palliatif à la faiblesse des revenus, sous des formes nouvelles échappant à la loi. Ainsi du minicrédit instantané, de 300 à 5 000 euros, présenté par des banques ou des sociétés financières comme des alternatives « responsables » au crédit classique. Il fonctionne comme une avance sur salaire, mais contient un piège : si vous optez pour la formule avec versement à J +14, donc deux semaines pour obtenir les fonds, l'avance est gratuite. En revanche, si vous souhaitez le versement immédiat, les frais explosent, avec des taux annuels effectifs globaux (TAEG) parfois supérieurs à 100 %, et même 2 234 % chez Cashper, comme l'a repéré l'UFC-Que choisir en mai 2021, soit plus de cent fois le taux d'usure, c'est-à-dire le taux maximal autorisé pour un crédit (21,16 % au 1er octobre 2021 pour les prêts inférieurs à 3 000 euros). Pour 30 euros empruntés en urgence, c'est potentiellement 670 euros d'intérêts à régler si le remboursement s'étale sur un an.

Autre innovation de plus en plus populaire, le paiement fractionné. Porté par des *fintech* comme Stripe et Klarna, parmi les plus valorisées au monde, il permet aux utilisateurs d'étaler le coût de leurs achats en trois ou quatre fois avec ou sans intérêts, en vertu du principe « BNPL » (*Buy now, pay later* : « achetez maintenant et payez plus tard »). Près d'un tiers des Français déclarent y avoir eu recours ces douze derniers mois. De plus en plus d'enseignes et de sites de vente en ligne (La Redoute, Auchan, Fnac, Go Sport, Decathlon, Amazon…), mais aussi des portefeuilles électroniques comme PayPal proposent au consommateur de régler ses achats en trois ou quatre fois, avec ou sans frais. Selon le spécialiste du paiement Stripe, le paiement fractionné augmente les ventes de 27 % et la valeur moyenne du panier de 20 % à 50 % par rapport au paiement comptant. Le paiement fractionné, c'est le visage aimable du crédit, réduit à une simple facilité de paiement, accordée de manière peu intrusive. L'examen de la solvabilité est généralement rapide, pour ne pas dire sommaire, et il porte non sur le compte en banque du demandeur, mais sur son panier ou son historique d'achats. Dans la version gratuite du paiement fractionné, c'est le vendeur qui supporte la charge de l'étalement des versements. Son but n'est pas alors de gagner de l'argent sur le paiement d'intérêts, mais la seule incitation à dépenser plus. Cependant, il demeure souvent payant, avec des TAEG peu lisibles qui ressortent majoritairement à la limite de l'usure. Le paiement fractionné passe pour le moment, comme le minicrédit, sous les radars de la loi. Missionné par le Premier ministre, le député de la Dordogne Philippe Chassaing a rendu à la fin de 2021 un rapport préconisant d'encadrer « sans délai » le BNPL, dont les pénalités en cas d'incident de paiement peuvent atteindre 30 % à 40 % des sommes restant dues. À la clé pour les souscripteurs défaillants, le risque du surendettement, qui fait l'objet d'un traitement spécifique depuis 1989, mais aussi une situation moins bien cernée par les pouvoirs publics : le « mal-endettement », né de la soif de consommer et qui vient creuser et intensifier la pauvreté.

2.

Les nouvelles stratégies des marques et des consommateurs

Mes chansons sont comme les rasoirs Bic. Pour le plaisir, pour la consommation moderne. Vous les écoutez, aimez-les, jetez-les, puis passez à l'autre. Pop jetable.

Freddie Mercury

Face à un tel niveau de segmentation des clientèles, difficile pour les marques et les enseignes de les aborder comme un tout. Comment s'adresser à des publics qui se croisent de moins en moins, et entretenir la fièvre d'acheter chez des consommateurs inquiets pour leurs revenus ? À ce stade des événements, les industriels et les fils de pub ont toujours réussi à conduire des ripostes efficaces aux revirements de comportement des consommateurs. Le marché a une indéniable capacité à bâtir des stratégies créatives pour entretenir la demande.

Le premier défi fut le tassement de la progression du pouvoir d'achat. La réponse trouvée fut la multiplication de l'offre par le renouvellement accéléré des produits et l'élargissement des gammes. Chaque année, ce sont des dizaines de milliers de nouveaux produits de grande consommation qui font leur apparition. Entre 60 % et 80 % des lancements se soldent par un échec. Et avant leur deuxième année, ceux qui résistent font rarement une percée significative en chiffre d'affaires. Les rares qui y parviennent se saisonnalisent, tels l'iPhone, dont une nouvelle génération sort chaque année depuis le lancement du premier modèle en 2007, dans le but de pousser les utilisateurs au renouvellement. Deux industries illustrent bien cette stratégie de la nouveauté permanente : l'habillement et l'automobile. Dans l'univers du vêtement, l'espagnol Inditex et son enseigne Zara sont les inventeurs et les rois de la *fast fashion.* Pour coller aux tendances et susciter sans arrêt l'envie des clientes, Amancio Ortega, son fondateur, pousse à l'extrême le marketing de la rareté en imposant le renouvellement à haute fréquence des collections, tous les vingt et un jours exactement, sans réapprovisionnement des anciens modèles. Chaque année 30 000 nouvelles pièces sont diffusées dans ses magasins, et chacune d'entre elles est une édition limitée, entre 10 000 et 15 000 exemplaires.

À l'heure de la personnalisation de masse

Par nature, l'automobile ne peut évidemment pas suivre les cadences infernales de la mode. Mais dans le but identique d'inciter leurs clients à changer plus fréquemment de véhicule, les constructeurs multiplient eux aussi les modèles et les déclinaisons sur des cycles industriels courts. Il s'agit de maintenir une actualité forte et de stimuler la dynamique des ventes. En 2021, ce sont ainsi 103 nouveaux modèles qui sont arrivés chez les concessionnaires, toutes marques confondues. Chaque marque segmente son offre pour répondre à tous les besoins et à tous les budgets, dans toutes les motorisations, toutes les couleurs et avec une infinie diversité d'options. Dans son catalogue 2021, Renault proposait vingt modèles de véhicules destinés aux particuliers, offrant de deux à huit places, vendus de 11 150 à 47 500 euros pour les versions de base. Chez Peugeot, le 3008, qui figure parmi les SUV les plus vendus ces dernières années (à la fin de novembre 2021, le millionième exemplaire a été assemblé à Sochaux, cinq ans après son lancement), démarre à 32 350 euros, mais le tarif le plus élevé atteint 63 980 euros pour la version GT Pack, avec une motorisation hybride-essence, dans la couleur de carrosserie la plus chère (la peinture tri-couches Bleu Vertigo) et l'habillage intérieur le plus luxueux (le cuir Nappa rouge), et en optant pour tous les équipements supplémentaires proposés (kit d'attelage et filet de retenue, vision nocturne, chargeur embarqué, toit ouvrant panoramique, siège chauffant et massant, jantes noires…). Le même modèle se monnaie donc du simple au double par le jeu de la personnalisation, devenue le nouveau standard des industries de consommation. Tout le monde consomme ainsi les mêmes produits, mais dans des versions plus ou moins sophistiquées, offrant à la clientèle de l'entrée de gamme l'impression de se maintenir dans le standing de consommation, et à celle des versions *premium* les signes de distinction qu'elle exige pour ne pas aller voir ailleurs.

Historiquement, les constructeurs ont toujours proposé des modèles personnalisés. Dans ses vertes années, au début du XXe siècle, l'industrie automobile française se distinguait spécifiquement du modèle fordiste américain de production standardisée avec sa tradition des « maîtres carrossiers » habillant à l'unité ou par séries très courtes les châssis nus vendus par les constructeurs. La tradition s'étiolera avec la concentration du secteur à partir des années 1930, et plus encore le passage à la production de masse, après la guerre. Elle survivra cependant chez les constructeurs de prestige, tels Ferrari ou Rolls Royce. Mais depuis le début des années 2000, la personnalisation n'est plus un luxe réservé à une élite ; elle s'industrialise chez tous les constructeurs grand public. Au moment de sa relance, en 2001, le Britannique Mini en fait même sa signature, avec la promesse de produire autant de voitures différentes qu'il aura d'acheteurs. L'Allemand Mercedes offre pour sa Classe S « le luxe du choix » et vient de lancer « Manufaktur », réplique du label « Individual » de BMW, qui propose au client une vaste gamme de matériaux, de textures, de couleurs et d'éclairages, faisant de chaque véhicule un exemplaire unique. Le Français DS revendique pour son DS3 Crossback plus de 2 000 combinaisons possibles. Et l'impression 3D ouvre des perspectives encore plus larges pour l'avenir, avec la possibilité pour les clients d'imprimer chez eux des accessoires à partir d'un catalogue en ligne.

Toutes les familles de produits sont entrées dans l'ère du sur-mesure de masse, les marques resserrant la cible non plus sur un public, mais sur des individus. Le glissement est parfaitement visible chez L'Oréal qui change à partir de 1997 la conjugaison de son célèbre slogan lancé en 1973 « Parce que vous le valez bien » en l'iconique « Parce que je le vaux bien », célébrant non plus la beauté des femmes, mais de chacune d'entre elles, dans l'infini nuancier de leur joliesse et de leurs ornements. De la beauté « pour toutes » comme mouvement de démocratisation, on est passé à la beauté « pour chacune », dans une célébration de la différenciation et des différences. En se pliant au goût de chacun, un produit se retrouve valorisé et d'autant plus désiré par le consommateur : du mobilier de cuisine aux chaussures de sport (Nike by You, basketpersonnalisee.fr, Shoes and Company...), de la bouteille de Coca-Cola sur laquelle on appose son prénom comme sur un bon vieux bol breton, du shampooing formulé pour chaque nature de cheveu au fond d'écran d'ordinateur ou de smartphone, tout se personnalise et s'« optionnalise », la variété naissant des combinaisons programmées à l'avance d'éléments standardisés.

Un bon industriel, un bon fournisseur de services se doit donc d'aborder son marché aujourd'hui non plus comme un tout, une masse anonyme de consommateurs indifférenciés, mais de manière segmentée s'il envisage d'optimiser ses ventes. Il s'agit pour lui de répartir ses clientèles en groupes plus accessibles, selon des variables telles que l'âge, le sexe, le revenu, le niveau d'éducation, le statut familial, etc. Et, pour chacun de ces groupes, d'adapter son offre et son discours à leurs besoins et à leurs moyens.

Ce morcellement s'observe sur maints marchés de produits de consommation courante. Dans l'alimentaire, il suffit de s'attarder sur le rayon *halal*, un marché estimé à plus de 5 milliards d'euros en France, en croissance de 8 à 10 % par an depuis 2010, et qui correspond parfaitement à une segmentation sur le registre confessionnel. Dans la même logique, le « sans viande » tend à gagner des mètres dans les zones froides des supermarchés, de même évidemment que le rayon bio, qui pratique des prix en moyenne 65 % plus élevés que le panier moyen et deux fois plus que le panier premier prix, selon une enquête de l'association Familles rurales datant de 2019. Au rayon bière ou chocolat, le même phénomène d'ascension tarifaire saute aux yeux, à la vue des écarts croissants de prix, du simple au quintuple, entre les entrées de gamme et le segment artisanal ou gourmet. La tablette de chocolat Carrefour premier prix est proposée à 0,73 centime, contre 4,71 euros la tablette de chocolat noir dessert corsé bio grand cru équateur Kaoka 72 % vendue par Paranatura. *Idem* au rayon électroménager d'Auchan, où cohabitent l'aspirateur Selecline à 29,99 euros et le Dyson Outsize Absolute sans fil à 799 euros. Ces quelques exemples de l'étirement vers le haut de toutes les familles de produits témoignent de l'apparition d'une clientèle aisée, soucieuse de se distinguer de cette classe moyenne à laquelle, pourtant, ses achats semblent la rattacher.

ACHETER PAUVRE POUR S'OFFRIR DU LUXE : LE *LOW-COST*

Dans leurs stratégies de consommation, les Français opèrent aujourd'hui des arbitrages de plus en plus radicaux, assumant à la fois des achats à très bas prix et des petits luxes du quotidien. Pour témoigner de l'« extrémisation » des conduites d'achat, le panéliste Kantar constatait avec surprise à la fin de 2019 que, pour la première fois, la qualité d'un produit devenait le premier critère de choix chez une majorité de consommateurs, devant le prix. Dès l'année suivante cependant, sous l'effet de la crise sanitaire, le prix redevenait la priorité incontestable au moment de délier les cordons de sa bourse. L'inflation n'a fait que conforter ce retour aux fondamentaux des prix. En résumé, l'acte d'achat ne souffre plus guère la nuance. Place à la polarisation de la consommation : *low-cost* et luxe sont devenus les deux faces d'une même pièce, l'*alpha* et l'*oméga* des dépenses.

Dans tous les secteurs, ou presque, des acteurs se sont positionnés en spécialistes du *low-cost* : Ryanair et consorts dans l'aérien, Boursorama ou Fortuneo dans la banque en ligne, Direct Assurance dans l'assurance, Brico Man et Brico Dépôt pour la maison, Formule 1 dans l'hôtellerie, Neoness ou Basic Fit dans les salles de sport, Sosh, B&You, Red dans la téléphonie mobile, Ucar dans la location de voitures, Tchip (500 salons) dans la coiffure, etc. Toutes enseignes bien connues des Français. Mais selon Emmanuel Combe, l'un de nos meilleurs spécialistes de la concurrence et du *low-cost*, ce *business model* pratiquant des baisses agressives de prix ne s'est vraiment imposé que sur deux marchés : la téléphonie mobile, où il représente un gros tiers des forfaits souscrits, et l'aérien où il pèse désormais la moitié du trafic sur les routes moyen-courrier. Depuis des années, les compagnies *low cost* s'appliquent à démonter l'image de produit de luxe du billet d'avion.

Ces deux secteurs exceptés, le modèle *low cost* n'a pas réussi à écraser les offres traditionnelles. Dans l'automobile, Dacia est certes la star de Renault : son petit SUV pas cher, le Sandero, était encore en 2021, après déjà neuf ans de carrière, le troisième modèle le plus vendu en France derrière la Peugeot 208 et la Renault Clio, et le Duster se classait dixième avec sur ses talons, fait notable, la Tesla Model 3, icône de l'autre segment porteur du marché auto, l'électrique haut de gamme. Mais dans l'ensemble, le *low-cost* reste une niche, avec à peine plus de 5 % de part du marché du véhicule neuf. Et Dacia demeure à ce jour le seul spécialiste de l'automobile à bas coût. Dans la distribution alimentaire, même constat : les enseignes *discount* que sont Lidl et Aldi font, avec 10 % des ventes en France, figure de petits joueurs par rapport à leurs maisons mères allemandes, qui captent 40 % du marché alimentaire outre-Rhin. Cela dit, le *low-cost* possède un énorme pouvoir d'influence qui dépasse de loin ses parts de marché. Si les grandes enseignes généralistes françaises ont su résister à l'irruption des casseurs de prix, c'est parce qu'elles ont réagi en adoptant certaines de leurs méthodes. Ainsi de l'arrivée dans les rayons à partir des années 1990 des fameuses « MDD », les marques de distributeurs. Fabriquées en marque blanche par des industriels et imitant les marques nationales, elles sont vendues moins cher du fait de l'absence de coûts de marketing et de publicité. Produits U chez Système U pour les produits standard, Monique Ranou chez Intermarché pour la charcuterie et les plats traiteur, Reflets de France et Sélection chez Carrefour pour les produits *premium*, Marque Repère et Eco+ chez Leclerc, Rik & Rok chez Auchan pour les produits laitiers pour enfants, etc. Les MDD colonisent tous les rayons et tous les segments de produits, avec parfois des succès éclatants : le robot Monsieur Cuisine Connect de Silvercrest, *ersatz* vendu au quart du prix du robot Thermomix original, a généré chez Lidl à la fin de 2019 un véritable phénomène de société, habilement travaillé par l'enseigne en amont, avec des cohues spectaculaires en magasins. À chacune de ses ventes, transformées en événements, l'enseigne dit en écouler plus de 200 000 exemplaires.

En 2019, les MDD représentaient en valeur 32,7 % des ventes en grandes et moyennes surfaces. Cependant, cette politique de déflation volontaire (faire baisser les prix) au nom du pouvoir d'achat n'a pas conduit les acteurs de la grande distribution à adopter tous les codes du *low-cost*. Celui-ci repose d'abord et avant tout sur la simplification à l'extrême des produits et des services. *No frills* (« pas de fioritures ») ; c'est d'ailleurs le nom d'une célèbre enseigne *hard discount* canadienne dont la MDD principale va jusqu'à s'appeler « Sans nom » ! Retour à la simplicité, dépouillement de l'offre et abandon des options : tel est le mantra du *low-cost*, inventé au sortir de la seconde guerre mondiale par l'Allemand Aldi dans un contexte de pénuries et de vie chère. Cela dit, le *low-cost* souffre de son image bas de gamme : l'esprit hangar des magasins, le nombre de références, en moyenne huit fois inférieur aux enseignes classiques, les doutes sur la qualité et la fiabilité des produits rebutent toujours une part importante des consommateurs. Les enseignes étiquetées comme telles jouent donc depuis quelques années, avec plus ou moins de succès, la carte de l'« embourgeoisement » pour tendre vers le *soft discount*. Ainsi, depuis 2012, Lidl soigne l'agencement de ses points de vente, « événementialise » certains produits, comme on l'a vu avec Monsieur Cuisine Connect, et vient de créer une carte de fidélité, considérée jusque-là comme un service non désiré par ses clients.

Des petits prix sans se sentir pauvre, une stratégie payante : mois après mois l'Allemand, qui était à 4,9 % de parts de marché en 2015, progresse désormais au rythme ahurissant de 400 000 nouveaux clients chaque mois. En octobre 2021, atteignant 7,2 %

de parts de marché, il doublait Carrefour Market, devenant au passage la deuxième enseigne sur les fruits et légumes, derrière Leclerc, mais devant Intermarché, pourtant deux fois plus gros. Même démarche chez Leader Price, qui a tenté en 2018 la « prémiumisation » de son offre sur le créneau « plus de bio, plus de frais, de produits santé et nature ». Cherchant à se rapprocher de la grande distribution traditionnelle et récusant désormais le qualificatif, jugé péjoratif, de *hard discount*, ses enseignes devenues respectables en plus de trente ans de présence en France libèrent le créneau des bas prix à tout prix à de nouveaux entrants, à l'image du français Supeco, filiale à 100 % de Carrefour ciblant les territoires pauvres du pays. Même démarche prix, ciblant cependant des consommateurs un peu plus aisés, chez l'Américain Costco, qui inaugurait début décembre 2021 en région parisienne son deuxième « club-entrepôt » accessible après paiement d'une carte de membre. Chez Costco, l'offre valorise les gros volumes de produits haut de gamme avec de fortes remises. Les packs et les gros conditionnements – boîtes de conserve vendues par douze, bidons de quatre litres – côtoient des produits statutaires à prix cassés, comme des jeans Levi's à 45 euros ou des smartphones et des bijoux. Implanté en France depuis 2017, Costco revendique pas loin de 200 000 adhérents, et un panier moyen de 160 euros en semaine, et 180 à 200 euros le week-end. La clientèle ne rechigne donc pas à la dépense, à condition de repartir avec l'impression d'avoir fait de bonnes affaires sur des produits de marque en grandes quantités.

Le *low-cost* ne se limite pas à la grande distribution alimentaire. Des enseignes nouvelle génération rencontrent le succès auprès d'une clientèle très diversifiée : Primark dans l'habillement, les bazars néerlandais Action (600 magasins en France) ou Hema (70 boutiques), etc. La force de ce modèle, c'est son pouvoir d'attraction : malgré une part de marché assez faible, les deux tiers des Français déclarent se rendre régulièrement dans des magasins *low cost*, et « y passer un bon moment ». Dans un étrange mouvement d'inversion des rôles, bien décrit par Emmanuel Combe, l'expérience que les consommateurs y vivent leur fait inévitablement réviser leur perception du juste prix. Le *low-cost* opère ainsi ce tour de force de devenir le référentiel, forçant l'offre standard à s'aligner, comme cela s'est produit dans la téléphonie après l'arrivée de Free Mobile en 2012. Le *low-cost* dicte à tel point ses codes qu'il réussit par moments à devenir *hype* : mises en vente à 12,99 euros à l'hiver 2020, les baskets et les tongs Lidl aux couleurs de l'enseigne sont devenues des *collectors* très recherchés, qu'il n'est pas rare encore de trouver en seconde main à plus de… 3 000 euros ! Et c'est encore Lidl que le youtubeur Squeezie a choisi en 2021 pour distribuer en exclusivité deux CD deux titres au design volontairement très années 2000, et dont les bénéfices sont promis au Secours populaire. Immense succès : 70 000 exemplaires écoulés sur les 100 000 disponibles, en quarante-huit heures. Des CD deux titres, en 2021, vendus chez Lidl ? La ringardise au carré certes, mais plus *cool*, tu meurs. Le moche n'est plus honteux, il s'assume et se revendique. Mieux, il distingue. Dans la même veine, acheter des légumes du label « Gueules cassées », qui ne fait qu'institutionnaliser la pratique du glanage à la fin des marchés, signe l'appartenance à l'avant-garde des consommateurs combattant le gaspillage alimentaire. Dans son livre *Le Goût du moche*, la journaliste de mode Alice Pfeiffer explique ainsi que le moche, assumé comme tel, passe pour de l'audace. Ce pied de nez inattendu, adressé par des bourgeois au goût bourgeois, devient « promesse de renouveau, de disruption, de réinvention »[1]. La marque de chaussures Crocs, cotée au Nasdaq à Wall Street, a ainsi réalisé le plus gros chiffre d'affaires de son histoire en 2020. Certaines marques en viennent à travailler volontairement des

1. Alice Pfeiffer, *Le Goût du moche*, illustrations d'Aline Zalko, Paris, Flammarion, 2021.

designs peu élaborés qui permettent d'identifier au premier coup d'œil l'appartenance à la fière famille des marques à bas coût. La SNCF a ainsi sciemment misé sur l'anti-chic avec un duo de couleurs bleu bonbon et rose princesse pour son offre à bas coût Ouigo, dont les rames sont en outre équipées de Poubellator, une poubelle verte fort laide maquillée en monstre. Bienvenue dans l'ère du marketing « punitif » et intentionnellement clivant. Récemment, Leboncoin a testé de nouveaux visuels avant de se raviser, en constatant que plus le site paraissait vieux jeu, plus les utilisateurs s'y engageaient.

Par-delà les effets de mode, le *low-cost* a encore de beaux jours devant lui car il répond, fondamentalement, à une demande incontournable des clients : avoir moins en qualité, certes, mais pour beaucoup moins cher, argument imparable à l'âge de la crise permanente du pouvoir d'achat. Et ce sont les enseignes et les produits de milieu de gamme qui en font les frais. En revanche, *low-cost* et luxe, que tout semble opposer, se ressemblent étrangement, analyse Emmanuel Combe. En termes de promesse d'abord : ces deux univers, positionnés aux deux extrémités du marché, proposent un rapport qualité/prix imbattable. Ils partagent aussi des rentabilités record : la marge nette de 15 à 18 % de Ryanair sur ses billets à 40 euros n'a rien à envier à celle d'un sac Vuitton à plus de 1 000 euros. Luxe et *low-cost* se retrouvent enfin au même niveau sur ce qu'Emmanuel Combe appelle « l'échelle des attentes » : « la consommation identitaire du luxe d'un côté ; la commodité minimaliste du *low-cost* de l'autre »[1]. Dans les deux cas, le client a le sentiment d'en avoir pour son argent. Les économies que le consommateur réalise d'un côté, il les injecte de l'autre, non pas tant dans des objets exceptionnels de grande rareté, mais plutôt dans du luxe intermédiaire, comme le

1. Emmanuel Combe, « Le paradoxe du *low-cost* : une part de marché limitée, mais une forte influence sur le marché », *L'Opinion*, 2 avril 2019.

sac Vuitton Speedy (vendu neuf au prix de 1 300 euros, mais trouvable d'occasion autour de 500 euros) des parfums de grandes marques, mais aussi des produits *tech premium* comme l'Apple Watch, qui égale en termes de ventes l'ensemble des montres suisses depuis 2018.

Les classes moyennes constituent ainsi pour les marques de luxe une clientèle « excursionniste » (occasionnelle) de plus en plus importante. 40 % des Français déclarent acheter au moins un produit de luxe dans l'année. Le marché du luxe déborde d'ailleurs le seul périmètre du matériel. Il se veut de plus en plus « expérientiel », « d'émotions » : un thé au Ritz, un repas chez Guy Savoy à la Monnaie de Paris, ou à la Tour d'Argent, « une fois dans sa vie » ; un séjour dans un palace ; une soirée dans un lieu privatisé ; une grande bouteille de vin achetée chez un caviste ; une visite dans un *flagship store* sur une grande avenue comme les Champs-Élysées, immortalisée par une photo dûment postée sur Instagram. Le succès des ventes privées repose aussi sur ce principe du luxe expérientiel, les acheteurs ayant le sentiment d'appartenir à un cercle restreint de privilégiés. Autre exemple de l'essor du luxe d'expérience, dans le très haut de gamme cette fois : Accor Hotels a racheté en 2016 le *leader* mondial de la conciergerie haut de gamme John Paul, qui traite à toute heure du jour ou de la nuit plus d'un million de demandes sur mesure par an – certaines pour le moins loufoques : pour l'ancien joueur du PSG Javier Pastore, John Paul s'est mis en quatre afin de trouver un lionceau à son épouse le jour de leur anniversaire de mariage. Tout ce que l'argent peut acheter, plus ce qu'il ne peut pas : telle est la définition de l'ultra-luxe. À sa périphérie, le luxe voit lui aussi prospérer un marché de la seconde main, structuré par des plateformes en ligne de dépôt-vente spécialisées comme Vestiaire Collective, Collector Square ou TheRealReal qui a signé ces dernières années des partenariats avec Stella McCartney, Burberry et Gucci. Peu importe qu'il ne s'agisse pas d'articles neufs, du moment qu'ils confèrent aux acheteurs le sentiment du luxe.

Les Français déconsomment-ils ?

Depuis quelques années, un phénomène est apparu sur les radars des experts en marketing : la *déconsommation*. Signe qu'il s'agit peut-être d'un peu plus qu'une microtendance, le *Larousse* a fait entrer le terme dans son édition 2021, le définissant comme « une attitude qui vise à consommer moins ». Deux autres mots du même champ lexical ont rejoint l'index du célèbre dictionnaire : le *frugalisme*, soit « un mode de vie consistant à vivre en dessous de ses moyens et à épargner afin de quitter la vie active bien avant l'âge légal de la retraite, avec pour objectif de se soustraire à la société de consommation », et le *lagom*, un concept suédois prônant la simplicité, le naturel et la modération dans tous les aspects de la vie. Cette consécration sémantique de la déconsommation doit beaucoup aux circonstances de la pandémie de Covid-19. Pendant les périodes de confinement, se retrouver enfermé chez soi au milieu de son bric-à-brac a provoqué chez certains une prise de conscience de la vacuité d'un grand nombre de leurs achats. Les Américains ont même forgé un mot pour décrire le sentiment revenant moins à posséder les choses qu'à être possédé par elles : *stuffocation*, contraction de *stuff*, « objets », et *suffocation*.

Certes, pour le plus grand nombre, l'expérience généralisée et inédite de déconsommation provoquée par la crise sanitaire a été vécue sans désir, et imposée *de facto* par la fermeture des magasins. D'ailleurs, en fait de déconsommation, c'est davantage à des reports et à des substitutions que la majorité a procédé grâce au e-commerce, à l'image de ces millions de consommatrices en télétravail qui ont renoncé à renouveler leur maquillage, mais se sont offertes à la place de l'équipement pour la maison. La consommation n'a donc pas dit son dernier mot. Il n'en demeure pas moins que l'acte volontaire d'acheter moins de choses et de privilégier la seconde main au neuf n'est plus tout à fait marginal. Sous l'effet de plusieurs facteurs (retour de l'inflation, préoccupation pour l'environnement, érosion du modèle salarial, stagnation des revenus, inquiétude pour l'avenir...), des millions de citoyens révisent leur stratégie de dépenses, soit pour des questions de moyens : il s'agit alors d'acheter « malin » pour maintenir son niveau de vie, soit pour des raisons éthiques : dans ce cas, c'est le consumérisme et la boulimie matérielle qui se trouvent mis en cause.

Il y a une dizaine d'années, le chercheur britannique Chris Goodall formulait l'hypothèse que les sociétés occidentales auraient dépassé le *peak stuff*, soit l'apogée de la consommation matérielle. Après avoir atteint un maximum, elle serait désormais en train de diminuer, ou d'entamer un lent déclin. On peut douter de la réalité de ce supposé « pic des objets », qui fait immanquablement penser au célèbre *peak oil*, le fameux pic de l'extraction pétrolière annoncé pour la fin des années 1990 et qu'on ne voit toujours pas venir. Comparaison n'est pas raison, et il faut bien convenir que depuis cinquante ans la croissance de la consommation, comme on l'a vu plus haut, tend à se tasser : de 3 à 4 % de progression par an dans les années 1970, elle n'a plus dépassé 2 % depuis 2007, quand, symétriquement, le taux d'épargne des ménages ne cesse de progresser depuis 1987, stable à plus de 20 % depuis 2020, soit dix points de plus qu'il y a trente ans. Certains postes de dépenses sont factuellement déjà en décroissance, comme la viande, mais en compensation les Français mangent plus de produits laitiers ou de la mer. Faut-il envisager qu'à l'avenir, ils s'engagent sur la voie d'une déconsommation générale et durable ? Certains facteurs rendent cette idée plausible. Dès 2016, le directeur du développement durable d'Ikea l'a d'ailleurs fait sienne. Première tendance : le vieillissement de la population, qui augmente au fil des ans la part des plus de soixante-cinq ans. Ces derniers dépensent 21 % de moins que la moyenne des Français en transport, habillement, équipement du foyer, etc.

Deuxième tendance, la *stuffocation*, la saturation matérielle. Selon l'agence de la transition écologique Ademe, l'ensemble des équipements, meubles et électroménager présents dans une maison pèse en moyenne 2,5 tonnes. Chaque Français utilise en moyenne 200 kilos d'appareils électriques ou électroniques, et nous ne sommes qu'à l'aube de l'ère de l'IoT, l'Internet des objets connectés. Il y a plus d'écrans par foyer que de personnes. Une maison moyenne contient 300 000 objets, mais nous utilisons seulement 20 % d'entre eux 80 % du temps, en particulier la vaisselle et la garde-robe. Nous dépensons annuellement 41 milliards d'euros en chaussures et vêtements, soit 9 milliards de plus que la dépense nationale dans l'Éducation supérieure. À l'échelle de nos vies, nous consacrons plus de 3 600 heures, soit plus de 150 jours, à chercher des objets perdus. Le début du XXIe siècle est un âge d'or pour le marché des entrepôts de stockage et des garde-meubles, utilisés par une majorité de clients comme une extension de la cave et du grenier. La submersion matérielle contemporaine redonne de la vigueur au discours anti-consommation des années 1960, qui se double marginalement de revendications décroissantistes au nom de l'environnement. Selon le dernier baromètre de la « consommation responsable » commandé chaque année depuis 2004 par l'Ademe, 61 % des Français (+3 % en un an) adhèrent à l'idée que la responsabilité en matière de consommation, c'est de « supprimer le superflu » ou de réduire sa consommation en général. La même enquête révèle un appétit général pour une simplification de l'offre commerciale, les produits durables, et davantage de transparence des entreprises sur les conditions de fabrication de leurs produits.

Les revendications alternatives sont clairement en train de se démocratiser. Et le fameux rapport qualité/prix est en train de se trianguler avec un troisième paramètre : l'éthique, qui vient turbuler le modèle productiviste de nos économies. Témoin de cette tendance lourde, la dernière campagne publicitaire de Levi's, qui commence par nous dire que « la consommation mondiale de vêtement a doublé ces quinze dernières années. On peut aider à changer ça », et se termine sur la promotion de la consommation sobre et durable avec comme slogan « Acheter mieux, porter plus longtemps ». Aiguillonnées par des consommateurs prompts à se détourner d'elles à la moindre faute, de plus en plus de marques brandissent en étendard leur « soutenabilité » (*sustainability*). Elles ne perdent jamais de vue qu'acheter est un pouvoir, et qu'en matière de consommation, l'abstention compte et peut les conduire au dépôt de bilan. Le parallèle avec le processus électoral est d'ailleurs intéressant : à l'inverse de la sphère politique où prédominent la résignation et la conviction que les promesses ne sont jamais tenues, le mensonge des marques est jugé inacceptable, car précisément il est immédiatement sanctionnable.

Quand la consommation se moralise

Les marques qui s'inscrivent dans cette démarche de soutenabilité misent gros sur cette clientèle, majoritairement aisée, qui politise ostensiblement ses choix de consommation. Cette petite élite grossissante d'acheteurs avertis, engagés et à fort pouvoir d'achat exerce sur le marché un pouvoir d'influence assez comparable à celui du modèle *low cost* sur l'industrie, bien au-delà de ses performances commerciales réelles. Elle proclame sa honte de prendre l'avion (*flygskam*), récuse le *low-cost* pour son modèle social jugé condamnable, et inflige des chocs d'indignation aux grandes marques mondialisées, perçues comme la pointe émergée d'un modèle économique de moins en moins tolérable. La taille, qui fait la puissance des groupes et des marques, est en passe d'apparaître comme un handicap auprès des consommateurs *premium* friands de ces marques nouvelles qui s'engagent dans le combat contre la surconsommation. Devançant ces nouvelles attentes culturelles et morales, LVMH, numéro un mondial du luxe, a publié pour la première fois de son histoire en 2021 un rapport sur ses engagements en matière de responsabilité sociale et environnementale (RSE). Il y est question de préservation de la biodiversité, de quotas de marques afro-américaines dans les rayons des magasins Sephora aux États-Unis, d'une nouvelle direction américaine Diversité et inclusion, etc. Dans le même mouvement, entre 2019 et le deuxième trimestre 2021, 206 entreprises françaises se sont dotées d'une raison d'être et ont adopté le statut de « société à mission », en dépit des risques juridiques et d'atteinte à leur réputation en cas de transgression de leurs engagements. La clientèle des marques « responsables », « éthiques » ou « équitables » ne se contente plus de mots. Vigilante au *greenwashing*, elle exige des preuves, et par là que les entreprises se soumettent au contrôle d'organismes de certification, d'ONG ou d'applications comme Yuka ou Good on You, qui ont acquis sur elles un droit de vie ou de mort comparable à celui des agences de notation financière.

Comme l'écrit l'ObSoCo, l'Observatoire société et consommation, dans une étude parue en octobre 2020 et consacrée aux petites marques, ce contexte de percée d'un militantisme portant sur d'autres critères que le strict intérêt du consommateur offre de formidables opportunités pour de nouvelles marques prenant le train de cette « révolution culturelle ». Signe qu'il s'agit bien d'une démarche morale, une consommatrice citée par l'étude va jusqu'à dire que « se vêtir avec des marques éthiques revient à porter une auréole au-dessus de la tête ». Quand ils passent à l'acte d'achat, ces consommateurs-là recherchent du « sens », et sont prêts à payer plus cher que la moyenne si les marques se montrent attentives à un certain nombre de préoccupations : la provenance de leurs matières premières, leur bilan carbone, les conditions de travail de la main-d'œuvre qu'elles emploient, le bien-être animal, la lutte contre l'obsolescence programmée, etc.

Cette démarche militante ne rejette pourtant pas la consommation en tant que telle : loin d'exclure du marché ceux qui l'adoptent, elle leur confère une autorité morale, et signale leur expertise. Les théoriciens du marketing y voient un renversement de pouvoir : le consommateur amateur, qui demandait conseil aux vendeurs pour être guidé dans ses choix, est devenu un expert qui dicte ses commandements aux marques. L'offre ne suscite plus la demande ; elle doit s'y conformer. En 2018, à la suite de la diffusion d'une vidéo montrant le calvaire subi par des chèvres, Gap, Zara, H&M, Topshop et Asos ont tour à tour renoncé à commercialiser des articles contenant du mohair et du cachemire. La même année, Gucci, Versace, Michael Kors et Armani ont pris les uns à la suite des autres la décision de supprimer la fourrure de leurs vêtements pour satisfaire la large majorité des consommateurs (73 % en France) qui se déclarent concernés par le bien-être animal.

Les « valeurs » travaillent les consommateurs, ce qui n'empêche pas certaines contradictions flagrantes. Les consommateurs, en particulier les plus jeunes, sont infiniment plus durs avec les marques qu'envers eux-mêmes. Ils exigent d'elles qu'elles soient irréprochables sur l'écologie, mais s'interrogent peu sur leur propre consommation. Dans un article paru en septembre 2021, *Le Figaro* se demandait « Pourquoi mon ado veut sauver la planète mais surconsomme la *fast fashion* ? ». Le papier brocardait ces 15-25 ans qui emportent leur gourde partout, fuient les emballages plastiques, éteignent les lumières derrière leurs parents, mais raffolent des *crop tops* à 5,99 euros de la marque en ligne Shein, fabriqués en Chine dans des conditions plus que douteuses. En fait, les adeptes des consommations émergentes (occasion, prêt, échange, glanage, DIY, covoiturage, location entre particuliers…) sont loin d'être tous des consommateurs engagés. Leur objectif principal demeure la maximisation de leur pouvoir d'achat, et tant mieux si elle se double d'un bénéfice social ou écologique.

Les difficultés du *made in France*

C'est cette hiérarchie réelle des priorités qui explique en partie les difficultés du *made in France*, plébiscité en déclaratif, mais qui souffre pourtant de la concurrence des produits à bas coût. Il convient, à son sujet, de faire une petite mise au point : à rebours des préjugés sur son poids dérisoire dans l'économie française, il représente selon l'Insee 81 % de la consommation totale des ménages. C'est bien plus que la part de *made in* du Luxembourg (61 %) ou de l'Irlande (56 %), à peu près autant que l'Allemagne ou le Royaume-Uni, mais moins que les États-Unis ou le Japon (tous deux à 89 %). Plus de 8 euros sur 10 dépensés par les ménages vont donc à des contenus produits dans l'Hexagone, tous secteurs confondus. L'essentiel des services que nous consommons n'est pas délocalisable. En revanche, la part du *made in France* s'effondre dans les catégories des biens fabriqués : 1 % de l'horlogerie, 3 % des vêtements et des bijoux, 5 % des jouets selon les estimations de la Fédération indépendante du *made in France* (Fimif). Bob le lave-vaisselle, Sophie la girafe, la boîte à histoire Lunii, les jeans 1083 et les enceintes Devialet sont les stars des magazines, mais des nains commerciaux. Seuls l'automobile et les produits d'entretien surnagent avec respectivement 20 % et 30 % de fabrication hexagonale.

Malgré tout, le *made in France* est à la mode. Il affiche une performance culturelle impressionnante depuis quelques années, porté par la vague protectionniste qui gonflait depuis une décennie et a fini par se lever à la faveur des vents de la crise sanitaire et économique. La communication qui l'entoure valorise, dans l'ordre, « un gage de qualité », « le soutien à l'industrie française et à l'emploi local », « la réduction de l'impact environnemental » et « la garantie du respect des normes sociales ». Le *made in France* conquiert les cœurs car il parle à tout le monde, en réunissant sous les couleurs du drapeau les valeurs écologistes (circuits courts, durabilité), sociales et identitaires. Acheter *made in France* vous pare des mêmes vertus que les clients de la mode éthique ou équitable, le patriotisme en plus.

Il lui en aura fallu du temps pour s'imposer : il faut attendre 2012 pour qu'émerge une nouvelle marque, sans histoire patrimoniale sur laquelle s'appuyer : Le Slip français, qui intègre à son nom son principal argument de vente, à savoir son origine locale. Malgré la modestie du produit, sa communication évoque une mission : bousculer l'industrie française, ou plutôt la remettre en ordre de marche. À l'adresse du client, le sous-vêtement devient une pièce maîtresse de la panoplie révolutionnaire. « Si vous voulez changer le monde, commencez par changer de slip », ordonne le slogan. L'année suivante, l'ancien ministre du « redressement productif » Arnaud Montebourg s'empare du thème du *made in France* en posant en marinière Armor-Lux à la une du *Parisien Magazine*.

Il n'est pas anodin que l'on parle du *made in France*. Alors qu'elle labellise la fierté nationale, l'expression anglaise révélerait *in fine* un stade avancé de colonisation culturelle. C'est plutôt un retournement : *made in France* se veut une réaction, une riposte à la mondialisation et à l'omniprésence sur nos étals du *made in China*. Dans une tribune au *Journal du Dimanche* en 2016, Fabienne Delahaye, la fondatrice de MIF Expo, le salon du *made in France*, explique que « parler *made in France*, c'est parler industrie, emploi, savoir-faire, y compris quand ils sont stratégiques – une pensée pour Alstom sous bannière américaine, Alcatel devenu finlandais. Je pense à Lafarge, Pechiney, Arcelor, la liste n'est pas exhaustive. » Cette litanie des grandes entreprises françaises tombées au champ d'honneur de la guerre économique mondiale dit tout de la démarche. Ce n'est pas qu'un énième label marketing, c'est une promesse. Mieux, un projet de politique économique. Quand Apple et Nike s'efforcent de cacher leurs usines, arrière-cour honteuse du rêve qu'elles magnifient dans des campagnes publicitaires d'un blanc sans impureté, le *made in France* les désire. L'acquisition du slip va « au-delà de sa valeur d'usage », dirait Jean Baudrillard[1]. Il n'est pas la fin ; il est le moyen. Les usines sont la fin. Prônant la jeunesse et la proximité, tout en surfant sur la nostalgie de la puissance passée et le légendaire esprit de résistance des Gaulois, le *made in France* se veut, d'une certaine manière, « superfrançais ». C'est toute sa force, mais aussi sa limite.

La rue du *made in France* est de mieux en mieux garnie : on trouve aujourd'hui à peu près tout *made in France*, excepté le gros électroménager et l'informatique. On s'y presse contempler les vitrines. Mais l'enthousiasme s'arrête bien souvent à la lecture des étiquettes. On sait où vont les priorités de la grande masse : les prix, argument de vente indépassable. Des mots aux actes, il n'y a pas beaucoup plus loin que du Capitole à la roche Tarpéienne.

1. Jean Baudrillard, *Le Système des objets*, Paris, Gallimard, 1968.

3.

La France, le pays où se nourrir est plus cher

Quand on a de graves préoccupations alimentaires, on n'a pas beaucoup d'ambition.

Michel Audiard

Le 28 février 2021, Anne-Cécile Suzanne, éleveuse en Normandie, travaille sur son tracteur quand une publicité à la radio capte son attention. C'est l'enseigne Carrefour qui fait une promotion exceptionnelle. Son sang ne fait qu'un tour. Elle saisit son téléphone et poste un message sur Twitter : *Je soigne mes animaux tranquillou en ce dimanche matin. Et j'entends d'un coup à la radio : « Exceptionnel, la côte de bœuf origine France à 9 euros/kg chez @GroupeCarrefour ». On arrive à quel équilibre matière en vendant des côtes à ce prix-là ? Elle est où Egalim, au rayon poubelles ?*

Son tweet fait le tour de la planète paysanne. Repéré par la presse, il suscite plusieurs articles dans des quotidiens nationaux. Les caméras de France 3, puis de TF1 viennent à sa rencontre sur sa ferme. C'est qu'en ce dernier jour de février, nous sommes à la veille de la clôture des traditionnelles négociations commerciales entre la grande distribution et ses fournisseurs. Tous les ans, à la fin de l'hiver, les agriculteurs attendent le verdict des luttes opposant les industriels de l'agroalimentaire et les grandes enseignes. Des bras de fer longtemps opaques, réputés d'une grande violence, à l'issue desquels se déterminent les prix dans les rayons des supermarchés pour l'année en cours. Difficile, pour ces mastodontes, de se fâcher. Alors l'agriculture finit pratiquement toujours en variable d'ajustement de la guerre des prix.

À 9 euros le kilo de côte de bœuf, l'« équilibre matière » qu'évoque Anne-Cécile Suzanne dans son tweet est de fait rompu. Pour se rémunérer, l'éleveuse doit en effet parvenir à vendre suffisamment cher les pièces nobles, dont la côte de bœuf fait partie, afin de pouvoir vendre peu cher les pièces qui le sont moins. C'est la seule manière d'atteindre un équilibre de prix au moment de la vente de la carcasse. Or, à 9 euros le kilo, la côte de bœuf de Carrefour, certifiée viande bovine française, est vendue moins cher que la plupart des steaks hachés. Cette affaire en dit long sur la place que l'on veut bien encore consentir à l'alimentation dans nos budgets de dépense. Débarrassée de la faim et bien nourrie depuis les années 1960, l'Europe considère la question alimentaire comme réglée. Les dernières carences qui subsistent dans la population générale concernent quelques vitamines, et le fer chez les femmes enceintes et les jeunes enfants. La mission de l'agriculteur n'est alors plus de produire à manger, mais d'assumer en silence les prix bas nécessaires au consommateur pour qu'il se libère du pouvoir d'achat ailleurs. Les problèmes aujourd'hui sont largement « extranutritionnels » : la rémunération des producteurs, la préservation de l'environnement, la sécurité alimentaire (propulsée au premier plan depuis la première crise de la vache folle, en 1996), le gaspillage, l'obésité, la malbouffe. Produire n'est tellement plus un sujet pour l'Europe que les dernières versions de la politique agricole commune (la PAC) placent tout en haut des priorités l'agriculture biologique, moitié moins productive, et les jachères, au nom de la préservation de l'environnement. Mais ça, c'était avant la guerre en Ukraine.

Les 4 vagues de l'inflation

Le conflit a en effet créé un énorme trou dans le garde-manger mondial. Et l'accélération de la sécheresse sur tous les continents ne cesse de l'élargir. Par endroits, c'est l'excès d'eau ou le gel tardif qui pourrissent les récoltes. Des denrées cruciales manquent dans les échanges internationaux, et les prix alimentaires s'installent à des niveaux jamais vus. Les conséquences sociales et économiques sont considérables. Le blé, la céréale de base de l'alimentation, est devenu rare et cher. À sa suite, toutes les céréales ont battu leur record de prix du début des Printemps arabes et des émeutes de la faim de 2007-2008. *Idem* pour un grand nombre de matières premières agricoles : maïs, soja, huiles, sucre, colza, etc. Les solutions de remplacement sont minces. L'Argentine, l'Inde, l'Indonésie refusent d'exporter pour assurer leurs propres approvisionnements. À la mi-mars 2022, trois semaines seulement après le début de l'invasion russe, les Nations unies redoutaient déjà « un ouragan de famines » dans le monde.

En France, la conséquence la plus visible de cette catastrophe planétaire, c'est le vide qui s'est installé dans certains rayons des supermarchés. La disponibilité de certains produits a sérieusement baissé. À 60 %, les ruptures d'approvisionnement concernent l'épicerie et les produits frais. L'huile de tournesol est devenue le nouvel or jaune, tant elle se fait rare. Outre des problèmes d'importation de tournesol, la grippe aviaire en France a forcé l'abattage de 16 millions de volailles dans les six premiers mois de l'année, restreignant significativement la production d'œufs, de poulets entiers, filets ou magrets.

Mécaniquement, ce resserrement de l'offre tire les prix à la hausse. Et les effets de l'inflation, sur un marché aussi énorme que l'alimentaire, sont gigantesques. Bien que sa part dans le budget des ménages soit passée entre 1950 et aujourd'hui de 38 % à 17 % en moyenne, l'alimentation constitue encore le deuxième poste de dépense après le logement. En 2018, nous y avons consacré 3 600 euros par personne en moyenne, soit une dépense totale de plus de 230 milliards d'euros. 1 % d'inflation représente donc une dépense collective supplémentaire de 2,3 milliards d'euros, ou 36 euros par personne et par an. Qui plus est, la fréquence et le caractère inévitable des courses alimentaires hypertrophient la perception de l'augmentation du ticket de caisse, ressentie dès le mois d'avril par 96 % de la population. Et c'est un choc après quinze années de déflation, entretenue par la guerre des prix à laquelle se livrent les acteurs de la grande distribution au nom du pouvoir d'achat de leurs clients.

L'inflation alimentaire déferle en vagues successives. On en compte déjà quatre, les causes conjoncturelles s'ajoutant aux causes structurelles. La première vague se lève à l'automne 2021 : quelques produits se renchérissent (pâtes, miel, huiles) en raison de la désorganisation des chaînes logistiques, soit la répercussion des effets Covid, et d'aléas climatiques. La seconde, en mars 2022, poussée par la loi Egalim 2 votée à la fin de l'année précédente. Le texte renforce l'interdiction faite aux industriels de négocier la part de matière agricole de leurs produits, dans le but de sanctuariser la rémunération des agriculteurs. Après des années de baisse, les prix alimentaires prennent d'un coup +3 % à l'issue des négociations commerciales annuelles. Mais à peine conclues, les discussions doivent être rouvertes : les prix fixés pour l'année sont déjà obsolètes. Ce qui vient d'être négocié ne tient compte que de ce qui s'est passé jusqu'au 1er décembre. Entretemps, les prix des matières premières agricoles, du transport, des emballages ont continué de grimper, soit cinq à six points d'inflation théorique qui n'apparaissent alors nulle part. C'est la troisième vague d'inflation, qui prend forme à la fin du printemps. La quatrième, violente, frappe les rayons pendant l'été, cette fois du fait des conséquences de la guerre en Ukraine : explosion du prix du gaz et du pétrole, pénuries, etc. À la fin d'avril 2022, 94 % des familles de produits de grande consommation avaient déjà vu leurs prix virer à la hausse, avec des pics à 34 % pour les fruits surgelés, 15 % pour les huiles, 12 % sur les pâtes et les poissons frais, 11 % pour la farine et les viandes surgelées, 9 % pour les légumes frais.

Quand les prix jouent à cache-cache

Dans ce contexte chaotique, pour traverser la tempête, les entreprises agroalimentaires déploient en urgence des tactiques qui ont fait leur preuve par le passé. Comme pendant les deux guerres mondiales, ou plus récemment, en 2007-2008, quand les prix agricoles avaient flambé, elles réapprennent à se passer de certains produits. Le prix de la framboise ayant doublé, Picard a arrêté son sorbet. Chez Lucien Georgelin, grosse PME implantée à Marmande, on n'en fait provisoirement plus de confitures, préférant réserver la baie aux tartes sous sa forme entière. Les *ersatz* sont de retour : à défaut d'huile de tournesol, les industriels se sont vu accorder le droit d'introduire des ingrédients de substitution (colza, soja, palme) pour des milliers de références : frites, chips, sauce, pots pour bébé, plats préparés, produits panés, pâtes à tarte, conserves ou additifs (la lécithine dans les chocolats). Les dérogations sont signalées par marquage de la mention « DEROG » à côté de la date de péremption, donc assez peu visibles, et sans précision de la substitution. De même pour l'éventuel changement de classement Nutri-score. Le changement de recette peut se révéler une opération complexe, car il faut trouver le moyen de n'altérer ni la texture, ni le goût des produits.

Autre technique éprouvée, la *shrinkflation* (*to shrink* : « réduire », en anglais) ou « inflation furtive », qui consiste à réduire discrètement le grammage de certains produits pour en augmenter le prix au kilo, sans toucher à l'étiquette. L'astuce a généralement lieu à l'occasion d'un changement de packaging. En 2018, Coca-Cola a ainsi diminué de 20 % la quantité de boisson de ses grandes bouteilles. Même opération sur les jus de fruits Tropicana l'année suivante, pour une augmentation du prix de 38 % au litre, selon l'association Foodwatch. Récemment, la portion de fromage Kiri est discrètement passée de 20 à 18 grammes sans baisse du prix. Les boulangeries Firmin reconnaissent publiquement avoir restreint de 26 % et 23 % la part du beurre dans leurs croissants et pains au chocolat, pour ne pas avoir à en augmenter le prix unitaire. À la clé, pour elles, une économie d'1 à 2 centimes par viennoiserie. Au printemps, elles envisageaient aussi d'alléger leurs sandwiches de 15 à 10 grammes et de réduire la taille des tartelettes, quitte à en changer la forme, passant de ronde à rectangulaire, pour rendre moins visible la réduction.

Plus c'est gros, plus ça passe : la hausse de prix au kilo est parfois masquée derrière une innovation. Au rayon jambon, les « tranches fines » de 30 grammes sont plus chères au kilo que les tranches normales de 40 grammes. Gare aussi à la « simplicité » revendiquée. Un produit arborant la mention « sans » (conservateur, additif, colorant) se paie généralement au prix fort, à l'image de la mayonnaise Amora « 5 ingrédients et c'est tout », vendue 30 % plus cher au kilo que la version « sans conservateurs avec des œufs de plein air ». L'inflation se cache aussi, et depuis longtemps, dans les portions individuelles qui, outre le surplus d'emballage, se paient au prix fort. 60 Millions de consommateurs épingle ainsi le fromage Caprice des dieux, vendu 62 % plus cher au kilo en pack de trois portions individuelles que la version classique de 300 grammes. L'écart est encore plus grand entre les paquets de café moulu et les dosettes, qui peuvent coûter de trois à dix fois plus cher selon les marques, la palme revenant à Starbucks, dont certaines références atteignent 68 euros le kilo.

Chargée de vendre tous ces produits, la grande distribution, elle, marche sur des œufs. Dans un marché ultraconcurrentiel qui met aux prises pas moins de 40 enseignes, pour environ 14 000 points de vente, les prix déterminent en grande partie la destination des clients pour faire leurs courses. Mais les distributeurs savent y faire pour changer les étiquettes sans faire fuir le chaland. Premier outil, la péréquation. Le principe est le même que celui de l'« équilibre matière » recherché par les éleveurs, mais à l'échelle de l'ensemble des références en rayons. La règle est assez simple : plus un produit est distribué, plus la pression sur le prix est forte. Les *best-sellers* font donc l'objet d'un traitement de faveur. D'une enseigne à l'autre, vous constaterez peu de différences de prix sur le beurre, l'emmental râpé Président, le pain de mie Harrys, le Ricard, l'eau Cristalline, le Nutella, la mozzarella Galbani, etc. Tous produits achetés fréquemment, dont le client connaît bien le prix, et pour lesquels il serait prêt à changer de crémerie sans état d'âme si celui-ci augmentait subitement trop à son goût. Épargnés également, les couches et les produits de soin pour bébés qui constituent des produits d'appel pour attirer les familles, éternelle cible prioritaire de toutes les enseignes de la grande distribution. La note de la péréquation est donc destinée aux seniors et aux amateurs de produits *premium*, locaux ou atypiques.

Cependant, les pressions inflationnistes sont telles qu'elles réduisent les marges de manœuvre des distributeurs. Sur les produits les plus vendus comme le Coca-Cola ou le Nutella, leurs marges bénéficiaires sont déjà faibles, voire nulles en temps normal. Ils se rattrapent donc partout ailleurs, à plus forte raison sur les produits à petits prix comme les pâtes, sur lesquels des hausses de quelques centimes ont toutes les chances de passer relativement inaperçues. Par ailleurs, l'inflation varie du simple au double entre les trois grandes gammes de produits : +2,82 % d'avril 2021 à avril 2022 sur les marques nationales (Herta, Président, Panzani...), +3,25 % sur les marques de distributeurs (U, Auchan Bio, Marque Repère...), mais +6,73 % sur les marques premiers prix (Top Budget, Prix Mini, Le Prix gagnant...). C'est en réalité assez logique : plus un produit tient ses petits prix de l'absence de dépense de marketing et de publicité, moins il a de leviers pour amortir l'augmentation des coûts des matières premières. Tout passe dans le prix en rayon, tandis que les marques nationales peuvent raboter les dépenses annexes pour soulager le consommateur. Néanmoins, même après inflation, les premiers prix demeurent environ 60 % moins chers que les marques nationales.

La bombe sociale

La hausse des prix s'abat sur les rayons des supermarchés alors que des millions de Français se sont déjà vus précipités dans la précarité alimentaire par la crise sanitaire. Selon le rapport annuel 2021 du Secours catholique sur l'état de la pauvreté en France, 7 millions de personnes ont eu recours à l'aide alimentaire en 2020, « du jamais-vu en période de paix », s'effare l'association. Le public de l'aide alimentaire a non seulement triplé de taille en l'espace de dix ans, mais il s'est aussi considérablement complexifié, avec de plus en plus de travailleurs pauvres et de familles, souvent monoparentales. Chaque point d'inflation supplémentaire sur le ticket de caisse rapproche toujours plus de Français de cet état chronique d'insécurité alimentaire. L'angoisse transpire dans les réponses apportées à une enquête sur l'alimentation menée en janvier 2022 par l'institut Ifop. L'enjeu le plus préoccupant pour les répondants à propos de leur alimentation, celui qui arrive en tête, est tout simplement d'avoir les moyens de « se nourrir suffisamment, ainsi que sa famille ». Pour l'alimentation en général, l'inquiétude numéro un réside dans le fait que « trop de personnes en France n'ont pas accès à une alimentation suffisante et de qualité ». La santé et la protection de l'environnement apparaissent dans les réponses, mais au second plan de la peur archaïque de ne pas manger à sa faim. On la détecte aussi quand les répondants placent en tête des solutions l'idée de « redonner à la France les moyens de son autonomie alimentaire ».

Partout dans la presse, les articles prolifèrent sur la manière de limiter ses dépenses. Il s'agit d'être « infidèle » et « opportuniste » avec les marques, suggère un jour Francetvinfo.fr. *Le Parisien-Aujourd'hui en France* consacre une pleine page à la stagflation, phénomène économique complexe qui n'avait jamais eu les honneurs du quotidien populaire. La chaîne YouTube Maman€conome conseille la « méthode des enveloppes », consistant à retirer en *cash* les sommes correspondant à chaque poste de dépenses dans le mois, et à répartir l'argent dans autant d'enveloppes que de postes. Même *Le Figaro* tente de se convaincre que les pénuries alimentaires et les hausses de prix pourraient avoir du bon, en nous incitant à nous engager sur « la voie de la sobriété » et à opérer notre « transition alimentaire ».

En magasin, les comportements changent. Par peur de manquer d'huile de tournesol, certains consommateurs ont cédé à un réflexe de surstockage en se ruant sur les précieuses bouteilles. Parfois dans une logique d'accaparement, dans le but de les revendre. On a ainsi vu fleurir sur Leboncoin des annonces proposant 10 litres d'huile de tournesol pour 45 euros. D'autres ont redécouvert les alternatives, comme les huiles de colza, de pépins de raisin ou de courge, d'arachide. Le blanc de bœuf (la graisse de bœuf à frire) et la Végétaline à base d'huile de coprah ont vu leurs ventes doubler au premier trimestre 2022.

Encore plus massifs que les substitutions, les comportements de renoncement. Les Français déconsomment. Leurs achats ont diminué en volume, alors que le panier moyen progressait jusqu'alors de 2 % par an en moyenne. Premières victimes de ce serrage de ceinture, les budgets non essentiels, les loisirs et l'habillement. Mais l'alimentation fait elle aussi l'objet de nouveaux arbitrages. Selon une enquête de l'Observatoire E. Leclerc des nouvelles consommations publiée en mai 2022, sept Français sur dix (69 %) limitent leurs achats de fruits et légumes du fait de prix jugés trop élevés. C'est notamment le cas des ménages les plus modestes, qui sont 42 % à y consacrer moins de 10 euros par semaine, contre 29,50 euros en moyenne pour l'ensemble des Français. 46 % des ménages revoient aussi à la baisse les dépenses en viande et poisson.

Autre phénomène, le *trading down*, c'est-à-dire la descente en gamme de la consommation qui s'oriente vers des produits moins chers et de moindre qualité. On se remet à acheter essentiellement des prix. Souvent à regret : 85 % des répondants sondés par l'Observatoire E. Leclerc des nouvelles consommations jugent qu'« avoir une alimentation équilibrée et de qualité est devenu inabordable ». C'est peut-être la fin de la « prémiumisation », qui consiste à acheter un peu moins mais un peu mieux, et du regain d'intérêt pour les commerces de bouche traditionnels observé notamment pendant la crise sanitaire. Le marché du bio fait grise mine : considéré comme trop cher, il recule après des années de croissance à deux chiffres. Le choix glisse de la grande marque à la marque de distributeur et aux premiers prix. On s'oriente vers des pièces de viande meilleur marché.

Les enseignes, quant à elles, multiplient les initiatives anti-inflation. Carrefour étoffe sa gamme de produits à bas coût baptisée « Simpl » et relance des tables rondes avec ses clients pour connaître les produits qu'ils aimeraient avoir en promotion. Casino propose des abonnements à 10 euros par mois ouvrant droit à 10 % de remise sur le ticket de caisse. Sa filiale *low cost*, Leader Price, met en avant les gros volumes, comme des paquets de riz de 20 kilos vendus 30 % moins cher que les paquets standard de 500 grammes. Intermarché offre 5 % de réduction sur tout le magasin aux foyers dont le quotient familial est inférieur à 850 euros par mois. Leclerc brandit un « bouclier anti-inflation » pour tous les détenteurs de sa carte de fidélité sur un panier de 120 produits de base (lait, œufs, liquide vaisselle, café, couches pour bébé…). Son président, Michel-Édouard Leclerc, déterre la hache de guerre avec les pouvoirs publics, exigeant la suspension de la loi Egalim qui a relevé de 10 % le seuil de revente à perte. Depuis 2018, les distributeurs n'ont plus le droit de descendre en dessous de ce seuil lors des opérations promotionnelles. La mise entre parenthèses du texte ferait baisser les prix des grandes marques nationales de 10 %. « Le lundi, le gouvernement nous demande de mieux payer les agriculteurs, le mardi, de faire baisser le prix des fournitures scolaires et le mercredi, celui de l'hygiène féminine », s'agace-t-il un jour au micro de BFM TV. Toutes « unies contre la vie chère », comme le dit le slogan, les enseignes relancent entre elles la guerre des prix suspendue à peine deux années durant. Et le *discount* remporte désormais toutes les batailles. Aldi et Lidl, qui pèsent ensemble désormais 10 % de parts de marché, croissent deux fois plus vite d'un trimestre à l'autre que Carrefour et Leclerc, et quatre fois plus vite que Système U et Les Mousquetaires. Auchan et Casino reculent. Hors alimentation, la tendance est la même : les grands gagnants de l'inflation sont tous les spécialistes des petits prix : Gifi, Centrakor, Stokomani, La Foir'Fouille. Le néerlandais

Action, sans jamais faire de publicité, a réussi en 2021 le tour de force de se hisser à la troisième place des enseignes préférées des Français, derrière Decathlon et Leroy Merlin, mais devant Amazon, la Fnac ou Ikea.

La ferme France, championne des prix élevés

Le succès du *low-cost* alimentaire n'est pas vraiment un hasard lorsque l'on compare les prix français avec ceux pratiqués par nos voisins. À partir des statistiques d'Eurostat, l'équivalent européen de l'Insee, 60 Millions de consommateurs constatait à la mi-2022 que la France figure parmi les pays les plus chers de l'Union européenne pour les achats alimentaires. Nous payons en effet nos courses 15 % de plus que la moyenne des 27. Et l'écart ne cesse de se creuser : il était de 8 % en 2013, et de 12 % en 2016. À niveau de vie comparable, les Allemands dépensent 14 % moins d'argent que nous pour se nourrir, et les Britanniques 22 % de moins.

Sur les produits frais industriels (yaourts, fromages, plats cuisinés…), la France est compétitive. Nous sommes même 6 % moins chers que les Allemands. Sur les boissons, l'écart en notre défaveur n'est que de 3 %. En revanche, rien ne va plus sur la viande, qui se vend en France 30 % plus cher qu'en moyenne dans l'UE, et les fruits et légumes (+27 %). Nous payons là notre modèle social : en maraîchage, relevait l'Inspection générale des affaires sociales (l'Igas) en 2015, le coût horaire du travail en France était 1,7 fois plus élevé qu'en Espagne, 1,5 fois plus qu'en Allemagne. Entre 2000 et 2017, le coût horaire français a augmenté de 58 %, deux fois plus qu'en Allemagne, qui opère cependant un rattrapage rapide depuis l'introduction d'un salaire minimum. 60 Millions de consommateurs livre les exemples désolants du concombre,

75 % plus cher à produire en France qu'en moyenne dans l'UE, des nectarines (+55 %), des carottes (+45 %) et des pommes (+42 %). Faut-il, dès lors, s'étonner que de plus en plus d'exploitations agricoles françaises aient recours au travail détaché pour réduire leur masse salariale ? Le procès de l'entreprise espagnole Terra Fecundis, à Marseille, au printemps 2022 a permis de se rendre compte que le phénomène a pris aujourd'hui des proportions industrielles.

Au coût du travail s'ajoutent les effets inflationnistes de la loi Egalim, déjà citée. Le relèvement du seuil de revente à perte a renchéri tous les prix alimentaires. Un bilan de la loi publié à la fin de 2020 par un collectif de 26 syndicats et associations estimait qu'en deux ans, de 2018 à 2020, le budget alimentaire des ménages avait déjà augmenté de 1,6 milliard d'euros. Le texte interdit aussi aux fournisseurs les rabais et ristournes qu'ils consentent aux agriculteurs partout ailleurs en Europe sur l'alimentation animale, les engrais et les produits phytopharmaceutiques.

C'est un fait établi : la France, soucieuse de préserver son environnement et de privilégier une alimentation de qualité – nous sommes, après tout, ce que nous mangeons –, « surtranspose » systématiquement les directives environnementales européennes dans son droit national. On touche du doigt l'autre cause majeure de la cherté de l'alimentation en France : l'erreur stratégique consistant à croire qu'il en va des denrées alimentaires comme des voitures, à savoir que le salut et la réussite passeraient par le haut de gamme. Les Français aiment leurs agriculteurs. Ils incarnent l'une des professions les plus appréciées, à en croire les enquêtes d'opinion. Mais à leurs productions de qualité, encouragées par la prolifération de labels, la majorité des Français préfèrent des produits de milieu de gamme parce que plus économiques, à plus forte raison en période d'inflation. Longtemps, on a pourtant lu partout l'exact contraire :

que les Français seraient prêts à payer leurs courses plus cher pour avoir de la qualité. « Une fable, que les distributeurs ne constatent évidemment pas au moment du passage en caisse », dénonce Michel-Édouard Leclerc dans une tribune publiée à la mi-mai 2022 dans *Le Journal du Dimanche*. Cette « fable », selon lui, est la preuve que « les corporations [agriculteurs et industriels] ont gagné ; elles ont fait sortir le consommateur du champ politique, et s'arrogent même le droit de parler en son nom ».

Ainsi, là où l'Allemagne produit avec succès des voitures à forte valeur ajoutée et des produits agricoles à bas prix, la France fait exactement l'inverse, et finit par perdre sur les deux tableaux. La réalité est cruelle : hors de France, nos produits de qualité revendiquant des origines géographiques prestigieuses, du moins à nos yeux, sont disqualifiés d'office par leur prix, excepté le vin et les spiritueux. Les Français eux-mêmes les évitent, en particulier les ménages les moins aisés, mais aussi très majoritairement la restauration. Dans un rapport remis à la mi-2021, le Sénat se montrait formel : aussi louable soit-elle sur le plan de la santé, la montée en gamme de l'agriculture française va à rebours des orientations de la consommation des Français. À terme, les vainqueurs ne peuvent être que les produits venus d'ailleurs. C'est déjà le cas : depuis 2000, les importations ont progressé plus vite (+87 %) que les exportations (+55 %). 60 % des fruits que nous mangeons viennent de l'étranger, 40 % des légumes, 35 % des volailles (contre 13 % en 2000), 25 % du porc et du bœuf, et 85 % des produits aquacoles (poissons, coquillages, crustacés, algues). Avec 18 % de la production européenne, la France demeure la première puissance agricole du Vieux Continent, mais la préférence des consommateurs pour les petits prix, conjuguée aux assauts de ses voisins qui l'ont mieux comprise qu'elle, érode petit à petit sa position. Ainsi l'Allemagne, avec 35 %

de surfaces cultivées de moins (12 millions d'hectares contre 18,5 millions), exportait en valeur en 2017 davantage de denrées alimentaires brutes et transformées que la France : 74 milliards d'euros contre 61 milliards. L'Allemagne voit sa vocation agricole se renforcer quand, à l'inverse, épuisés par la concurrence étrangère, les agriculteurs français réduisent les surfaces cultivées : –17 % depuis 1961, soit près de 60 000 km², l'équivalent de la région Grand-Est ! Nous avons perdu 40 % de surface de vergers et 14 % pour les légumes en vingt-cinq ans, tandis que, sur la même période, l'Allemagne a augmenté la sienne de 40 % et les Pays-Bas de 25 %. D'autres grands États accroissent considérablement leurs surfaces agricoles (le Brésil, la Chine, l'Argentine) et subventionnent massivement leurs producteurs (+145 % en Chine entre 2008 et 2015, +39 % aux États-Unis), alors que l'Europe, elle, les désubventionne.

L'inquiétante politique agricole européenne

Après avoir demandé aux agriculteurs de produire massivement, puis de produire à petit prix, la politique agricole européenne a pris un virage majeur le 20 mai 2020 avec la présentation d'une nouvelle stratégie baptisée « Farm to Fork » (F2F), soit « de la ferme à la fourchette », sous-titrée « Pour un système alimentaire équitable, sain et respectueux de l'environnement ». Farm to Fork est la déclinaison agricole et alimentaire du Green Deal, le Pacte vert européen. Empreinte de radicalité écologique, elle prévoit dans ses grandes lignes à l'horizon 2030 de réduire de 10 % les surfaces cultivées en Europe, de 50 % l'emploi des pesticides dans les champs et des antibiotiques dans les élevages, de 20 % les épandages d'engrais, et de pousser la part de l'agriculture biologique à 25 %. F2F nourrit l'ambition de « renaturer » et « désintensifier » l'agriculture au profit de la biodiversité, mais aussi de modifier radicalement les régimes alimentaires des Européens, avec une réduction drastique par exemple de la consommation de viande de porc (–60 %) et de volailles (–65 %), soit les viandes actuellement les moins chères.

Le programme Farm to Fork est l'événement réglementaire dans le domaine agricole le plus important depuis la « révolution verte » des années 1960, dont il prétend corriger tous les travers et excès. Car on connaît aujourd'hui le vrai prix du bond technologique réalisé en agriculture au cours de la période 1960-1990 : pollution généralisée par les pesticides, eutrophisation (accumulation excessive de substances nutritives comme les nitrates ou les phosphates), perte massive de biodiversité, dégradation des sols, etc. L'agriculture absorbe les deux tiers de l'eau douce mondiale et régurgite un quart des émissions de gaz à effet de serre. Elle amplifie le dérèglement climatique qui, en retour, détériore les rendements des cultures.

Depuis sa publication, la stratégie F2F est l'objet d'une lutte feutrée mais violente. Ses défenseurs renvoient toute critique dans le camp des lobbies agro-industriels, jugés incapables de voir les conséquences néfastes du productivisme agricole, avec toute la charge anticapitaliste que contiennent ces formules. « N'en déplaise à tous ces défenseurs d'un système passéiste, la transformation de nos systèmes alimentaires en profondeur, c'est ce que les citoyens européens exigent désormais », écrit ainsi l'ONG Générations futures en octobre 2021, rejetant au passage toutes les études d'impact « parrainées par un lobby agroalimentaire » et donc forcément « biaisées » de F2F, aboutissant à des « projections alarmistes » et « apocalyptiques ». Les opposants à Farm to Fork dénoncent quant à eux une fuite en avant environnementaliste définissant des objectifs sortis du chapeau, et qui pourrait se solder par un recul de la souveraineté et de la sécurité alimentaires du continent. Tout en prétendant réformer le modèle alimentaire occidental, F2F ne donnerait satisfaction qu'« à la version localiste de l'écologisme européen », soit une

« caricature de politique responsable », et même une « faute économique et écologique », écrit par exemple Philippe Stoop, du *think-tank* FarmEurope.

Pris entre ces deux feux et même en otage, le consommateur ne sait que penser. On ne lui demande d'ailleurs pas son avis, puisque tout le monde prétend s'exprimer en son nom. La première remarque que l'on peut faire pour l'éclairer est qu'effectivement, il manque à Farm to Fork ce qui devrait être normalement le point de départ de toute feuille de route agro-écologique sérieuse : des objectifs chiffrés de production agricole par filière, afin d'anticiper les conséquences sur la consommation alimentaire des Européens. Or il n'y en a pas. Les seuls objectifs chiffrés de F2F sont ceux, déjà cités, de baisse des intrants et des surfaces cultivées, de la future part visée pour l'agriculture biologique et pour la réduction du gaspillage alimentaire.

Pour estimer la future production de nourriture, il faut se tourner vers les quatre études complètes publiées à ce jour sur Farm to Fork. La première émane du Département américain de l'agriculture, l'USDA, l'équivalent de notre ministère. La seconde, du Joint Research Center (JRC) rattaché à la Commission européenne, et dont les conclusions ont été retenues un an, tant elles sont négatives pour F2F. La troisième est une étude d'impact menée par l'université de Kiel à la demande de l'interprofession céréalière allemande, et la quatrième provient de l'université de Wageningen, aux Pays-Bas. Les quatre documents prévoient des chutes importantes de la production agricole européenne : –12 % pour l'USDA, qui bien sûr ne voit aucun inconvénient à ce que l'un des concurrents agricoles des États-Unis se saborde lui-même. Selon le JRC, ce sera –13 % pour les fruits et légumes, –14 % pour la viande et –15 % pour les céréales. Kiel est plus pessimiste : –20 % pour les viandes et céréales, et Wageningen anticipe –30 % sur la production viticole. À noter que tous ces chiffres ne tiennent pas compte des risques accrus de perte de récoltes faute de traitements suffisants.

Produisant moins, l'Europe devra probablement importer plus pour se nourrir, ce qu'elle fait déjà massivement, comme on l'a vu plus haut. Et comme les volumes venus d'ailleurs dépasseraient les actuels quotas, ils se trouveront surtaxés, à plus forte raison si l'UE instaure des critères verts sur ses importations. Ne pouvant plus compter sur ses seuls agriculteurs pour se nourrir, la population européenne verrait augmenter le coût de son alimentation : +1 % selon l'USDA, mais +12 % selon le JRC. Kiel prévoit +12,5 % pour les céréales, mais +58 % pour le prix de la viande de bœuf ! Le scénario le plus probable est celui d'un creusement des inégalités dans les assiettes, avec d'un côté du local de qualité pour les plus aisés, et de l'autre de l'importé pour les plus modestes. L'assistanat alimentaire est voué à se renforcer, le retour du chèque alimentaire n'en étant peut-être que les prémices. Contrainte d'acheter ailleurs des productions moins regardantes sur leurs bilans carbone et phytosanitaires, l'Europe perdrait en outre, de manière totalement absurde, le bénéfice environnemental attendu de Farm to Fork. Le magnifique Plan vert se réduirait à une opération non avouée de délocalisation de deux tiers des émissions agricoles de CO_2 et des pollutions des sols, et à un assujettissement volontaire aux agricultures étrangères.

La stratégie Farm to Fork était problématique avant la guerre en Ukraine. Elle vire à la catastrophe annoncée avec la crise alimentaire mondiale en gestation. Planifier une baisse de –10 % à –20 % des productions agricoles ne peut plus faire partie des objectifs raisonnables quand l'insécurité alimentaire et la famine guettent des centaines de millions de personnes dans le monde. Le projet a été mis en pause. Il reviendra : la faim ne fait pas disparaître la crise du climat et de la biodiversité, qu'il est nécessaire de combattre. Mais peut-être pas au point de renoncer à la mission nourricière de l'agriculture, et à l'immense conquête sociale que représente de ne plus avoir à consacrer l'essentiel de ses revenus à s'alimenter.

4.

Le rêve immobilier français

Gouverner, c'est d'abord loger son peuple.

Abbé Pierre

Dans la hiérarchie des dépenses, l'alimentation occupe la place numéro un par son caractère vital. Mais en matière de poids, on l'a déjà dit, les courses pèsent moins lourd que le logement. On passe toujours un peu vite, en relisant les « directives » communiquées à l'exécutif par les Gilets jaunes, sur celle qu'ils plaçaient en tête, devant la fiscalité et les salaires : zéro SDF. Dans l'inconscient de millions de Français, la chute s'achève dans la rue. Finir dehors, sans un toit, paraît un destin possible quand les quatre murs qui nous entourent, nous abritent, nous protègent, en viennent à dévorer la plus grosse part de nos ressources. Le logement est un ogre dont aucun gouvernement, aucune politique fiscale, aucun grand plan de construction ne sont parvenus à freiner la voracité. Mais c'est aussi un domaine technique, complexe, de long terme, qui ne semble pas passionner les responsables politiques. Aucun ne s'aventure à promettre des changements rapides et spectaculaires pour un marché qui, construction et immobilier combinés, pèse plus de 14 % de l'économie française. Il ne semble d'ailleurs y avoir aucune urgence à formuler des propositions. L'immense majorité des électeurs a déjà un toit, et ils considèrent le logement comme un sujet plutôt local que national. Celui-ci se positionne très bas dans la hiérarchie de leurs préoccupations, loin derrière l'emploi, l'immigration, la sécurité, la protection sociale, et surtout le pouvoir d'achat. Les rares fois ou le thème du logement perce dans l'actualité, c'est à l'occasion de polémiques, quand des immeubles insalubres s'effondrent, pour des affaires de squats, lors des vagues de froid qui font tomber le mercure sous les 15 °C dans les logements mal isolés, ou quand la réglementation énergétique se durcit, menaçant la rentabilité locative des propriétaires bailleurs. Les manifestations de militants associatifs en faveur du droit au logement ou de la réquisition des logements vacants ne suscitent plus qu'un intérêt distrait des médias, alors qu'elles faisaient régulièrement la une il y a quelques années de cela. De manière étonnante, la dimension budgétaire du logement passe généralement inaperçue.

Pourtant les Français consacrent au logement en moyenne près de 20 % de ce qu'ils gagnent. Ce taux d'effort a augmenté de près de quatre points en vingt ans. Et encore, cette enveloppe ne tient compte que du coût de location ou d'achat : loyers, remboursements d'emprunts et charges, déduction faite des différentes aides au logement. Il faut encore y ajouter le coût de l'énergie (électricité, chauffage, points de cuisson), les assurances, les télécoms (Internet et téléphonie), les frais d'entretien et de réparation, etc. Au total, les frais liés à l'habitation constituent un bloc de dépenses contraintes qui a représenté en 2020, selon l'Insee, 28,5 % des dépenses totales des ménages, soit un bond de 5,5 points en quatre ans, et un plus que doublement en soixante ans. En 1959, la part du logement n'excédait pas 14 % du budget des ménages.

L'État dépense pourtant des sommes faramineuses pour réduire le coût du logement pour les ménages : 38 milliards d'euros d'aides publiques en 2020 selon la Cour des comptes, dont beaucoup d'aides à l'investissement, mais aussi 20 milliards d'euros en aides personnelles au logement. Ces aides sont concentrées à 75 % sur les ménages du premier décile des revenus. Elles leur permettent de réduire leur taux d'effort de 41 % à 27 %. La France possède aussi la plus forte proportion de logements sociaux d'Europe (15,8 % contre une moyenne continentale de 8,6 %). 10 millions de personnes y résident. Malgré cela, la France compte plus de 4 millions de mal-logés, plus de 300 000 sans-abri, et le reste à charge des ménages français pour se loger demeure plus élevé qu'en moyenne dans l'Union européenne.

Les deux France immobilières

En outre, le marché immobilier français est de plus en plus découplé entre deux marchés évoluant en parallèle. D'un côté, les zones dites « détendues », faiblement attractives, dépréciées, fuies par les investisseurs privés qui les jugent insuffisamment rentables. Ce sont d'abord les petites villes et les zones rurales, paupérisées par la désindustrialisation, mais où résident près de 30 millions de Français. Les zones détendues, ce sont aussi un grand nombre de villes moyennes, anciens pôles régionaux, souvent mal métropolisées faute de transports adéquats, de taille critique ou d'activité économique dynamique. 21 millions de Français, près d'un sur trois, résident dans ces communes dégradées et déclassées.

Économiquement, c'est comme si cette France pauvre, au bâti majoritairement peu entretenu et dans laquelle les retraités et les peu diplômés sont surreprésentés, comme si cette France-là, bien que majoritaire avec plus de 50 millions d'habitants, ne comptait pour rien, ou presque. Ces territoires n'ont pratiquement pas profité de l'envolée des prix de l'immobilier observée depuis deux décennies. Dans certaines zones, les prix ont même baissé, faute de demande. C'est en zone détendue qu'est localisée aux trois quarts la vacance locative : plus d'une habitation sur deux est vide dans un village comme Molring, en Moselle (62,5 % de vacance en 2018), plus d'une sur trois à Vesvres, en Côte-d'Or (36 %), mais aussi 14 % à Vichy et Montluçon, 11 % à Béziers et Tarbes, contre moins de 6 % à Nantes ou Angers. Les zones détendues se retrouvent largement délaissées par les politiques du logement. Symptôme du peu d'intérêt qu'elles suscitent, elles sont symboliquement placées tout à l'arrière du zonage territorial A/B/C mis en place en 2003 par la loi Robien pour classer les territoires en fonction de la tension du marché immobilier local. Bien que peuplées, redisons-le, par 71 % de la population sur près de 80 % du territoire, ces zones négligées sont reléguées dans la catégorie C, décrite comme « reste du territoire ».

De l'autre côté du marché, les douze métropoles les plus dynamiques et leurs excroissances urbaines, qualifiées de zones « tendues », où se concentrent les emplois, la valeur et les opportunités de progression sociale. Les métropoles rassemblent 29 % de la population sur moins de 5 % du territoire. Mais il s'y crée la moitié de la richesse nationale. Elles concentrent plus des deux tiers des 1 296 quartiers prioritaires de la politique de la ville (QPV) : 32 % en région parisienne, et 38 % dans les aires urbaines de plus de 200 000 habitants. C'est dans les aires métropolitaines que se joue l'essentiel de la crise du logement. Les prix de la pierre y ont augmenté cinq fois plus vite en vingt ans que les revenus. Malgré la hausse du pouvoir d'achat immobilier permise par la baisse historique des taux d'emprunt, les acheteurs peinent à suivre la pente des prix. Le taux de propriétaires dans Paris *intra-muros* est inférieur à 31 %, quand le taux national est de 58 %. Les moins fortunés sont repoussés vers les bords, et le cœur des métropoles se réserve aux plus riches. Aux classes populaires et moyennes ne s'offrent plus que deux solutions :

partir au loin, pour se loger à prix abordable, quitte à s'éloigner de l'emploi et à alourdir son budget transport, ou bien frapper à la porte du logement social. Seulement, les chances d'y accéder sont de plus en plus minces.

La crise du logement social, symptôme d'appauvrissement

Selon l'OCDE, avec 5,05 millions de lots, la France possède le plus gros parc HLM d'Europe. 15,8 % du total des logements du pays sont situés dans le secteur social, contre 2,7 % seulement en Allemagne. Et nous sommes aujourd'hui le premier constructeur de logements sociaux en Europe, avec près de 100 000 nouvelles unités qui sortent de terre chaque année, grâce à un puissant modèle de financement qui place au centre la Caisse des dépôts et consignations, le bras financier de l'État. Celle-ci puise dans les livrets A des Français pour apporter aux bailleurs sociaux l'essentiel des fonds nécessaires à la construction de logements, *via* des prêts sur des durées très longues et à des taux très avantageux. Malgré ce dynamisme, l'offre ne parvient pas à suivre le rythme de la demande.

Selon le rapport 2020 de l'Union sociale de l'habitat (USH), qui fédère les 436 offices HLM de France, en sept ans, la demande de logement social a augmenté cinq fois plus vite que le nombre de ménages, et deux fois plus vite que le nombre de logements sociaux nouvellement construits. 2,15 millions de ménages ont monté un dossier en 2020, soit 20 % de plus qu'en 2013. Mais à peine 412 000 ont obtenu un logement social, soit à peine plus d'un demandeur sur cinq. L'heureuse nouvelle survient en moyenne au bout d'un an d'attente, mais avec de fortes différences selon les régions. À Aurillac (Cantal) ou Vierzon (Cher), 20 % des demandeurs obtiennent satisfaction après six mois d'attente. À Paris et dans sa proche couronne, ils ne sont que 5 %, et ont dû patienter plus de trois ans. Et les délais continuent de s'allonger, d'un mois supplémentaire par an depuis 2016 dans les zones tendues.

Tout le problème réside dans le fait que les ménages en place ne veulent pas quitter leur logement. On les comprend : à 8 euros le mètre carré en moyenne, ils paient leur loyer deux à trois fois moins cher que dans le parc privé. En Île-de-France, les locataires du parc social restent en moyenne quinze ans dans leur HLM, soit presque autant que le temps moyen passé par les propriétaires dans leur résidence principale (dix-huit ans). Le taux de rotation s'en ressent : moins d'un logement social sur dix se libère chaque année. Et la moyenne d'âge des locataires du parc social excède désormais cinquante ans.

On a pourtant inventé des mécanismes pour fluidifier les flux d'entrées et de sorties. Un système à points permet de hiérarchiser les demandes, et favorise quatorze publics prioritaires : personnes handicapées, victimes de violences conjugales, personnes à la rue sortant de centres d'hébergement, bénéficiaires du droit au logement opposable (Dalo) qui ont obtenu d'une commission de médiation de se voir proposer sous six mois une offre de logement ou d'hébergement, etc. Les locataires dépassant de 20 % le plafond de revenus qui permet de prétendre au logement social se voient imposer des surloyers (« supplément de loyer de solidarité », SLS) majorant chaque mètre carré loué de 0,28 euro à 2,81 euros, selon la région. Malgré cela, huit locataires sur dix préfèrent payer le supplément que de s'en aller. Et les bailleurs sociaux ne sont pas pressés de se débarrasser d'eux : le mouvement HLM y trouve d'abord des ressources dont il peinerait à se passer. Il estime également indispensable de préserver la mixité sociale, par refus des ghettos de très pauvres. Un choix contesté par la Cour des comptes dans son rapport de juin 2021. Aux yeux des Sages, « les logements sociaux ne remplissent plus leur mission d'intérêt général, à savoir loger les plus précaires ». Et ils appellent les bailleurs sociaux à « recentrer les dispositifs de la politique du logement sur les plus défavorisés et adopter une vision du logement social beaucoup plus ciblée sur les plus modestes, tel qu'elle existe au Royaume-Uni, quitte à poser la question de la refonte du concept de mixité sociale ».

Nous en sommes donc arrivés à ce point où les pauvretés se livrent une concurrence acharnée pour parvenir à se loger à coût raisonnable dans un parc social aux tarifs décorrélés du marché libre. Une bataille sociale sourde, mais intense, se joue autour du logement social : l'écart croissant des loyers avec le parc locatif privé génère des frustrations importantes dans la population qui ne parvient pas à y accéder, faute de tomber dans l'une des quatorze catégories prioritaires. C'est tout particulièrement le cas des jeunes ménages d'actifs, qui ne souffrent que du simple malheur d'avoir de petits revenus, et qui se voient dès lors condamnés à supporter un taux d'effort important pour louer dans le parc privé.

L'idéal pavillonnaire : une maison, sinon rien ?

La crise française du logement est le moteur principal de la crise française du pouvoir d'achat. Mais que représente le logement pour les Français ? Rappelons d'abord que sept sur dix d'entre eux vivent en pavillon. Celui-ci reçoit la préférence, ou constitue l'aspiration de près de 90 % des Français. Cette proportion ressort de toutes les enquêtes consacrées à l'habitat individuel. L'idéal pavillonnaire unit les Français, quel que soit leur niveau de vie. On en mesure la puissance à l'aune de la polémique soulevée à l'automne 2021 par la ministre du Logement Emmanuelle Wargon, vilipendant « le modèle de la maison individuelle avec jardin », jugé « dépassé » et qualifié de « non-sens écologique, économique et social ». La ministre a eu beau revenir sur ses propos, les Français ont fort peu goûté de voir leur rêve résidentiel ainsi déconstruit à grands coups d'injonctions écologiques et de célébrations de « l'intensité heureuse », dans la verticalité d'un habitat collectif rénové et concentré dans la proche périphérie des grandes métropoles. L'arroseuse s'est à son tour fait arroser quand des internautes ont exhumé de sa déclaration de patrimoine à la Haute Autorité pour la transparence de la vie publique (HATVP) qu'elle vivait elle-même dans une maison individuelle de 150 m^2 à Saint-Mandé, dans le Val-de-Marne. Quelle ironie de voir une ministre réclamant régulièrement plus de mixité sociale et des « logements sociaux partout » (interview au *Figaro*, le 10 décembre 2020) avoir choisi comme lieu de résidence une ville recensant à peine 12 % de logements sociaux, bien en dessous du quota prévu par loi SRU qui, depuis 2014, en impose 25 % dans les communes de plus de 3 500 habitants… En 2019 déjà, le prédécesseur d'Emmanuelle Wargon, Julien Denormandie, « assumait » de « décourager la construction de maisons » dans les zones périurbaines.

Dans leur immense majorité, les Français admettent la nécessité de préserver l'environnement. Mais pas au point de renoncer à leur idéal de la maison individuelle avec jardin, de préférence sans voisins à gauche, à droite et surtout au-dessus. Ce modèle de la maison individuelle a été promu pendant plus de quarante ans par tous les gouvernements successifs, à coups d'aides à la pierre. Celles-ci ont basculé dans les années 1970 et 1980 des grands ensembles vers la construction individuelle. S'en est suivi un long mouvement d'étalement urbain et d'artificialisation des sols, que la loi entend désormais interdire d'ici 2050, avec des conséquences potentiellement très douloureuses sur les futurs prix du foncier. La préférence des pouvoirs publics va aujourd'hui très clairement à l'habitat collectif par souci de préservation des terres arables, contrecarrant l'aspiration qu'ils ont eux-mêmes encouragée pendant des décennies.

Ce luxe qu'on appelle l'espace

Acheter une maison s'inscrit dans une quête d'espace intérieur et extérieur. La surface moyenne d'une maison en France est de 112 m², contre 63 m² en habitat collectif. Elle continue d'augmenter année après année pour les maisons, quand elle tend à reculer pour les appartements. Dans une maison, chaque individu dispose en moyenne de 45 m², contre 32 m² en appartement. Selon l'enquête « Les conditions de logement en France, édition 2017 » de l'Insee, le surpeuplement concerne moins de 3 % des habitants de maisons individuelles, contre 16 % des ménages vivant en habitat collectif.

Sous l'effet des confinements successifs et de la peur du virus au début de la pandémie de Covid, le pouvoir d'attraction de la maison, idéalement spacieuse, s'est encore renforcé, ainsi que sa position au centre de l'existence, privée et professionnelle tout à la fois. Dans la revue *The Atlantic*, en décembre 2021, le journaliste américain Derek Thompson relevait subtilement que de nombreuses familles aux États-Unis avaient renoué avec « un mode de vie très sédentaire, qui n'est pas sans rappeler l'économie agraire du XIXe siècle – mais avec des écrans partout et des achats en ligne ». Le constat s'applique assez bien à la France. Plus que jamais, l'époque est à la reconfiguration de la vie autour du chez-soi. En témoigne le dynamisme du marché de l'équipement de la maison : 29 milliards d'euros en 2020, en progression de 4 % sur un an. Le marché du meuble a poursuivi la hausse, sur une lancée encore plus vigoureuse : +9 % en 2021. Et celui de la piscine bat tous ses records depuis trois ans : il s'est creusé ou construit hors sol en 2021 près de 250 000 bassins, chiffre en progression de 55 % sur un an, portant le parc total de piscines en France à 3,2 millions.

Du point de vue des choix de résidence, des bouleversements sont en cours dans la hiérarchie des territoires, dont on peine encore à mesurer l'ampleur. Depuis deux ans, de nombreux habitants des métropoles quittent leur petit appartement en ville, à la recherche d'une meilleure qualité de vie, si ce n'est d'un refuge sanitaire. Le mouvement de poussée vers l'extérieur des métropoles est parfaitement visible dans les chiffres 2021 du marché immobilier, marqués par un double record : celui du nombre de transactions (1,2 million), et celui de l'envolée de la cote des logements. « En général, chaque année », expliquait au début de janvier 2022 le président du réseau Century 21 Laurent Vimont, « il y a toujours trois ou quatre régions où les prix baissent. Là, ça monte partout, et sur tous les produits. » Une exception notable : Paris, qui a connu en 2021 sa première année de baisse en plus de vingt ans (–2,2 %, à 10 400 euros le mètre carré en moyenne). Partout ailleurs, les prix grimpent : la hausse atteint 22 % pour les appartements en Bretagne, et 17 % dans les Hauts-de-France. Mais ce sont les maisons en région qui tirent le plus fortement les prix à la hausse : elles représentent désormais deux recherches immobilières sur trois. Leurs prix ont progressé en 2021 de 13,2 % en Nouvelle-Aquitaine, et 11,9 % en Normandie. Rendues hautement désirables par l'envie de verdure, les petites et moyennes villes, réputées à taille humaine, et les campagnes proches des grandes métropoles tirent leur épingle du jeu.

Les professionnels observent de nouveaux comportements immobiliers : les habitants aisés des grandes métropoles, en particulier les Parisiens, se sont mis en quête de résidences semi-secondaires/semi-principales. Certains partent s'installer là où ils vont d'habitude passer leurs vacances : à Marseille, les prix dans les beaux quartiers ont connu des hausses à deux chiffres.

D'autres s'orientent vers des villes que l'on disait « de report », autrement dit de second choix, subitement hissées au rang de destinations prisées. La « déconnexion connectée » est devenue le nouveau Graal, comprenez la campagne proche de la ville et des commerces, équipée de la fibre optique, et accessible rapidement par l'autoroute ou le TGV. Vendant à prix d'or leur appartement pour s'installer en province, ceux-là suralimentent la hausse des prix. Saint-Valéry-sur-Somme, à deux heures trente du centre de Paris, a vu ses prix flamber de 50 % en trois ans. Vannes, Saint-Malo, La Baule : +30 %. À Biarritz, le mètre carré se négocie désormais autour de 7 000 euros, plus cher qu'à Lyon, Nice, Bordeaux et dans la plupart des communes de la région parisienne. En grande couronne de la capitale, des villes comme L'Isle-Adam (Val d'Oise), Brie-Comte-Robert, Meaux et Ozoir-la-Ferrière (Seine-et-Marne) ont vu le volume de recherche de logements bondir de 200 à 300 % entre 2019 et 2021. Au Crotoy, dans la baie de Somme, on met 150 jours de moins qu'il y a trois ans à vendre une maison, 70 jours de moins à Boulogne-sur-Mer et 40 jours à Saint-Nazaire. Des marchés léthargiques sortent de leur sommeil depuis plusieurs trimestres. D'autres, stables, sont gagnés par l'euphorie. La hausse des prix se dissémine sur le territoire, avec des effets d'éviction pour les locaux ne disposant pas des mêmes marges de manœuvre budgétaires.

« Celui qui a un bon voisin vendra sa maison plus cher »

Ce vieux proverbe tchèque nous rappelle en peu de mots une grande vérité immobilière : plus encore que le bâtiment lui-même, son confort intérieur ou la taille du terrain, c'est l'environnement d'un logement qui arrête la décision d'un acheteur. La localisation d'un bien définit le statut social du résident. En 2011, le sociologue Éric Charmes décrivit un phénomène d'émiettement et de « clubbisation » des quartiers et des communes périurbaines, dans lequel chacun rallie un voisinage proche de soi en matière de revenus et de niveau de vie. Le « club » n'est pas à proprement parler une communauté : il n'implique pas nécessairement de relations sociales fortes entre ses membres. Le temps est révolu où des liens unissaient les habitants d'un quartier ou d'un village, et où tout le monde savait ce qui se passait chez ses voisins. La norme du bon voisinage consiste avant tout, aujourd'hui, en une mitoyenneté de bon aloi, autrement dit à ne pas se mêler de la vie des autres. Le groupement n'implique plus, sauf exception, un réel « vivre-ensemble ». L'entre-soi sociologique perdure néanmoins par le prix du foncier. Le terrain constitue d'ailleurs le principal moteur de l'augmentation des prix de la pierre : alors qu'il représente environ la moitié du coût du logement, il a, selon la Cour des comptes, plus que doublé en deux décennies (+115 %), alors que le coût de la construction n'a progressé « que » de 50 %. L'emplacement fait l'essentiel de la valeur d'un bien. La qualité du quartier ou du lotissement, sa réputation, son accessibilité, la proximité avec un site naturel, une ou plusieurs zones de chalandise déterminent plus que tout le tarif d'entrée dans le « club ». Le prix agit comme un filtre sélectif, écartant les ménages qui n'ont pas les moyens de s'en acquitter, et qui iront tenter de se faire une place dans un « club » moins onéreux, mais moins bien situé. Il en ressort une mosaïque résidentielle, juxtaposant côte à côte des enclaves intrinsèquement homogènes, mais présentant entre elles des écarts considérables, parfois d'une rue à l'autre. La mécanique du marché est implacable et s'illustre parfaitement dans le phénomène de gentrification : quand des ménages des classes moyennes jettent leur dévolu sur un quartier ou une banlieue populaires, ils réhabilitent l'habitat, qui prend alors de la valeur. Leur arrivée incite de nouveaux commerces à s'y installer. Le marché locatif recule au profit de celui de la vente. Il devient vite très difficile de s'y maintenir pour les résidents initiaux, qui n'ont pas les moyens de suivre. Dans le parc résidentiel, la lutte des places est acharnée.

Heureux comme un proprio ?

La maison individuelle, on l'a dit, trône au sommet du rêve immobilier des Français, et elle fait figure d'aboutissement espéré du parcours d'accession à la propriété, qui est le statut majoritaire d'occupation de la résidence principale en France. De 1968 à 2021, nous dit l'Insee, le taux de propriétaires est passé de 43 % à 58 % des ménages. Mais cette proportion ne progresse pratiquement plus depuis quinze ans. La France est aujourd'hui le cinquième pays de l'OCDE où le pourcentage de propriétaires est le plus faible derrière l'Allemagne, l'Autriche, le Danemark et les Pays-Bas.

C'est en Bretagne que le taux de propriétaires est le plus élevé (supérieur à 66 %), et en Île-de-France qu'il est le plus faible (47,4 %), du fait d'un marché historiquement plus cher que le reste du territoire depuis cinquante ans. Acheter pour accéder à la propriété constitue le premier motif de déménagement (40 %). Un sondage Harris Interactive de 2019 pour les Notaires de France nous éclaire sur ce que représente l'achat de la résidence principale : pour 72 % des répondants, ce n'est rien moins que l'objectif d'une vie. Ils sont autant à considérer qu'il faut « absolument » être propriétaire avant la retraite, afin de n'avoir plus à supporter la charge des loyers. 43 % jugent que l'on n'a pas vraiment réussi sa vie si l'on n'y parvient pas. La location « liberté » ne convainc que trois répondants sur dix, et 59 % des locataires expliquent que c'est le manque de moyens qui les prive d'accéder à la propriété. À travers ces réponses, on comprend que la propriété de la résidence principale, en particulier d'une maison, a changé de statut : elle n'est plus seulement, comme dans les années 1970, la concrétisation de la réussite sociale. Elle est désormais perçue en premier lieu comme une promesse de contrôle sur sa vie, car elle libère de la dépendance à un bailleur. Plusieurs études montrent même un certain « effet bonheur » de l'accession à la propriété, qui améliore l'estime de soi (« je suis capable de mener à bout un projet d'envergure »). Elle joue aussi le rôle d'assurance pour les vieux jours, de bouclier pour le pouvoir d'achat et surtout contre la pauvreté qui, dans l'imaginaire collectif, est encore bien souvent associée à la vieillesse. Nicolas Sarkozy sut habilement en tirer parti pendant la campagne présidentielle de 2007, qu'il axe sur le pouvoir d'achat, en promettant, sans y parvenir, « 70 % de ménages propriétaires ». Vivre dans des murs que l'on possède et que l'on a fini de payer avant de mettre un terme à sa carrière professionnelle fait d'ailleurs de plus en plus figure de nécessité absolue, compte tenu des perspectives assez sombres pour les actifs actuels. Depuis une vingtaine d'années, les retraités profitent d'un niveau de vie plus élevé en moyenne de 3 % que l'ensemble des Français, et ils sont moins souvent pauvres (8,4 % contre 14,6 % de la population). Stable depuis 1996, ce ratio devrait cependant se dégrader, annonce depuis plusieurs années déjà le Conseil d'orientation des retraites (le COR), qui prévoit dans son rapport de novembre 2020 que les actifs redeviendront plus riches en moyenne que les retraités à partir de 2026. À mesure que les années passent, les réformes successives du système de retraites (Fillon en 2003, Woerth en 2010, Touraine en 2014) produisent leurs pleins effets, et ne cessent d'abaisser le taux de remplacement, autrement dit le rapport entre le montant perçu par celui qui liquide sa pension et son dernier salaire. Un salarié non cadre part aujourd'hui en retraite avec près de 80 % de sa dernière fiche de paie. Pour la génération née en 1995, ce taux tombera sous la barre de 75 %, et ce pourrait être autour de 60 %, dans l'état actuel des choses, pour les jeunes nés en 2000 qui partiront en retraite après 2060.

Ainsi, l'âge moyen du premier achat immobilier s'établit aujourd'hui autour de trente-sept ans, mais la proportion de propriétaires progresse fortement avec l'âge. Sans surprise, il est plus facile d'acheter son logement quand on est au sommet ou en fin de carrière, et à son maximum salarial, que lorsqu'on a vingt-cinq ans et qu'on est payé au Smic. Mais le fossé générationnel s'est creusé. Les propriétaires ont pris des rides et des cheveux blancs : entre 1968 et 2014, leur part a baissé dans toutes les classes d'âge, sauf pour les plus de soixante ans, chez qui elle s'est envolée de 18,8 points, à 73,7 %. Les enfants de l'après-guerre ont pleinement tiré parti de la formidable hausse des prix de la pierre observée depuis maintenant une génération.

La pierre se transforme en or

La rupture dans les prix de l'immobilier survient en 1998. L'année marque le début d'une ascension vertigineuse. Si l'on prend les prix de 1998 pour base 100, ils atteignent 258 pour les appartements en 2008, avant de baisser l'année suivante, du fait de la crise financière mondiale. La pause n'aura été que de courte durée : dès 2010, les prix repartaient à la hausse, à un rythme moindre cependant qu'avant la crise des prêts *subprimes*. Ainsi, selon le bilan annuel Century 21, quand, en 2000, il fallait débourser 1 266 euros par mètre carré pour une maison, le prix moyen atteignait l'an dernier 2 355 euros, soit une inflation sur vingt et un ans approchant 100 %. Un appartement se négocie aujourd'hui en France à 3 878 euros du mètre carré, contre 1 569 euros en 2000 (+147 %). Il s'agit d'une moyenne nationale : Paris évolue dans une catégorie à part, avec un prix du mètre carré à 10 367 euros contre 2 515 euros en 1997, point bas du marché parisien, soit une multiplication par plus de quatre en moins de vingt-cinq ans. Cette envolée des prix se répercute sur le montant moyen d'une acquisition : quand un appartement de

60 m^2 s'achetait 90 000 euros en 2000, en moyenne nationale, il faut débourser aujourd'hui 228 000 euros selon Century 21. Pour une maison, comptez 267 000 euros en moyenne pour 117 m^2, contre 140 000 euros il y a deux décennies.

Rappelons que depuis 1999, les prix à la consommation ont augmenté en moyenne en France de 34,5 %. Le panier de la ménagère coûte donc un tiers plus cher qu'il y a vingt ans. Fort heureusement, les revenus ont progressé sur la période *grosso modo* au même rythme. Mais l'immobilier est sur une tout autre pente, avec une inflation trois à quatre fois plus forte ! En 2021, quand l'indice des prix à la consommation progressait de 2,8 %, l'inflation des prix de l'immobilier dans l'ancien a atteint, elle, 7,4 %. Le secteur a sans doute ses spécificités, mais son envolée est sans commune mesure avec la vie économique réelle. Les prix sont de plus en plus déconnectés des revenus des ménages, en particulier dans les zones tendues. Pourtant, rien ne semble freiner la boulimie immobilière des Français. D'où vient alors que le marché se porte aussi bien, et que le nombre des transactions continue de croître ?

Le passager clandestin

Avant de répondre à cette question, prenons un instant pour éclairer la polémique évoquée au chapitre 1 de la première partie concernant la très faible place accordée à la pierre dans le calcul de l'inflation. Le poste logement apparaît sérieusement déplumé dans l'indice des prix à la consommation : il ne pèse que 6 % dans les indices européens, contre 25 % aux États-Unis, ce qui est bien plus proche du niveau réel des dépenses engagées par les ménages pour se loger. Comment expliquer une telle différence ? Tout simplement parce qu'en Europe, seuls les loyers sont pris en compte dans la mesure de l'inflation. Les conventions fixées par la BCE établissent en effet que seul un logement *loué* est techniquement *consommé*, c'est-à-dire qu'il engendre une dépense, à la différence d'un bien immobilier *acheté* qui participe, lui, à la constitution d'un patrimoine. La location est considérée théoriquement comme une dépense qui appauvrit, tandis que l'accès à la propriété passe pour un investissement qui enrichit. Aux États-Unis, la Réserve fédérale incorpore de manière pragmatique dans son calcul de l'inflation un « équivalent loyer » des propriétaires, afin de restituer une image plus fidèle de la réalité des prix et des dépenses. Point de cela en Europe : ainsi, les 58 % de ménages propriétaires de leur résidence principale en France se retrouvent exclus de la composante logement de l'inflation calculée par l'Insee, comme si tous avaient achevé de payer leurs traites. La bulle immobilière qui a fait flamber le prix du mètre carré depuis deux décennies demeure invisible dans l'indice des prix. Et la mesure ne porte *de facto* que sur 42 % de la population, celle qui loue son logement à un bailleur.

La moitié de ces 42 % vit logée dans le parc social, dont le loyer médian est inférieur de près de moitié à celui du parc privé (8,60 contre 14,60 euros par mètre carré). Ajoutons qu'en moyenne, les locataires consacrent 20 % de leurs revenus à payer leur loyer. Et leur niveau de vie est lui-même inférieur de 20 % à celui des propriétaires, en moyenne toujours. Voici donc les termes du calcul : 20 % (part du logement dans les dépenses) de 42 % (part des locataires dans la population) font 8 %, retranchés de 20 % à leur tour, du fait d'un plus faible poids économique que les propriétaires : on arrive bien au résultat mathématiquement juste, mais économiquement fallacieux de 6 %. Le logement pèse évidemment bien plus lourd sur le budget des ménages, mais son coût croissant avance masqué dans les statistiques publiques. Recalculée avec la méthode américaine, l'inflation serait probablement 0,3 % supérieure, avec toutes les conséquences que cela aurait sur le niveau des prestations sociales, du salaire minimum, de l'indice de référence des loyers, et la politique de taux directeurs de la BCE…

La politique monétaire de la BCE en question

Avant la crise financière de 2008, l'envolée des prix de la pierre a toutes les caractéristiques d'une bulle classique. Les prix grimpent par le seul effet de la confiance des acheteurs, certains de revendre leur bien à l'avenir plus cher qu'ils ne l'ont acheté. Le marché, à cette époque, ne souffre pas vraiment d'un manque d'offre : certes, le foncier est déjà rare en zones tendues, mais, entre 1984 et 2008, le parc de logements a globalement augmenté de 30 %, deux fois plus vite que la croissance démographique. On ne peut donc pas dire que l'on construisait trop peu. S'il y avait eu pénurie, les loyers auraient fortement progressé, ce qui n'a pas été le cas. Le marché immobilier des années 2000 fut particulièrement favorable aux particuliers déjà propriétaires qui purent revendre au prix fort, et racheter ensuite malgré la hausse des prix qui connut, comme on l'a vu, une pause au moment de la crise financière.

En 2008, la dynamique touche ses limites. Les prix immobiliers tutoient des sommets encore jamais vus, et emprunter à la banque coûte une fortune, avec des taux moyens avoisinant 5 %. Logiquement, le marché décroche. Les acheteurs se font nettement plus rares, et les prix connaissent leur première baisse depuis une décennie. C'est alors qu'une nouvelle dynamique se met en place. En riposte à la crise des prêts immobiliers *subprimes* aux États-Unis, la BCE décide de rendre l'argent quasiment gratuit pour soutenir l'activité économique en zone euro. À la fin de 2008, elle abaisse son principal directeur de 4,25 % à 1 %. Ce taux tombera à 0 % à partir de 2016. Or, les taux directeurs de la banque centrale conditionnent en grande partie les taux des prêts immobiliers. Plus ils sont faibles, plus les banques peuvent prêter à taux réduit à leurs clients. Cette énorme bouteille d'oxygène monétaire va donner au marché immobilier le second souffle dont il avait éperdument besoin pour reprendre son ascension. Ainsi, depuis le sommet qu'il atteint à la fin de 2008, à plus de 5 %, le taux moyen d'emprunt immobilier ne va presque plus cesser de baisser. Entre août 2016 et le printemps 2022, il n'a pas dépassé 1,5 %, tombant même à 1,05 % à l'été 2021, son niveau le plus bas jamais constaté. Cet écrasement historique du coût du crédit immobilier a évidemment constitué une aubaine pour les acheteurs : s'endetter n'aura jamais coûté aussi peu cher. Avec un taux à 1 %, un ménage pouvant consacrer 1 000 euros par mois à son crédit immobilier a une capacité d'emprunt sur vingt ans de 200 000 euros. En 2008, avec un taux de 5 %, il n'avait accès, sur la même durée, qu'à 150 000 euros.

Ce contexte inédit de taux durablement bas est en revanche à double tranchant pour les banques commerciales. Certes, elles attirent de nombreux emprunteurs, mais leur marge sur le crédit immobilier en ressort considérablement rognée. Elles compensent donc en jouant sur le volume des crédits consentis, en ouvrant grand le robinet du financement immobilier. Malgré la reprise de l'inflation et les risques de défaut d'une partie des emprunteurs, leurs offres de prêt demeurent exceptionnellement favorables. À l'inverse du crédit à la consommation, les taux pour la pierre végètent bien en dessous des taux d'usure fixés par la Banque de France, soit les plafonds au-delà desquels les banques ont interdiction de prêter. Ces derniers évoluaient au troisième trimestre 2021 autour de 2,4 %. Mais aucun établissement ne s'aventurerait à prêter à ces taux-là, au risque de voir fuir sa clientèle chez la concurrence. Voyant grimper leur capacité d'emprunt, de plus en plus de Français se sont lancés dans l'accession à la propriété : tombé à 564 000 en 2009, le nombre de transactions dans l'ancien est passé à plus de 1,2 million en 2021, niveau jamais atteint auparavant. Mieux dotés que jamais, les candidats à l'achat se bousculent sur le marché, stimulant l'offre, qui en profite pour augmenter ses prix.

Vers une crise de la dette immobilière ?

Depuis vingt ans, le revenu disponible moyen a progressé trois à six fois moins vite que les prix de la pierre. Sans la forte baisse des taux d'emprunt depuis 2008, le pouvoir d'achat immobilier se serait donc effondré. Mais le palliatif monétaire des taux bas semble avoir atteint ses limites, au point de constituer aujourd'hui le problème. Dans une note de novembre 2021, la Cour des comptes écrit sans détour que « ce sont en effet les conditions très favorables d'endettement des ménages, permises par les taux bas, qui sont les principaux responsables du niveau des prix des logements ». Autrement dit, les coûts exceptionnellement faibles du crédit sont devenus le principal moteur de l'inflation immobilière. Accéder à la propriété ressemble depuis dix ans à une course dont le rythme s'accélère continuellement, et dont les plus lents se voient éliminés à chaque tour de piste.

En croisant trois jeux de données (revenus, prix, taux d'intérêt), les Notaires de France sont arrivés en 2021 à retracer finement l'évolution de 1999 à 2019 du pouvoir d'achat immobilier. Au niveau national, il a diminué de 13 % sur la période. Mais on distingue nettement deux séquences : une forte chute entre 1999 et 2008 (–42 %), puis une remontée fulgurante par la suite. Entre 2009 et 2019, la progression du pouvoir d'achat immobilier atteint 30 % en Corse, en Île-de-France et en Nouvelle-Aquitaine. La hausse dépasse même 70 % en Provence-Alpes-Côte d'Azur, Languedoc-Roussillon, Bourgogne, Champagne-Ardenne et Limousin. On mesure dans cette *remontada* du pouvoir d'achat immobilier la puissance de la politique de taux bas. Mais pour suivre la progression des prix, les acheteurs se retrouvent contraints de pousser à fond tous les leviers du crédit, en volume comme en durée : de quinze ans en 2000, la maturité moyenne d'un prêt immobilier atteint vingt et un ans aujourd'hui. Cela permet de contenir le montant des mensualités, mais pas la charge totale de l'emprunt, simplement répartie sur une durée de plus en plus longue. L'encours total des crédits immobilier a franchi en novembre 2021 la barre des 1 200 milliards d'euros, presque le quintuple de son niveau en 2000 (256 milliards).

Beaucoup de Français craignent, à raison, de ne jamais pouvoir venir à bout de leur(s) emprunt(s). Certes, l'achat d'un bien immobilier participe à la construction d'un patrimoine, et s'avère payant *in fine*. Les 11 millions de ménages qui ont fini de régler leurs traites et n'ont plus qu'à s'acquitter de l'entretien et des charges courantes de leur logement n'y consacrent que 11 % de leurs revenus en moyenne. Une situation bien enviable qui survient de plus en plus tard dans l'existence, souvent après soixante ans. Avant cela, le remboursement des emprunts grève copieusement le budget des ménages : de 25 % en moyenne. Le sacrifice budgétaire amenuise, voire anéantit totalement, leur revenu arbitrable. Historiquement, les grands perdants sont les acquéreurs ayant acheté leur résidence principale à taux encore élevé juste avant le pic immobilier de 2008, qui se sont endettés pour longtemps et doivent rembourser des sommes supérieures à ce qu'ils peuvent espérer tirer de la revente de leur bien. Nombreux furent les Gilets jaunes présentant un tel profil.

Dans leur empressement à faire du volume pour compenser l'érosion de leurs marges dans l'immobilier, les banques se sont parfois montrées imprudentes. À certaines périodes (2015-2017), elles se sont allègrement affranchies des recommandations du Haut Conseil de stabilité financière (HCSF), l'organisme chargé de la politique macroprudentielle française, qui les incitait à limiter leur prise de risque dans l'octroi de crédits immobiliers. À certaines périodes (2015-2017 toujours), les banques françaises sont allées jusqu'à accepter des volumes énormes de dossiers sans aucun apport personnel. Au premier trimestre 2020, plus de quatre crédits nouvellement produits sur dix excédaient le taux d'effort de 33 % des revenus. 14 % dépassaient même un taux d'effort de 40 %. Plus d'un crédit sur dix avait une maturité supérieure à vingt-cinq ans. Voyant dans ce laxisme un risque de prolifération des profils jugés « à risque », le HCSF a récemment durci le ton, transformant ses recommandations en obligations. Depuis décembre 2021, il impose aux établissements de plafonner le taux d'effort à 33 % des revenus, et la durée des prêts à vingt-cinq ans.

Côté pile, cet assainissement forcé de la politique bancaire de crédit immobilier est une bonne nouvelle sur le plan macroéconomique, car il éloigne le risque d'une nouvelle crise généralisée du système bancaire, que pourrait provoquer une vague de défauts de paiement des emprunteurs les plus fragiles. Côté face, ce tour de vis a pour effet d'interdire l'accès à la propriété aux ménages les moins aisés, littéralement désolvabilisés par la folle hausse des prix. Le niveau d'apport personnel exigé pour un premier achat ne cesse d'augmenter : il atteignait 68 000 euros en moyenne à la fin de 2021, selon une étude du courtier Empruntis, en hausse de près de 5 % en un an. Ce bond en avant de l'apport personnel s'explique sans doute en partie par le surplus d'épargne accumulé pendant la crise sanitaire, que les primo-accédants injectent à raison dans l'acquisition de leur résidence principale. Mais il est un signe très clair d'élévation du ticket d'accès à la propriété. Il y a quinze ans, les locataires et les accédants à la propriété avaient des revenus très similaires, et la location n'était pas toujours perçue comme une solution par défaut. L'augmentation des prix de l'immobilier a changé la donne. L'effort à fournir pour acheter devient si important qu'il écarte du marché les ménages modestes.

Plus des deux tiers pour moins d'un quart

À l'instar des voitures neuves, l'immobilier, en particulier dans le neuf, prend des airs de produit de luxe. Sa détention sépare de plus en plus les niveaux de revenus. Alors qu'en 1990, 52 % des classes moyennes possédaient les murs de leur résidence principale, cette proportion n'est plus que de 39 % en 2017. Dans le premier quartile de la population (les 25 % les plus modestes), 33 % des ménages étaient propriétaires en 1973. Ils n'étaient plus que 16 % en 2013. À l'inverse, le taux d'accès des ménages du dernier quartile (les plus riches) sur la même période est passé de 43 % à 66 %. En quatre décennies, l'écart est donc passé de 7 à 41 points. Bien sûr, les ménages favorisés engrangent de meilleurs revenus et possèdent une plus forte capacité d'épargne. Mais ils sont aussi trois fois plus nombreux que les plus modestes à recevoir une donation ou un héritage. Ce capital transmis par les parents, « pour t'aider à démarrer dans la vie », prend souvent la forme d'un bien immobilier, dont la revente permet d'acheter sans avoir à s'endetter excessivement. La pierre achète la pierre, le patrimoine appelle le patrimoine.

On assiste ainsi à une concentration croissante de la propriété immobilière, entre les mains d'une minorité de multipropriétaires ayant facilement accès au crédit, qui cumulent et vivent de la rente immobilière. La part problématique n'est pas tant celle des 4 millions de ménages qui ont la chance d'avoir deux biens, leur résidence principale et une secondaire. Celle de l'investissement locatif, en revanche, pose question. Dans son étude « France, portrait social » parue au début de décembre 2021, l'Insee estime que 68 % des logements appartiennent à seulement 24 % des ménages. Moins d'un quart d'entre eux détient donc plus des deux tiers du parc résidentiel. 3,5 % des propriétaires d'au moins cinq logements, soit 1 million de ménages, détiennent à eux seuls la moitié du parc locatif, et plus encore dans les grandes villes (58 % à Paris). Si l'on monte l'échelle encore d'un cran, les 180 000 ménages détenteurs de dix logements et plus possèdent 8 % des biens loués.

Ces ménages, qui achètent des maisons et appartements dans le but de les mettre en location et d'en tirer des revenus, s'arrogent une part de plus en plus conséquente du marché immobilier. Leur part dans le volume total des transactions qui ont lieu chaque année a pratiquement doublé en sept ans : de 17,4 % en 2014, elle est passée en 2021 à 30,2 %, un niveau jamais vu, selon le bilan annuel de Century 21. Symétriquement, les acquisitions de résidences principales atteignent un point bas, à moins de 63 % du total des ventes l'an dernier. « Cela signifie », écrivait dans *Les Échos* en décembre 2021 l'essayiste Robin Rivaton, « qu'entre 2017 et 2021, ce sont près d'1 million de logements qui sont passés dans l'investissement locatif. »

Jamais l'immobilier n'a autant fait figure de valeur refuge pour les ménages à fort pouvoir d'achat et surtout gros patrimoine, attirés par la triple promesse de revenus réguliers, d'un potentiel de plus-value juteuse à la revente et la possibilité d'alléger leurs impôts. Bien que moins rentable que la Bourse, la pierre attire tous les particuliers investisseurs qui préfèrent la sécurité au rendement. Et en perpétuant d'importants dispositifs de déductions fiscales (Pinel, Censi-Bouvard, LMNP/LMP) pour encourager l'investissement locatif privé, les pouvoirs publics accentuent la concentration de la propriété.

On signalait plus haut le vieillissement des propriétaires. On les retrouve naturellement nombreux dans la population des multipropriétaires. Symétriquement, les locataires ont rajeuni. Les premiers étant les bailleurs des seconds, le paiement des loyers organise un mécanisme de transfert massif de richesse des jeunes vers leurs aînés. Alors qu'entre 2002 et 2016, le niveau de vie des 18-29 ans a progressé de 110 euros en moyenne, celui des 65-74 ans a augmenté de 3 500 euros. En grossissant un peu le trait, on observe une spécialisation sociologique du parc locatif, qui accueille toujours plus de ménages jeunes et de célibataires, peu dotés en patrimoine et aux revenus modestes, majoritairement. Si bien que la hausse des loyers, pourtant moins spectaculaire que celle des prix à l'achat, pèse en proportion de plus en plus lourd sur le budget des locataires.

Crise du logement = crise sociale ?

L'accession à la propriété est de plus en plus inégalitaire, et en plusieurs endroits du pays, la colère gronde. À Paris, les locations de meublés touristiques se sont retrouvées au cœur de la campagne des dernières élections municipales. La Ville estime qu'entre 25 000 et 30 000 appartements sont loués à l'année *via* Airbnb, avec une rentabilité inégalable par rapport au marché locatif classique. Cette « mise en tourisme » bouleverse la sociologie de quartiers entiers de la capitale (le Marais, Montmartre, les Champs-Élysées, la tour Eiffel, le Quartier latin…) : moins de familles, moins de commerces de proximité, des écoles qui ferment, etc. Les plaintes de copropriétaires ou de riverains se multiplient contre les va-et-vient incessants des locataires d'un soir, les dégradations dans les parties communes ou les nuisances sonores. Toujours dans Paris, depuis 2015, près 1 000 commerces, soit 60 000 m^2 de surface, auraient disparu, transformés en logements destinés à l'hébergement hôtelier. Avec l'avantage d'échapper à la règle des 120 nuits maximum de location par an qui s'impose aux logements classiques.

Combat similaire, parfois nettement plus violent, sur de nombreux littoraux du pays : au Pays basque, le mouvement Abertzale (« patriote », en langue basque) milite de longue date contre la spéculation immobilière et la spécialisation touristique de la région. À Biarritz et Saint-Jean-de-Luz, 40 % des habitations sont des résidences secondaires. Des agences immobilières sont régulièrement caillassées. De 2006 à 2009, l'organisation Irrintzi radicalisa la lutte en attaquant à l'aide de bombes artisanales des chemins de fer, des sites touristiques, des sièges de partis politiques, des maisons secondaires ou encore des terrains de golf. Accusé de coloniser et de « folkloriser » le Pays basque, le chef trois étoiles Alain Ducasse, pourtant originaire des Landes, fut même forcé de démissionner en 2007 de l'auberge Ostapé, un complexe hôtelier de 45 hectares sis sur la commune de Bidarray, et frappé par quatre attentats en l'espace de quatre ans. La dernière bombe explosa alors que 47 clients se trouvaient à proximité, sans faire aucun blessé, fort heureusement. En Corse, des résidences secondaires détenues par des « continentaux » sont régulièrement incendiées ou visées par des explosions criminelles. La bataille se joue aussi par la voie législative : l'Assemblée nationale a récemment adopté une proposition de loi portée par des élus nationalistes corses, qui introduit un droit de préemption sur les transactions immobilières, financé par une taxe ciblant les résidences secondaires. À La Baule, le dernier immeuble construit face à la mer se négocie à 18 000 euros du mètre carré. Rares sont les acheteurs du cru. En Loire-Atlantique, les ménages à gros revenus affluent et achètent cher. Les jeunes partent, faute de pouvoir s'aligner. À la clé, les mêmes problèmes que dans les grandes métropoles : la main-d'œuvre à bas salaire vient de plus en plus loin, se fait de plus en plus rare, et les difficultés de recrutement s'accroissent pour les entreprises. En Bretagne, plus d'un logement sur dix est une résidence secondaire. Le taux grimpe localement dans certains villages du Morbihan ou des Côtes-d'Armor à 60 %, voire 80 %, avec une population multipliée par dix pendant l'été. Mais la résistance s'organise contre les « doryphores », surnom donné aux Parisiens, qui sont souvent d'ailleurs des Bretons partis faire carrière à la capitale.

Comme au Pays basque, ils sont accusés de nourrir la spéculation immobilière, d'accaparer des logements qui demeurent vides l'essentiel de l'année, et de transformer la région en maison de retraite à ciel ouvert. Lors des élections régionales du printemps 2021, les régionalistes ont repris une idée avortée des indépendantistes corses : proposer la création d'un statut de « résident breton », qui réserverait le droit d'acheter à ceux qui habitent dans la région depuis un certain temps. Les Corses prévoyaient cinq ans ; les Bretons suggèrent un délai d'un an. C'est que la Bretagne, en particulier le Morbihan, est victime de son charme : depuis la pandémie, son magnétisme s'est renforcé. Des retraités de tout le pays, mais aussi des cadres quittant les métropoles à la faveur du télétravail y achètent nombreux, tirant le marché à la hausse. À Lorient, le prix des maisons a progressé de 14 % en 2021. Largués financièrement, les locaux se replient dans l'arrière-pays, moins attractif mais moins cher.

Il faut construire plus

La proposition des régionalistes bretons d'instaurer un statut de résident a peu de chances d'aboutir. Elle se heurte à plusieurs principes garantis par la Constitution : le droit à la propriété, l'égalité de tous devant la loi ou encore la non-discrimination. Pour voir le jour, elle nécessiterait un régime dérogatoire au droit commun, tel que celui dont dispose la Nouvelle-Calédonie. La Bretagne semble donc condamnée à devoir subir l'attraction qu'elle suscite. La seule solution pour freiner la hausse des prix consisterait à augmenter l'offre, et donc à construire davantage. Mais ces villes et villages où les prix s'envolent attirent précisément par leur qualité de vie, et parce qu'ils sont entourés de sites naturels. L'édile bâtisseur se verrait rapidement bloqué par une pile réglementaire insurmontable. Outre la loi Climat de 2021 qui impose de diviser par deux le rythme d'artificialisation des sols d'ici dix ans, puis zéro artificialisation en 2050, les communes côtières doivent jongler avec la loi Littoral, les sites classés, les zones Natura 2000, les zones protégées agricoles, les plans de prévention des risques, etc.

Qui plus est, les populations sont de plus en plus réticentes à la densification. « Maires bâtisseurs, maires battus », dit le dicton. Le dernier arrivé en ville ou dans le village n'a qu'une idée en tête : fermer la porte derrière lui. Les dernières élections municipales se sont jouées en partie sur le rejet des nouvelles constructions. Par crainte des retombées électorales, certains élus croient bon de bloquer des permis de construire pourtant légaux et conformes au plan local d'urbanisme, mais qui suscitent de vives contestations dans la commune ou le quartier. Pour apaiser les esprits, de plus en plus d'équipes municipales développent en matière d'urbanisme des vues teintées d'écologie. Dans de nombreuses villes (Annecy, Nice, Bordeaux, Angers, Colombes), c'est la grande mode des chartes de construction, qui ont pour but explicite de ralentir la production immobilière en imposant aux constructeurs une taille minimale des pièces ou sous plafond, la modularité des logements, les toitures végétalisées, etc. À la clé, des logements de meilleure qualité, certes, mais des coûts de construction plus élevés, et moins d'unités produites. Tant pis pour la jugulation des prix des programmes neufs. Les maires ont aussi en tête qu'avec la suppression de la taxe d'habitation, l'État les a détroussés d'un tiers de leurs ressources. De nouveaux logements et l'arrivée de nouveaux habitants permettent de détendre les prix du marché immobilier local, mais ils demandent aussi des services publics nouveaux (écoles, crèches…) que les communes ne sont plus certaines de pouvoir financer. S'agissant des HLM, la situation est encore pire, puisque les communes ne perçoivent pas non plus de taxe foncière.

Nous sommes le pays de l'OCDE qui a le plus construit de logements pour 1 000 habitants ces dix dernières années, mais le rythme d'érection des grues ralentit depuis trois ans. La tendance n'est clairement pas bonne en matière de nouvelles constructions, particulièrement en zones tendues. Il y a pourtant urgence à passer à la vitesse supérieure compte tenu de l'évolution démographique du pays. On retrouve nos deux France : quand la population baisse dans plus d'une soixantaine de départements, elle progresse fortement dans une trentaine d'autres, à la population active et jeune. Ces territoires, où l'on fait beaucoup d'enfants, sont ceux où la pression immobilière est maximale. Une ville comme Toulouse gagne 17 000 habitants par an en moyenne depuis dix ans, mais ne construit qu'un peu plus de 3 000 nouveaux logements chaque année. Il en faudrait 7 000 pour absorber les nouveaux arrivants dans de bonnes conditions. Il faut construire plus, parce que les prix du marché empêchent des jeunes de quitter le domicile parental ; des couples qui voudraient se séparer de pouvoir refaire leur vie chacun chez soi ; des ménages à revenu modeste d'espérer pouvoir rester près des bassins d'emploi. La densification de la ville n'a pas bonne presse. Elle est moquée quand une ministre la rêve « heureuse ». Mais dans une France métropolisée où, en l'occurrence, ne rêvons pas, le télétravail n'aura jamais suffisamment de puissance pour disséminer harmonieusement la population sur l'ensemble du territoire, elle est une clé de première importance pour le pouvoir d'achat.

5.

La fracture automobile

Si l'automobile avait suivi le même développement que les ordinateurs, une Rolls Royce coûterait aujourd'hui 500 francs, ferait du 700 kilomètres heure et exploserait une fois par an en faisant 10 morts.

Robert Cringely

Elle a longtemps été célébrée par les Français. Fétiche de la puissance industrielle tricolore, symbole de liberté, objet statutaire, de désir : la voiture. Décrocher le permis, c'était accomplir le rituel moderne d'entrée dans l'âge adulte, conquérir une part essentielle de citoyenneté dans la société industrielle. La voiture, bien plus qu'un outil pour se déplacer au quotidien : elle est un « phénomène social total », pour parler comme les sociologues. Dans ses *Mythologies*, Roland Barthes la compare aux cathédrales gothiques bâties dans la seconde partie du Moyen Âge, voyant en elle « une grande création d'époque, conçue passionnément par des artistes inconnus, consommée dans son image, sinon dans son usage, par un peuple entier »[1].

1. Roland Barthes, *Mythologies*, Paris, Le Seuil, 1957.

L'imaginaire collectif des pays industrialisés est peuplé de voitures. Nos territoires aussi. Ils sont aménagés par et pour le système automobile. Plus de 40 millions de voitures se suivent et se croisent sur les routes de France, plus de 2 milliards dans le monde. Mais à l'heure de la guerre contre les émissions de CO_2, la force symbolique de l'auto déchoit. Ce symbole de la liberté individuelle est contesté au nom de l'écomobilité. Le vélo et le train lui ont ravi le titre de parangon du progrès. Et la voiture se retrouve parée de tous les maux. Urbanisme, environnement, santé, sécurité, fiscalité : tous les grands débats de société se déclinent dans l'automobile. L'assaut dont elle est l'objet est systématique. Et tout semble vouloir se régler par le prix : en ville, les zones à faible émission prévoient d'exclure les vieux modèles polluants pour se réserver aux modèles les plus récents, et donc les plus chers. Les autoroutes à péage sont en passe de devenir les seules voies tolérant la vitesse, bien que la prolifération des radars n'incite guère à appuyer sur le champignon. Le contrôle technique se fait de plus en plus tatillon et onéreux. Et les pneus neige seront bientôt obligatoires l'hiver dans 48 départements.

Propriétaire ou locataire ? La révolution du *leasing*

Achat, carburant, entretien, assurances : la voiture est un poids lourd budgétaire pour les ménages. Et ce n'est pas un petit sujet : 85 % des foyers français en possèdent une, 39 % en ont deux. Trois Français sur quatre l'utilisent tous les jours pour aller travailler. La voiture est donc un poste de dépense difficilement négociable. Il est celui qui a le plus augmenté en soixante-dix ans. Une étude de l'Insee en 2007 montrait déjà que la part du transport dans le budget des ménages était passée depuis 1950 de 11 % à 18 %. Et c'est la voiture qui a capté l'essentiel de la hausse. Elle consomme aujourd'hui 81 % du budget transport des Français, pour une valeur moyenne avoisinant les 5 000 euros par an. Une somme conséquente, qui pèse très inéquitablement sur les ménages. Le taux d'effort automobile varie d'abord du simple au double selon le niveau de revenus : de 11 % du revenu disponible pour les plus aisés à 21 % pour les plus modestes. Les inégalités sont aussi géographiques. Sans surprise, la voiture coûte plus cher à la campagne qu'en ville : 4 100 euros par an en moyenne pour un citadin, mais 5 420 euros pour une personne vivant loin ou en périphérie d'une aire urbaine. C'est l'équivalent de quatre mois et demi de Smic. La facture dépasse même six Smic pour les couples avec deux enfants qui possèdent deux voitures ou plus.

Pour l'automobiliste, l'achat ou la location du véhicule est bien sûr la dépense la plus importante. D'une étude à l'autre, sa part varie : l'Insee l'évalue à 31 % de la dépense automobile totale des ménages, l'Automobile Club Association l'estime, elle, entre 37 % et 48 %. Mais les deux s'accordent à constater que le coût d'acquisition d'une voiture ne cesse de grimper. Cette hausse a des conséquences sur le mode de financement. On achète de plus en plus rarement son véhicule au comptant. Et, surprise, le traditionnel crédit à la consommation, qu'il soit personnel, spécifiquement auto ou renouvelable, décline aussi. Sur dix transactions, deux sont réglées *cash*, quatre à crédit, et quatre sont des locations. La percée du *leasing*, qu'il s'agisse de la location avec option d'achat (LOA) ou de la location longue durée (LLD), est le phénomène majeur des dix dernières années. C'est même une révolution culturelle dans l'accès à un bien pour lequel les Français montraient un attachement certain à la propriété. C'est de moins en moins le cas. Connu de longue date des entreprises, le *leasing* s'impose à la vitesse de l'éclair auprès des particuliers. Selon des chiffres du cabinet C-Ways, il a représenté 47,2 % des financements des ménages pour leurs achats de voiture neuve en 2021. C'était à peine 11 % en 2012. La LOA commence même à toucher le marché du véhicule d'occasion (VO), avec 17 % des financements en 2021.

Qu'il s'agisse d'une mensualité de crédit ou d'un loyer, la dépense automobile se structure dans tous les cas comme une dépense récurrente dans le budget des ménages. LOA, LDD ou crédit, lequel est le plus avantageux ? Tout dépend de ce que vous en attendez. La location est alléchante avec ses formules tout compris incluant l'entretien et l'assurance. Pas besoin de provisionner de frais de révision. La location permet aussi d'accéder à des voitures haut de gamme et mieux équipées. Mais gare aux coûts cachés, ou plutôt mentionnés en petits caractères. Le premier loyer d'une LOA est toujours largement majoré, pour couvrir les nébuleux frais de dossier et de carte grise. Il peut avoisiner 30 % du prix d'achat du véhicule, et contrairement à une caution, il n'a pas vocation à vous être restitué à la fin du contrat. La LOA, mais aussi la LLD vous épargnent la corvée de revendre le véhicule, mais au prix d'un kilométrage limité. Si vous excédez le forfait auquel vous avez souscrit, il vous en coûtera entre 5 et 10 centimes d'euro par kilomètre supplémentaire. Certains contrats permettent de relever votre forfait kilométrique, mais ce n'est pas systématique. Il faut aussi tenir compte des frais d'usure. Au moment de rendre la voiture, on ne vous épargnera aucune rayure, aucun frottement, aucune bosse sur la carrosserie ou les jantes. Dans une enquête publiée en septembre 2020, l'association 60 Millions de consommateurs levait le lièvre en publiant les témoignages de deux employés de concessions chargés de l'examen des véhicules. Ils dévoilaient des pratiques peu reluisantes : la pression qu'on leur fait peser pour trouver de plus en plus de défauts et établir des factures moyennes de remise en état dépassant 1 000 euros ; des accessoires absents depuis le départ de la location, mais tout de même facturés à la restitution ; des tarifs identiques quelle que soit la peinture. Cerise sur le gâteau, « les travaux facturés aux clients ne sont jamais faits », assure l'un des deux professionnels cités par 60 Millions de consommateurs, qui conseille de se présenter le jour de la restitution muni de sa propre expertise, d'un coût de 100 euros environ, et de réclamer les photos prises par le concessionnaire… Ambiance.

La vigilance s'impose aussi si vous n'êtes pas certain d'atteindre le terme de la période de location prévue, généralement trois, quatre ou cinq ans : si la LOA prévoit un droit au remboursement anticipé, souvent sans indemnités, ce n'est pas le cas de la LLD. Comme le note la Cour des comptes dans son rapport public annuel 2021, la location longue durée échappe en effet à la réglementation du crédit à la consommation. C'est celle d'une location classique qui s'applique, beaucoup plus restrictive en matière de protection du consommateur. Louer une voiture en LLD impose donc de payer l'intégralité des mensualités jusqu'à la fin, sans possibilité de recours, y compris face aux principaux accidents de la vie que sont la perte d'emploi, la maladie ou l'invalidité. Si vous ne pouvez plus payer, vous vous exposez à devoir régler des frais librement fixés par le loueur pour rejet de prélèvement, ou des intérêts de retard exorbitants, « calculés pour certains à un taux proche du taux d'usure », écrit la Cour des comptes. En guise de bilan, avantage à la LOA pour la souplesse, prudence sur la LLD. Si le prix est votre critère numéro un, optez pour le crédit auto qui conserve l'atout de faire de vous le seul et unique propriétaire du véhicule, sans coûts cachés.

L'inflation automobile

Si les automobilistes se tournent massivement vers les solutions de financement lissées dans le temps, c'est parce qu'après des décennies de démocratisation, la voiture est en train de redevenir un objet de luxe. Le ticket d'accès à la voiture neuve s'est tellement élevé que beaucoup de ménages, en particulier les jeunes, n'y ont plus accès. En 1990, l'âge moyen des acquéreurs de voitures neuves était de 43,7 ans. Il frise désormais la soixantaine. Entre 2000 et 2019, il se vendait 2,5 véhicules d'occasion pour un véhicule neuf. Le rapport s'approche désormais de un pour quatre. Le marché de l'occasion a pour la première fois en 2021 franchi la barre des 6 millions de véhicules vendus tandis qu'à l'inverse, les ventes dans le neuf tombent depuis deux ans sous 1,7 million d'exemplaires, au plus bas depuis plus de quarante ans. Pour de nombreux professionnels, la divergence des courbes est le signe que l'on a atteint la limite de l'acceptation sociale du prix du véhicule neuf. Les LOA et les LLD font en quelque sorte office de palliatifs, atténuant ou retardant la rupture. Même chez Dacia, sept acheteurs sur dix optent pour un loyer mensuel. Ces formules alternatives à l'achat soutiennent les ventes mais agissent en trompe-l'œil, puisqu'en réduisant le prix à une mensualité raisonnable, elles masquent au client l'impressionnante inflation automobile qui court depuis maintenant une décennie.

Chaque année, depuis 1953, la revue spécialisée *L'Argus* dresse le portrait-robot de la voiture moyenne. En euros constants, c'est-à-dire corrigés de l'inflation pour des comparaisons pertinentes dans le temps, le véhicule moyen coûtait 1[illegible] 312 euros en 1970. Dix ans plus tard, en 1980, après une décennie de forte inflation, il fallait pour en devenir propriétaire débourser 16 957 euros, soit 50 % de plus. Ensuite, pendant près de trente ans, les prix ont très peu progressé. La voiture moyenne coûtait 19 767 euros en 2010. Depuis, c'est l'envolée. En 2020, le prix moyen d'une voiture neuve en France s'établissait à 26 789 euros, soit 7 000 euros de hausse en dix ans (+35,5 %), le double de l'inflation générale sur la même période. Les constructeurs justifient la tendance par l'arrivée de nouveaux équipements comme les écrans multimédias, les nouvelles aides à la conduite, les nouvelles motorisations, la taille grandissante des voitures. Mais en face, le pouvoir d'achat automobile décroche, après avoir sensiblement augmenté pendant quarante ans. Alors qu'il fallait 17,1 mois de Smic pour s'acheter le véhicule moyen à 11 000 euros en 1970, son successeur de 2010 à près de 20 000 euros n'en réclamait plus que 14,7. En 2020, il fallait à nouveau consacrer 17,2 mois de Smic pour acheter la voiture moyenne à près de 27 000 euros.

Et le mouvement haussier s'accélère. Au printemps 2022, l'Insee constatait une augmentation moyenne de 6,3 % des prix des voitures sur un an. Certains modèles font mieux, ou pire : la version de base de la Peugeot 208 coûtait au mois d'avril 2021 16 000 euros, hors options. Le 19 avril 2022, elle était proposée sur le site Internet du constructeur à 19 240 euros, soit presque 20 % de hausse en douze mois ! Chez Tesla, la Model 3, voiture électrique la plus vendue en France, valait 43 800 euros en version de base le 1er mars 2022. Le 2 mars, elle passait à 44 990 euros, le 11 mars à 46 990 euros, et enfin le 16 mars à 49 990 euros. Soit plus de 6 000 euros de hausse en l'espace de quinze jours. La peine tarifaire est double pour l'acheteur puisqu'avec le nouveau prix de la Model 3, il perd son droit au bonus écologique maximum, réservé aux véhicules électriques neufs dont le prix de vente est inférieur à 45 000 euros, soit un surcoût supplémentaire de 4 000 euros. Même Dacia, la filiale *low cost* de Renault, a cédé à la tentation de l'augmentation tarifaire, faisant passer son *blockbuster*, le Sandero, au-dessus du cap symbolique des 10 000 euros. Spring, son modèle électrique, s'affichait au début de mai 2022 à 18 690 euros, 1 200 euros de plus qu'au 31 décembre 2021.

Les constructeurs justifient ces augmentations en cascade par l'empilement des crises qui s'abattent sur eux depuis le début de l'année 2020. D'abord, la pandémie mondiale de Covid, puis la pénurie de semi-conducteurs depuis le début de 2021, auxquelles sont venus s'ajouter la guerre en Ukraine, puis le regain de Covid en Chine à partir de la fin de mars 2022. À la clé, des pénuries en rafale dans les habitacles et sous les capots, un pilotage des usines à quinze jours compte tenu du brouillard pesant sur les approvisionnements, et une inflation à deux, voire trois chiffres sur les matières premières entrant dans la composition d'un véhicule. De janvier à avril 2022, l'acier a augmenté de 80 %, l'aluminium et le zinc de 35 %, le plastique de 25 %. Construire des véhicules coûte plus cher, et la production pâtit du manque de matières premières. Moins de véhicules sortent des chaînes d'assemblage. Il s'agit donc pour les constructeurs de les vendre plus cher pour préserver leur équilibre financier.

On peine toutefois à déceler une quelconque logique dans les hausses de prix. À la lecture des catalogues, on ne compte plus les anomalies. Chez Renault, la Twingo en finition Zen a pris près de 12 % en 2021, mais elle a gagné au passage la climatisation, un écran tactile ou un siège passager rabattable. Sa grande sœur, la Clio Zen, est passée de 17 300 euros à 18 100 euros, mais en perdant au passage ses poignées de maintien à l'arrière. Le Dacia Stepway fait une grosse entorse au concept de *low-cost* en grimpant de plus de 10 % sur un an malgré la suppression des antibrouillards. Le Captur 1.3 TCe Intens coûte 5 % plus cher, mais dispose désormais de 140 chevaux contre 130 précédemment. La version GPL grimpe elle aussi de près de 5 %, mais sans gain de puissance. Dès mai 2021, Peugeot a remplacé le compteur numérique de sa dernière 308, qui venait juste de sortir, par un bon vieux compteur à aiguille encore disponible chez les équipementiers, mais sans consentir de rabais. Chez Audi, les versions les plus sportives ont facilement augmenté de 5 %, alors que les détecteurs d'angle mort ont été supprimés sur les rétroviseurs de certains modèles. *Idem* pour les calculateurs d'injection, entraînant une légère augmentation de la consommation de carburant sur les exemplaires concernés.

On devine à travers ces quelques exemples que, pour continuer à alimenter le marché, les constructeurs ont pris le parti de livrer des véhicules coûte que coûte, quitte à dégrader certaines prestations. Mais pourquoi une inflation gagnante par un meilleur équipement pour certains modèles, et une inflation deux fois perdante pour d'autres, vendus plus cher malgré la perte de certains accessoires ? Question de *pricing power*, de capacité à fixer les prix. Là où la demande est forte et le constructeur en position de force, aucune concession tarifaire. Témoin, la Peugeot 208, voiture la plus vendue en France en 2021, et record d'inflation du marché. On devine aussi une mécanique cachée de péréquation semblable à celle pratiquée par la grande distribution, à savoir la compensation des pertes d'un modèle par les gains d'un autre. Sur les marchés fragiles, les constructeurs se sont ainsi montrés prudents : si Tesla a pu largement renchérir sa Model 3 grâce à son image de marque qui roule toute seule et une clientèle cible archisolvable, les Renault Zoe et Peugeot e-2008 ont vu leurs prix baisser afin de rester abordables pour leur clientèle moins bien nantie.

« Vendre moins, mais gagner plus »

Les constructeurs subissent indubitablement les pénuries, mais la guerre et le Covid ont bon dos. Le fait est que les constructeurs recherchent activement l'inflation automobile, et depuis un moment déjà. « Vendre moins, mais gagner plus », soit l'équation imposée par le contexte géopolitique, n'est ni plus ni moins que la stratégie conduite par Luca de Meo, le directeur général de Renault, depuis son arrivée à la tête du groupe en juillet 2020. L'objectif de son plan stratégique « Renaulution » n'est plus, comme au temps de Carlos Ghosn, de vendre toujours plus de millions de véhicules, mais plutôt de passer d'un prix moyen de seulement 20 000 euros en 2019 à plus de 27 000 euros en 2025. Chez PSA, devenu Stellantis, Carlos Tavares défend depuis 2014 ce qu'il appelle la « stratégie de la valeur », c'est-à-dire de produire moins de modèles et moins de voitures pour réduire les coûts et maximiser la marge sur chaque vente. En appliquant une discipline financière intraitable, il est parvenu en cinq ans à abaisser le point mort de PSA, autrement dit le niveau des ventes requis pour être rentable, de 2,6 millions à 1,8 million de véhicules. Et le prix moyen a progressé, à près de 22 500 euros chez Citroën et 25 000 euros chez Peugeot. Tous les constructeurs prennent ce chemin, tournant le dos à la fameuse « course aux volumes » qui se traduisait *in fine* par de gros rabais pour écouler les productions et une baisse de la valeur résiduelle des véhicules, c'est-à-dire de leur prix de revente sur le marché de l'occasion. La « stratégie de la valeur » a ainsi conduit Peugeot-Citroën à passer en huit ans de 45 à 20 modèles, en se concentrant sur les SUV et les crossovers (à mi-chemin entre berline et SUV), au détriment des breaks et des petites urbaines, moins rentables. La double crise du Covid et de la guerre en Ukraine a, d'une certaine manière, procuré aux marques automobiles une occasion de passer à la vitesse supérieure, en privilégiant encore un peu plus les modèles *premium*, qui plus est dans les versions les plus haut de gamme. Ford et Land Rover ont par exemple purement et simplement retiré du marché les premières finitions de leurs modèles phares.

La stratégie industrielle des constructeurs est donc structurellement inflationniste. C'est elle, la première responsable des 7 000 euros de hausse du prix de la voiture moyenne de *L'Argus*. Les tarifs sont aussi poussés à la hausse par l'inflation normative. Année après année, le niveau d'équipement obligatoire des voitures neuves ne cesse de grimper en Europe dans le but, certes louable, de faire baisser la mortalité sur les routes. Rien qu'en 2022, une trentaine de dispositifs ayant prouvé leur efficacité sont passés d'optionnels à obligatoires en vertu d'un nouveau règlement européen : le freinage d'urgence, la détection de dérive de la trajectoire et de somnolence du conducteur, la caméra de recul, etc. Les modèles haut de gamme en étaient dotés de série, c'est désormais aussi le cas des modèles à bas prix, par obligation réglementaire. À la sortie, 200 à 300 euros minimum de plus par véhicule. Et à partir de 2026, la norme antipollution Euro 7 renchérira encore les voitures neuves, puisqu'elle va obliger de fait à hybrider tous les véhicules thermiques ou à les passer à l'électrique, pour atteindre l'objectif très restrictif d'émission de CO_2 fixé par Bruxelles. Les coûts de mise aux normes environnementales s'annoncent si élevés qu'ils menacent l'existence même des modèles dits « de segment A ». Peugeot-Citroën est déjà passé à l'acte en mettant définitivement à la retraite ses petites C1 et 108 en décembre 2021. Le groupe juge intenable l'équation économique pour les développer en version électrique : en l'état actuel des technologies, il estime qu'il faudrait les vendre non plus 10 000 euros, mais 30 000 euros !

Lentement mais sûrement, le marché automobile est donc en train de se polariser. Le neuf se « gentrifie » et tend à être réservé à des acheteurs à fort pouvoir d'achat, excluant au passage un nombre croissant de ménages. Les chiffres parlent d'eux-mêmes : alors que le marché du véhicule neuf a reculé de 2,4 % en 2021 en France, les ventes de modèles haut de gamme ont progressé de 77 % selon les données recueillies par AAAData. Par ruissellement, cette dynamique de resserrement du marché du neuf sur les modèles les plus chers déstabilise le marché de seconde main, qui commence à manquer de biens à prix modéré à écouler, alors qu'une demande massive se présente à lui. En février 2022, le prix moyen d'un VO atteignait 14 500 euros, 1 500 euros de plus qu'un an auparavant.

La facture carburant

Les voitures coûtent de plus en plus cher à l'achat, mais aussi à l'usage. Les carburants constituent le deuxième poste le plus important de la dépense automobile. Ils absorbent près du tiers de l'enveloppe annuelle moyenne de 5 000 euros évaluée par l'Insee. Bien évidemment, le budget varie selon le nombre de kilomètres que vous effectuez, les prix à la pompe et la consommation de votre véhicule. L'Insee constate cependant une élévation substantielle du ticket de caisse annuel à la pompe pour les ménages : 1 298 euros en 2016, et 1 542 euros en 2019. Il n'est pas impossible qu'il dépasse bientôt 2 000 euros. Depuis l'automne 2021, en effet, les prix à la pompe battent régulièrement leurs records historiques, franchissant même allègrement le cap des 2 euros le litre en moyenne nationale en mars 2022, puis à nouveau au mois de mai suivant, en dépit de la ristourne gouvernementale de 18 centimes d'euro par litre.

Faire le plein est devenu pour beaucoup de Français un moment difficile, pendant lequel ils se livrent à des calculs complexes : certains optent pour un plafond de dépense hebdomadaire, à 20, 30 ou 40 euros, quelles que soient les distances qu'ils ont à parcourir. D'autres remplissent leur réservoir en planifiant des économies ailleurs. Des arbitrages douloureux, car la dépense carburant est le plus souvent une ligne budgétaire sur laquelle les ménages ont peu de marge, sauf à rouler moins ou à renoncer à utiliser la voiture. Or trois Français sur quatre déclarent l'utiliser tous les jours pour aller travailler, et 55 % assurent ne pas pouvoir s'en passer, selon un sondage du constructeur Ford.

Plusieurs facteurs expliquent que les carburants concentrent autant les inquiétudes des Français. Nous sommes d'abord tous atteints d'un biais de perception à leur égard, comme pour tous les produits que l'on achète fréquemment et dont on connaît bien les prix. Nous sommes donc hypersensibles aux fluctuations tarifaires, surréagissant en cas de hausse, mais ne voyant pas forcément les baisses. Sur le temps long, cependant, aucun doute sur la trajectoire générale des prix à la pompe : selon l'Insee, entre janvier 1990 et septembre 2021, l'inflation des carburants atteint 140 % ! Pour le prix d'un litre aujourd'hui, vous en aviez presque 2,5 il y a trente ans. Depuis 2000 notamment, le prix du baril de Brent a plus que doublé, et sa variabilité s'est fortement accrue, entraînant une volatilité plus forte des prix à la pompe.

Dans une étude parue en 2017, Erwan Gautier et Ronan Le Saout décrivent les grands mécanismes de leur fixation. C'est une véritable boîte noire que les distributeurs gardent secrète, mais que les deux chercheurs sont parvenus à reconstituer à partir de l'analyse des millions de prix que les stations-service ont l'obligation de transmettre depuis janvier 2007 au ministère de l'Économie, et qui est rendue publique. Erwan Gautier et Ronan Le Saout expliquent d'abord que les prix des carburants ne sont pas modifiés quotidiennement, mais en moyenne une fois par semaine. Les supermarchés, qui représentent environ 40 % des stations, mais plus de 62 % des ventes de carburant, changent leurs prix plus fréquemment que les autres distributeurs. Et plus la concurrence locale est forte, plus les prix changent fréquemment. Il existe aussi des prix dits « psychologiques » : ceux se terminant par un 0 ou un 9 ont généralement des durées de vie plus longues sur les totems. Certains jours de la semaine sont plus propices aux changements de prix, notamment le mardi et le vendredi. En revanche, ils bougent rarement le samedi et le lundi. En 2017, les deux chercheurs observaient aussi que le délai de réaction aux variations du pétrole brut était de l'ordre de deux semaines, mais celui-ci tend à se réduire en période de fortes tensions, comme lors de la flambée de mars 2022, où les prix variaient parfois du jour au lendemain après une hausse importante des cours.

Autre déterminant des prix : le nombre de stations-service. On en dénombrait 47 500 en 1975, moins de 25 000 en 1990, et un peu plus de 11 000 en 2018, alors même que le parc automobile a pratiquement doublé de taille sur la même période. Les ventes de carburants tendent donc à se concentrer sur des stations géantes. L'effet pour les distributeurs est considérable, puisqu'en réduisant le nombre de points de vente, ils réalisent d'importantes économies d'échelle. Pour le consommateur en revanche, moins de stations rime rarement avec bonnes affaires. L'exemple parisien est éloquent : alors que l'on comptait encore 280 stations-service en 1995 dans la capitale, il n'y en a plus que 55 répertoriées à ce jour sur le site prix-carburants.gouv.fr. La rareté engendre la cherté chez les survivantes, qui font face à une forte demande, mais aussi à des charges plus élevées qu'ailleurs à cause notamment du prix du foncier et du durcissement des normes antipollution. Nombre de stations parisiennes ferment aussi par non-renouvellement des concessions dans les zones réaménagées. Les Franciliens supportent en outre une surtaxe complémentaire à la TICPE pour financer les transports en commun. Sans compter le coût de l'acheminement des produits, plus élevé depuis la fermeture de la dernière raffinerie de la région, celle de Total à Grandpuits (Seine-et-Marne), en novembre 2021. Alors que l'Île-de-France brûle à elle seule entre 11 % et 14 % de la consommation nationale d'essence et de gazole, elle est donc la région où le carburant est le plus cher et le plus taxé du pays.

Entretenir sa voiture : la troisième facture

Outre l'achat et le carburant, la voiture a aussi un coût élevé d'entretien : vidange, révision, changement des pneus, contrôle technique, etc. Les réparations diverses et la maintenance du véhicule forment le troisième poste de dépense de notre enveloppe automobile initiale de 5 000 euros. En moyenne, les Français y consacrent près de 1 200 euros par an, hors pièces détachées et accessoires. La facture peut s'envoler pour les ménages gros rouleurs, surtout lorsque leurs voitures ne sont plus de première jeunesse. Ce qui est le cas d'un nombre croissant de véhicules : le parc automobile français vieillit, s'approchant de la décennie d'ancienneté moyenne. Alors qu'avec le temps une voiture perd de la valeur (environ 25 % la première année, 15 % la deuxième, 10 % la troisième et la quatrième), son entretien, lui, devient de plus en plus onéreux. Et la facture s'alourdit compte tenu du coût croissant des pièces détachées. L'ancien Premier ministre Édouard Philippe s'en était ému à l'occasion du dixième anniversaire du Conseil de la concurrence. Dans son discours, il avait alors décrit l'inflation qui les frappe comme l'un des nombreux « angles morts du pouvoir d'achat ». Selon l'association Sécurité & Réparation automobile (SRA), les pièces détachées ont vu leur prix augmenter de 29,5 % depuis 2016. Une inflation en poussant une autre, elles expliquent largement l'augmentation de 16 % sur la même période des primes d'assurance automobile, malgré une baisse constante du nombre d'accidents de la route.

Si les pièces détachées coûtent de plus en plus cher, c'est d'abord qu'elles sont de plus en plus techniques : les phares, par exemple, ne sont plus une simple glace montée sur pivot dans un châssis en plastique. Ce sont des systèmes électriques pointus, bardés de capteurs, de voyants et de servomoteurs. Mais l'inflation des pièces détachées est aussi, et surtout, l'effet d'une quasi-absence de concurrence dans le secteur. Les constructeurs bénéficient en France de l'exclusivité de la vente des pièces détachées visibles. Dans le détail, ils contrôlent le marché de 70 % des pièces, et se partagent les 30 % restants avec leurs équipementiers. Garages et particuliers sont donc contraints d'acheter à prix d'or les parties les plus exposées à la casse telles que les phares, les rétroviseurs ou les éléments de carrosserie.

Depuis 2017, la loi oblige pourtant les réparateurs à offrir le choix entre des pièces détachées neuves ou d'occasion, dites « de réemploi ». Mais, par mauvaise foi ou plus souvent par ignorance, les garagistes omettent de le signaler. Bonne nouvelle toutefois : les règles du jeu changeront à partir du 1er janvier 2023, et cette fois à l'avantage, modeste, de l'automobiliste. Après une dizaine de projets de loi pour tenter de modifier le système, le législateur est parvenu à contrer les constructeurs qui arguaient systématiquement de l'atteinte à la protection de leurs investissements en recherche et développement. La loi Climat du 22 août 2021 introduit donc une clause de réparation permettant de libéraliser un peu le marché des pièces détachées, comme cela se fait dans tous les pays qui n'ont pas une industrie automobile puissante. Cependant, les effets seront minimes : le texte lève le monopole de production et de commercialisation des pièces les plus chères à l'issue d'une période de… dix ans, contre vingt-cinq ans aujourd'hui. Les constructeurs ne s'en tirent pas trop mal.

Outre les réparations et les pièces détachées, la voiture agrège une myriade de dépenses annexes. Stationnement payant : 217 euros par an en moyenne. Péages : 118 euros. Carte grise : 52 euros. Pour un garage fermé, comptez 50 euros par mois en moyenne, soit 600 euros par an. Contrôle technique : 78,70 euros en moyenne, sans réparations ni contre-visite bien sûr. Assurance : entre 600 et 1 000 euros par an selon la formule, l'âge du conducteur, son antériorité, etc. D'une région à l'autre aussi, les tarifs d'assurance varient jusqu'à 40 % : comptez 520 euros en moyenne en Bretagne, contre 720 euros en Île-de-France ou en PACA. Pour les réparations aussi, certaines régions sont mieux loties que d'autres. Les garagistes sont 15 % plus chers à Paris que la moyenne nationale, +9 % en Auvergne-Rhône-Alpes et PACA. À l'inverse, ils sont moins chers de 11 % dans les Hauts-de-France, 7 % en Nouvelle-Aquitaine et 6 % en Occitanie.

N'oublions pas, avant de pouvoir prendre le volant, l'obligation de passer le permis de conduire : 1 804 euros en moyenne, avec là encore une amplitude importante relevée par UFC-Que choisir entre les régions la moins chère (Hauts-de-France, 1 484 euros) et la plus chère (Paris, 2 140 euros). Pour diminuer le coût du permis, il existe heureusement des solutions, comme de suivre une formation en ligne, payante mais bien moins chère qu'en auto-école (codedelaroute.fr, ornikar.com, auto-ecole.net…), et passer ensuite l'épreuve de conduite en candidat libre. L'inscription coûte seulement 30 euros. Pour ceux que l'auto-école rassure, il existe la formule bancaire du « permis à un euro par jour » pour les 15-25 ans, qui consiste en un prêt à taux zéro destiné à financer une formation initiale. Les mensualités sont plafonnées à 30 euros par mois, d'où son appellation. Vous pouvez aussi opter pour l'épreuve sur une boîte automatique, qui exige une formation plus courte : seulement treize heures. Six mois après l'obtention de votre permis de conduire BEA, il est automatiquement converti en permis B classique. Comme pour les écoles de coiffure aussi, les centres de formation des moniteurs d'auto-école recherchent des « élèves-test », qui peuvent apprendre gratuitement la conduite. Mais les places sont rares. Il existe également des aides spécifiques pour les réservistes des forces armées ou de la police nationale, ou encore pour les apprentis. Ces derniers peuvent bénéficier d'un soutien de 500 euros, à condition d'avoir au moins dix-huit ans. Sachez enfin qu'il est possible depuis 2017 d'utiliser son compte personnel de formation (CPF) pour financer son permis B.

Enfin, comment ne pas mentionner le principal *casus belli* pour l'automobiliste vis-à-vis de l'État : les radars. En 2022, on recense 4 500 appareils actifs aux bords des routes, et 800 cabines-leurres, vides la plupart du temps, mais pouvant abriter de temps en temps un radar actif. Au total, 5 300 dispositifs, 1 000 de plus en deux ans, et de tous types : radars fixes, double sens, double face, discriminants, chantier, tourelles, mobiles, feux rouges, tronçons, etc. Au parc fixe s'ajoutent près de 400 voitures-radars gérées par des sociétés privées en délégation de « service public ». Les radars sont une véritable machine à *cash* pour l'État : en 2021, ils ont flashé 13,3 millions de fois, engendrant le retrait de près de 11,5 millions de points. Soit les niveaux de 2018, l'année précédant la grande vague de destruction de ces machines honnies par les automobilistes. Combien les radars coûtent-ils aux automobilistes, et rapportent-ils à l'État ? Entre 800 millions et 1 milliard d'euros chaque année, censés être reversés à la Sécurité routière. Or, selon la Cour des comptes, plus de 50 % des recettes des amendes sont affectées à d'autres missions, alors que le nombre de morts sur la route ne baisse pas. De quoi nourrir la conviction que les radars constituent en réalité un impôt routier qui ne dit pas son nom. Est-ce un aveu ? Le ministère de l'Intérieur réfléchit à supprimer les retraits de points pour les excès de vitesse inférieurs à 5 km/h, qui constituent 58 % des flashes. Ne resterait plus que l'amende…

Comment dépenser moins ?

À l'heure du retour de l'inflation, les Français traquent les astuces pour réduire leurs dépenses automobiles. Il en existe des dizaines. D'abord, dans la manière de conduire pour limiter la consommation de carburant. Contrairement à ce que prétend la rumeur publique, les moteurs thermiques apprécient peu les fortes accélérations. Douceur, légèreté et anticipation sont les maîtres mots du rouleur économe. En ville, réduire votre vitesse à 35 ou 40 km/h vous fera brûler moins de carburant tout en vous permettant d'aller plus vite. De nombreuses communes ont en effet adopté un système d'« onde verte modérante » qui permet de franchir tous les feux sans s'arrêter, à condition de ne pas dépasser cette vitesse. Par ailleurs, limiter les petits déplacements génère de grosses économies. 40 % des trajets font moins de 2 kilomètres. Or ce sont les plus polluants, et les plus coûteux. À froid, un moteur thermique surconsomme 45 % de carburant sur le premier kilomètre, 25 % sur le second. Si votre voiture dispose d'un mode « éco », pensez à l'activer : il change précocement de vitesse dès que le moteur commence à monter dans les tours. Gare aussi au régulateur. Il tend à accélérer inutilement dans les côtes pour maintenir votre vitesse de croisière. Vigilance également sur les pneumatiques : sous-gonflés, ils augmentent la consommation de carburant, en plus de réduire la tenue de route. Il existe d'ailleurs des pneus dits « verts », sculptés spécifiquement pour réduire la consommation de carburant. Les gisements d'économie se trouvent également sous le capot : veillez à contrôler la climatisation, le filtre à air ou encore les bougies, qui peuvent engendrer une consommation anormale. Et puis, roulez fenêtres fermées, et léger. Un coffre inutilement plein prélève sa part de carburant.

Autre source d'économies : en finir avec l'autosolisme, c'est-à-dire l'habitude de rouler seul dans sa voiture. Un passager à bord, économiquement parlant, constitue une mutualisation de la dépense. Le champion français du covoiturage Blablacar, en situation quasi monopolistique, fédère 20 millions d'adhérents en France, qui s'y retrouvent amplement. Prenons l'exemple d'un trajet Paris-Lyon : le plus rapide *via* l'A6 coûte autour de 86 euros, carburant et péage compris. À raison d'environ 6 centimes par kilomètre et par passager, si vous embarquez trois personnes avec vous, vous récupérez 69 euros, soit un reste à charge de 17 euros pour vous. Le covoiturage rencontre un immense succès sur les longues distances. L'enjeu se situe maintenant sur les trajets quotidiens domicile-travail. La pratique a plus de mal à se développer, car trouver des personnes vivant près de chez vous et travaillant pratiquement au même endroit s'avère plus ardu que pour un voyage ponctuel d'une ville à une autre. Mais elle est en plein essor, avec quelque 900 000 adeptes recensés à la fin de 2021. Pour le conducteur, c'est une excellente affaire : les courses récurrentes sur un même itinéraire se paient communément 20 centimes par kilomètre et par passager, soit plus du triple du covoiturage classique. Si vous résidez à 30 kilomètres de votre domicile et chargez trois personnes chaque jour de la semaine, l'économie atteint environ 2 000 euros par an, que vous n'avez pas à déclarer aux impôts tant que vous ne réalisez pas de bénéfice.

À la pompe, la solution la plus évidente consiste à traquer les stations les plus compétitives, ou les enseignes proposant à certaines périodes des ventes à prix coûtant. Les carburants *premium* sont plus chers, mais ils permettent de moins consommer et prolongent la durée de vie du véhicule. Quitte à changer de pistolet, pourquoi ne pas s'orienter vers le superéthanol-E85 ou le GPL ? Ils clignotent tous deux en station à moins d'1 euro par litre en moyenne. De quoi susciter un engouement massif des automobilistes.

Le superéthanol a fait son apparition en France en 2006. Il s'agit d'un agrocarburant de type essence qui contient une part de Sans-Plomb 95, et entre 60 % et 85 % de bioéthanol issu de la fermentation des sucres de betterave, de maïs ou de blé fourrager. Ses promoteurs parent l'accusation de prendre des terres dédiées à la production alimentaire en insistant sur le fait que seul 1 % de la surface agricole utile française est exploitée pour produire du superéthanol. S'il est peu cher, c'est parce qu'il profite d'une fiscalité avantageuse dans la mesure où il permet de réduire les émissions nettes de gaz à effet de serre de 72 % par rapport à l'essence. À raison de 13 000 kilomètres par an, c'est plus de 600 euros de facture carburant que vous économiserez, selon les estimations de La Collective du bioéthanol qui fédère les acteurs de la filière française. Attention cependant : seul un tiers des stations proposent du superéthanol à ce jour. Et les véhicules natifs superéthanol sont encore rares.

Cela devrait vite changer : Ford, qui propose depuis l'automne 2021 six modèles capables de l'accueillir dans leur réservoir, rencontre un important succès. 70 % des acheteurs de sa Fiesta choisissent la motorisation superéthanol, 88 % pour la Focus et 94 % pour son crossover Puma. Qui plus est, les véhicules sont classés Crit'Air 1, et la carte grise est gratuite dans dix régions, et à moitié prix en Bretagne et Centre-Val-de-Loire. Pour les autres, il reste l'option de la pose d'un boîtier homologué de conversion E85. Le parc équipable est énorme : plus de 10 millions de véhicules ! 30 000 Français l'ont fait en 2021, pour un coût allant de 700 à 1 500 euros. L'amortissement est donc rapide. On note cependant par rapport à l'essence classique une surconsommation de l'ordre de 20 % dont les boîtiers de dernière génération, embarquant une intelligence artificielle, devraient finir par venir à bout.

Quant au GPL, c'est un gaz de pétrole liquéfié. Son invention remonte aux années 1930. Il s'agit d'un mélange de butane et de propane, issus du raffinage du pétrole et du traitement du gaz naturel. Depuis 2017, on y incorpore également du biogaz provenant de la fermentation des déchets agricoles. On utilise plutôt le GPL comme énergie de chauffage, mais il est suffisamment calorifique pour faire rouler une voiture. Lui aussi coûte moins cher que l'essence ou le gazole, il est peu taxé (à peine 10 centimes par litre, contre plus de 60 centimes pour l'essence), il pollue moins, les véhicules concernés sont tous classés Crit'Air 1 quel que soit leur âge, et la carte grise est gratuite pour eux dans la moitié des régions. Bien qu'en forte progression, il demeure cependant confidentiel : moins de 0,5 % du parc automobile français, contre 40 % en Turquie. C'est qu'il est encore plus difficile à trouver que le superéthanol. À peine 1 500 stations-service le proposent, soit un peu moins d'une sur six. Mais les ventes de véhicules adaptés explosent, en particulier les modèles proposant la bicarburation

GPL-essence. Chez Dacia, elle représente déjà près de 30 % des ventes de Sandero, pour un surcoût de seulement 200 euros. Le GPL connaîtra-t-il bientôt son heure de gloire en France ? Pas impossible. Chez Renault, on est convaincu que le couple essence-GPL est prometteur pour prolonger l'existence des moteurs thermiques. D'ailleurs, ne vous fiez pas à ces vieux panneaux à l'entrée de certains parkings publics souterrains affirmant que les véhicules GPL y sont interdits. Cela n'est plus le cas depuis 2006.

Pas à la portée de toutes les bourses

Avec les prix des carburants qui s'envolent et la transition énergétique qui s'amorce, vous vous posez peut-être la question de basculer sur de l'électrique, de l'hybride ou de l'hybride rechargeable. De plus en plus d'automobilistes font ce choix, souvent par volonté de ne plus rester otages du pétrole. Mais il n'est un secret pour personne que la mobilité décarbonée coûte cher, et qu'elle demeure un luxe que la France modeste ne peut pas (encore) s'offrir. La question est de savoir si l'industrie sera en mesure de la lui proposer un jour.

Quelle différence entre les trois technologies ? L'hybride simple est la plus ancienne des trois. Symbolisée par la Toyota Prius, commercialisée depuis 1997, elle associe au moteur thermique traditionnel une petite batterie électrique qui prend son relais à vitesse réduite (30 à 60 km/h) et récupère l'énergie en phase de roulage pour se recharger. Parfait pour un usage urbain. L'hybride rechargeable va un cran plus loin en proposant un moteur thermique classique lui aussi, mais surtout une batterie rechargeable sur borne ou prise domestique capable de propulser le véhicule jusqu'à plus de 100 km/h et sur une distance bien plus importante que l'hybride simple. On y gagne en polyvalence.

L'électrique, enfin, vous fait totalement franchir le Rubicon technologique, puisqu'elle substitue au moteur thermique un bloc batterie qui assure seul la propulsion du véhicule.

À l'entretien, l'électrique et l'hybride constituent tous deux une bonne affaire pour l'automobiliste. Technologie duale, l'hybride double certes la maintenance, mais comme deux paires de chaussures entre lesquelles vous alterneriez, les deux blocs de propulsion s'épaulent et se soulagent mutuellement, divisant l'usure par deux, à parts plus ou moins égales selon l'usage que vous faites de votre véhicule. La voiture électrique, elle, comporte moins d'organes mécaniques qu'une thermique (pas de boîte de vitesses, pas de pot d'échappement), et moins de pièces en mouvement. Lors de la prise en main, la décélération peut être déroutante, car les véhicules électriques ont un freinage dit « dégénératif ». En levant le pied de l'accélérateur, le véhicule ralentit de manière très prononcée, ce qui permet de le recharger, mais aussi d'optimiser la durée de vie des plaquettes de frein. Certains usagers parviennent à dépasser les 100 000 kilomètres avec les plaquettes d'origine. Les consommables tels que les essuie-glaces, les amortisseurs, les pneus ou le liquide de frein restent évidemment à remplacer régulièrement, mais le coût d'entretien général d'une électrique comme d'une hybride est sensiblement inférieur à celui d'une thermique. L'UFC-Que choisir a tout de même constaté que les parties électriques demandent du matériel spécifique et des compétences particulières, qui se paient, par le coût de la main-d'œuvre.

Reste le cas de la batterie. C'est à la fois l'élément le plus coûteux du véhicule électrique (il représente 40 % de son prix) et celui qui procure les plus importantes économies. Quand une voiture thermique classique consommant 7 litres aux 100 kilomètres coûte environ 1 500 euros en carburant pour faire 15 000 kilomètres, soit la distance moyenne parcourue par un automobiliste chaque année, une voiture électrique ne coûtera à son propriétaire que 450 euros, soit trois fois moins cher. À condition, cependant, de charger son véhicule chez soi, avec un planning de charge optimisé, en profitant par exemple des forfaits en heures creuses mis en place par les opérateurs. La recharge à domicile est assez longue, car elle utilise un réseau électrique simple et une puissance de charge assez faible, de 7 kWh au maximum. En revanche, hors domicile, le prix peut monter très haut sur les bornes de recharge rapide, dont l'usage peut coûter entre 5 et 14 euros pour 100 kilomètres d'autonomie. Les bornes publiques demeurent avantageuses par rapport à une voiture essence ou diesel, avec un prix généralement constaté de 5 à 7 euros pour 100 kilomètres d'autonomie. D'une manière générale, le temps de charge est en train de s'imposer comme l'une des clés de l'acceptabilité sociale de l'électrique.

Mais le principal verrou de sa généralisation ne change pas : c'est le prix du véhicule électrique. Avec lui, adieu les moteurs à combustion, les essieux, les arbres de transmission, mais bonjour les cellules et les packs de batteries, l'électronique de puissance, les moteurs électriques. La Plateforme automobile (PFA) estime que ces composants coûtent 59 % plus cher que ceux d'une voiture thermique. L'hybridation légère, c'est-à-dire avec l'appoint d'un moteur électrique de 48 V, renchérit déjà un véhicule de 1 000 à 3 000 euros. Rechargeable, elle alourdit la facture de 6 000 à 8 000 euros. Le passage au 100 % électrique relève le tarif d'une voiture en moyenne de 10 000 euros, ce qui double le prix des plus petits modèles. En dépit des efforts de massification de la production déployés par les industriels, il y a peu de chances que ce surcoût diminue rapidement. Le problème est que l'Union européenne impose au nom de la nécessaire réduction des émissions de gaz à effet de serre un calendrier difficilement tenable. Il s'agit désormais d'avoir mis fin en 2035 aux moteurs à essence et diesel sous peine, pour les constructeurs, de très fortes amendes. Ces derniers ont calculé que, pour répondre à ces exigences, il faudrait que deux voitures sur trois vendues en 2025 soient électriques, et 90 % en 2030. Aussi avantageuse soit-elle, l'hybridation ne peut être qu'un point de passage, guère plus. Dès lors, l'équation industrielle est la suivante : comment faire pour réduire de 50 % le coût de production des véhicules électriques en l'espace de cinq ans ? Cela supposerait 10 % de gains de productivité par an d'ici là, quand l'industrie plafonne à 3 % en moyenne depuis plusieurs années. Carlos Tavares, le directeur général de Stellantis, estime cette marche trop haute à gravir. En janvier 2022, il exposait son point de vue en des termes fort peu diplomatiques dans les colonnes de plusieurs journaux européens : « Vaut-il mieux accepter de faire rouler des voitures hybrides thermiques très performantes pour qu'elles restent abordables et apportent un bénéfice carbone immédiat, ou faut-il des véhicules 100 % électriques que les classes moyennes ne pourront pas se payer, tout en demandant aux États de continuer à creuser le déficit budgétaire pour les subventionner ? [...] Il y aura des conséquences sociales. Ce qui est clair est que l'électrification est la technologie choisie par les politiques, pas par l'industrie. » Déjà confrontés à une baisse de leurs ventes qui exprime déjà une crise rampante du pouvoir d'achat de leurs clients, les constructeurs jugent donc très risquée, pour ne pas dire suicidaire, l'approche européenne. Il n'est absolument pas acquis que l'automobile parvienne à respecter l'environnement tout en répondant aux impératifs de mobilité de l'ensemble de la population.

La révolution du véhicule « monétisable »

Une seconde révolution est en cours dans l'automobile. Outre sa mue écologique, le secteur est en train d'opérer un virage technologique qui va transformer le véhicule en un portail d'accès à une foule de nouveaux services, évidemment payants. À l'image du smartphone, la voiture va devenir *upgradable* : elle se mettra à jour régulièrement, grâce à une connexion permanente, sans fil, au réseau internet. Pour l'industrie, c'est une orientation extrêmement prometteuse : jusque-là, les logiciels embarqués dans les voitures progressaient à la vitesse des cycles automobiles, c'est-à-dire de manière très lente. Chargés en usine, ils subissaient peu de modifications durant la vie de la voiture, ce qui les rendait vite obsolètes. Grâce à la mise à jour à distance, l'« expérience client » pourra s'améliorer en continu, promettent les constructeurs. En fait, la connectivité va surtout leur permettre de doubler les sources de leurs revenus, la plateforme numérique du véhicule prenant autant d'importance que la plateforme matérielle, c'est-à-dire sa structure mécanique de base.

Les constructeurs imaginent déjà toutes les possibilités qui s'ouvrent à eux grâce à la mise à jour à distance. Il s'agira d'actualiser en temps réel les cartes du GPS, mais aussi, par exemple, d'optimiser le système de gestion de la batterie pour grappiller quelques pour-cent d'efficience et donc quelques kilomètres supplémentaires d'autonomie. Ainsi, la voiture n'est plus un objet statique qui se déprécie à mesure qu'il prend de l'âge. Le produit reste « frais », et sa valeur résiduelle baisse moins rapidement au fil du temps. En clair, fini l'argus. Mais cela va plus loin : en devenant un produit technologique monté sur roues, la voiture va atteindre de nouveaux sommets en matière de personnalisation. Les constructeurs vont pouvoir vendre des services, des abonnements, et des fonctionnalités à la demande, comme la modification de la puissance du moteur ou le déverrouillage d'un plus grand rayon de braquage des roues. Aux États-Unis, Tesla facture déjà 12 000 dollars l'accès au *full self-driving*, autrement dit aux capacités de conduite entièrement autonomes de ses modèles. Plus modestement, il se fait fournisseur d'accès à Internet depuis qu'il facture 9,99 euros par mois la connexion au réseau 4G qui était jusque-là gratuite pour ses voitures. Chez

Stellantis, on évoque la possibilité d'utiliser les capteurs et caméras des aides à la conduite et au stationnement pour prendre des photos lorsque l'alarme se déclenche. Ou encore de lancer un programme d'assurance personnalisé du véhicule, basé sur son usage réel. Le groupe se verrait bien en rival des ténors de l'assurance, comme les géants de la *tech* sont venus, il y a quelques années, le concurrencer sur le système d'infodivertissement présent à bord de ses véhicules. Ainsi, les constructeurs estiment qu'à l'avenir, 40 % de la valeur d'une voiture proviendra des logiciels qu'elle embarquera. On comprend surtout qu'ils espèrent vendre à leurs clients une galaxie de services payants qui vont considérablement alourdir son coût d'usage. Combien d'abonnements payants faudra-t-il souscrire pour retrouver le niveau de service que l'on peut atteindre aujourd'hui ? La question se pose quand Yves Bonnefond, le directeur des logiciels de Stellantis, déclare qu'« un jour, quand une voiture sera déconnectée du *cloud*, elle pourra rouler en mode "dégradé" jusqu'à ce qu'elle retrouve ses fonctions complètes de connectivité et l'ensemble de ses capacités. » Dans ce nouveau paradigme automobile, la voiture n'est plus seulement une machine pour se déplacer. Elle est surtout une poule aux œufs d'or en devenir, qui générera de plus en plus de revenus récurrents tout au long de sa vie.

TROISIÈME PARTIE

SOMMES-NOUS DES GAGNE-PETIT ?

1.

Qui gagne quoi aujourd'hui en France ?

En France, il y a deux sortes de gens : ceux qui cachent leur feuille de salaire, et ceux qui ont honte de la montrer.

Georges Wolinski

Suis-je bien payé ? La question trouve près de 23 millions de réponses dans les moteurs de recherche sur Internet. Et très vite, dans la masse des résultats, surgit la véritable angoisse, celle qui ronge : suis-je sous-payé ? Suis-je riche ou pauvre ? Pléthore de simulateurs en ligne proposent d'apporter à chacun des comparaisons chiffrées à partir d'un grand nombre de critères : secteur, poste, ancienneté, taille de l'entreprise, etc. Suis-je bien payé, y penser toujours, n'en parler jamais. Telle est la ligne de conduite des Français. Combien tu gagnes ? La question trouble à coup sûr. Des enquêtes menées en entreprise révèlent qu'elle est encore plus sensible que la religion ou la politique. Même dans les couples : selon la sociologue Hélène Belleau, qui a mené l'enquête auprès de 3 000 duos pour son livre *L'Amour et l'argent*, 40 % d'entre eux ne discutent jamais de leur organisation financière[1]. Effet,

1. Hélène Belleau, *L'Amour et l'argent. Guide de survie en 60 questions*, Montréal, Les éditions du remue-ménage, 2017.

sans doute, de l'amour. À l'époque où l'on se mariait par intérêt, les enjeux financiers étaient le moteur des unions ; ils sont aujourd'hui relégués au rang des sujets refoulés. Beaucoup de femmes ne savent pas combien gagnent leur conjoint. Elles font les courses, mais laissent monsieur déclarer les impôts ou gérer les gros investissements. D'ailleurs, statistiquement, les disputes autour des finances du foyer sont souvent des signes avant-coureurs de rupture…

Vive la transparence salariale ?

Paradoxe bien français : nous avons des pudeurs de gazelle à l'idée de dévoiler notre fiche de paie, mais nous sommes très curieux de connaître celle du voisin ou du patron. Un sondage Harris Interactive en septembre 2018 pour l'ONG Oxfam révélait que 70 % des Français sont favorables à des mesures visant à faire la transparence sur les écarts de salaires par niveaux hiérarchiques dans les entreprises. La loi Pacte les a exaucés : elle oblige les entreprises de plus de 1 000 salariés à communiquer les écarts entre la rémunération des dirigeants et les salaires moyens, ainsi que les salaires médians. Au grand dam des employeurs, qui s'inquiètent pour leur politique salariale, et le risque de débauchage par des concurrents qui savent désormais combien précisément proposer à leurs talents.

Il y a pourtant des vertus à la transparence salariale. Celle, d'abord, de faire taire les bruits de couloir. Les non-dits sont un cancer de l'entreprise. Verbaliser les rémunérations coupe court aux rumeurs destructrices. Le groupe français Thermador, spécialiste de la distribution d'accessoires pour le chauffage et la sécurité sanitaire, s'est rendu célèbre en adoptant la transparence salariale totale il y a cinquante ans, dans la foulée de Mai 1968. Son fondateur, Guy Vincent, instaura d'emblée des mesures qui aujourd'hui passent encore pour le comble du progressisme :

partage du bénéfice et du capital avec les salariés, égalité de traitement entre hommes et femmes, et donc transparence des rémunérations. Une fois par an, chaque filiale du groupe communique à toutes les équipes un tableau où figurent les rémunérations de tout le monde, du dernier entré au dirigeant, part variable incluse. Libre à chacun d'interpeller son manager et de réclamer un réajustement en cas d'écart inexpliqué. L'actuel PDG de Thermador, Guillaume Robin, se félicite du système : dans une interview au *Figaro*, en 2019, il soulignait le climat de confiance et de motivation régnant dans son entreprise. S'est-elle fait voler des salariés ? Pas vraiment, et l'ancienneté moyenne dans ses effectifs est de neuf ans, ni plus ni moins qu'ailleurs.

Le fait que les pratiques semi-séculaires de Thermador n'ont pas fait école en France est assez révélateur de notre rapport à l'argent. Quand, dans les pays anglo-saxons ou en Asie, on parle volontiers de son niveau de vie ou de sa rémunération, les Français, marqués par la tradition catholique ne valorisant l'argent que dans la générosité envers les pauvres, rechignent à divulguer combien ils gagnent. On glorifie en revanche le pouvoir de négociation. Ainsi les augmentations tendent à aller aux plus revendicatifs. Les taiseux et les discrets, qui détestent réclamer, en sont généralement pour leurs frais. Ce « mystère salarial » savamment entretenu collectivement est source de frustrations et de nombreux fantasmes. Le sondage Harris de 2018 montrait ainsi que pour les trois quarts des Français, qui ignorent donc généralement les écarts de salaires dans leur entreprise, ces derniers sont par principe trop importants. Ils n'en ont pas de preuves, mais leur mécontentement est un symptôme de la réalité salariale française, profondément décevante.

Sommes-nous vraiment des gagne-petit ?

En France en 2021, un quart des actifs, soit 5,8 millions de personnes, perçoivent un revenu inférieur à 1,2 Smic (1 900 euros bruts mensuels, soit 22 800 euros annuels sur douze mois). On entre dans le dixième des Français les mieux payés à partir de 3 650 euros nets mensuels (43 800 euros annuels). À 4 000 euros, dans les 8 %. À 5 000 euros, dans les 4 %. Et le club du 1 % le mieux rémunéré ouvre ses portes à partir de 8 700 euros nets par mois (104 400 euros annuels). À l'aune de ces chiffres, chacun pourra se situer dans la pyramide des revenus, dont la base est exagérément large et la pente dramatiquement douce. Ils prouvent en tout cas que le seuil statistique de la richesse retenu par l'Insee (3 500 euros mensuels pour une personne seule, environ deux fois le revenu médian) se situe en réalité assez bas, très loin en tout cas des fortunes et du train de vie que l'on s'imagine lorsque l'on parle des « riches ».

Qui plus est, il s'agit là des « revenus » des Français, c'est-à-dire de leurs salaires et de l'ensemble des compléments qui s'y ajoutent. En termes de revenu salarial pur, autrement dit les salaires et rien que les salaires gagnés au travail en un an, les chiffres sont effarants. Selon le portrait social de la France dressé en 2021 par l'Insee, le premier décile de la population (les 10 % les plus pauvres) a un revenu salarial *annuel* moyen de… 2 820 euros ! Soit 235 euros mensuels. Le premier quartile (les 25 % les plus pauvres) perçoit moins de 9 910 euros par an (825 euros mensuels). Et on entre dans la moitié la mieux payée à partir de 19 500 euros par an (1 625 euros mensuels). C'est dire la faiblesse des salaires en France. Évidemment, ces chiffres ne sont pas le revenu réel des gens. Nous avons tellement intégré que les salaires sont trop faibles que l'on systématise le versement d'un nombre croissant de prestations : la prime pour l'emploi, les allocations chômage, les aides au logement, l'allocation de rentrée scolaire, le chèque énergie, etc. Après redistribution, le revenu disponible médian passe de 19 500 euros à un peu plus de 30 000 euros. Celui du premier décile est le quadruple de son revenu salarial : 11 600 euros. En moyenne, les personnes à revenus modestes (déciles 1, 2 et 3) perçoivent près de 30 % de leurs revenus en prestations sociales monétaires et en nature. Les classes moyennes (déciles 4 à 7) gagnent entre 21 600 et 50 090 euros annuels, dont 1,8 % à 7,5 % de prestations sociales, pour un taux de prélèvement fiscal direct entre 10 et 17 %. Enfin, les individus aisés (50 000 euros et plus par an) voient leur part de prestations sociales tomber en dessous de 1,2 %, alors que leur taux d'imposition absorbe de 20 à 30 % de leurs revenus.

Les vrais gagnants et les faux perdants

Sans surprise, les cadres et les professions intellectuelles supérieures (chercheurs, ingénieurs, professions libérales, professeurs…) s'arrogent les plus fortes rémunérations, avec un peu plus de 65 000 euros bruts annuels en moyenne. Viennent ensuite les professions intermédiaires (techniciens, secrétaires de direction, fonctionnaires de catégorie B, infirmiers, sages-femmes…) avec 36 000 euros en moyenne, puis les ouvriers qualifiés (28 000 euros), les employés (25 000 euros) et enfin les ouvriers non qualifiés (22 500 euros). Il y a une hiérarchie salariale des diplômes, avec une prime aux études longues. À bac +3 ou +4, le salaire moyen est 2,4 fois supérieur à celui des non-diplômés. Il existe également une hiérarchie des secteurs : cinq concentrent les rémunérations les plus élevées (recherche et développement, finance et assurances, édition et audiovisuel, pharmacie, énergie). À l'inverse, l'action sociale, la santé, l'hôtellerie-restauration, et les services en général paient moins que la moyenne.

L'ancienneté et l'âge sont également déterminants dans la rémunération, mais la progression salariale est plus forte à mesure que l'on monte dans les étages de la hiérarchie. En moyenne, dans le privé, tous postes et secteurs confondus, un salarié de moins de vingt-cinq ans passera de 23 000 à 42 500 euros de salaire brut annuel une fois atteinte la cinquantaine, soit une progression de 84 %. Un cadre commencera à 33 000 euros annuels en moyenne pour atteindre 80 000 euros en fin de carrière (+139 %). En revanche un ouvrier qualifié passera, de vingt-cinq à cinquante ans, de 21 000 à 23 000 euros, soit une évolution de moins de 10 %.

La taille de l'entreprise joue également dans la rémunération. Les très petites entreprises (TPE) de 1 à 9 salariés versent en moyenne 16,60 euros en brut horaire, les PME de 10 à 49 salariés, 19,80 euros. On monte à 28,30 euros dans les sociétés de plus de 500 salariés, qui sont aussi les plus généreuses dans le versement de primes d'épargne salariale. 75 % des salariés qui travaillent dans des groupes de plus de 1 000 personnes bénéficient d'un accord d'intéressement, et 86 % ont accès à un plan d'épargne interne à l'entreprise. À l'inverse, l'intéressement ne concerne que 22 % des effectifs des entreprises de 50 à 99 salariés, et à peine 11 % dans les entreprises de 10 à 49 salariés.

Inégalités, enfin, entre hommes et femmes : le salaire brut féminin moyen est inférieur de 22 % à celui des hommes, dans le privé comme dans le public. Sur le temps long, toutefois, l'écart est en train de se résorber. Il s'explique d'abord par un plus faible nombre de femmes aux postes à responsabilité les mieux payés. Elles sont aussi plus nombreuses dans les secteurs moins rémunérateurs (éducation, médico-social, services à la personne…). Cependant, à poste égal et productivité identique, dans une même société, les hommes sont parfois mieux payés que les femmes par effet de négociation. Ces dames sont plus modestes dans leurs prétentions salariales que ces messieurs.

Le match des régions

D'une région à l'autre, les rémunérations varient également pour des raisons de spécialisation. Auvergne-Rhône-Alpes et ses industries procurent un salaire annuel moyen de près de 35 000 euros, soit 4 000 euros de plus, par exemple, que la Bretagne agricole et touristique. C'est évidemment en Île-de-France que les revenus moyens sont les plus élevés : 48 700 euros à Paris, et 57 000 euros dans les Hauts-de-Seine, record national. Ces deux départements font exception par la concentration de sièges de grands groupes, du personnel politique, médiatique, artistique et financier. Un chiffre qui fâche : dans une étude parue à l'occasion des élections régionales l'an dernier, l'Insee a mesuré qu'un Francilien affiche une productivité nettement plus élevée que la moyenne nationale. Il travaille en général 30 % de plus qu'un habitant d'une des douze autres régions métropolitaines, et il crée 50 % de richesses supplémentaires : 112 500 euros de PIB par an par habitant en Île-de-France, contre 75 000 euros ailleurs. Rendons justice tout de même à tous les « pendulaires » de province qui viennent chaque jour travailler dans la capitale : par « Franciliens », il faut comprendre les personnes y travaillant, sans y résider forcément. Par ailleurs, l'Île-de-France est la région la plus riche du pays, mais aussi la plus inégalitaire, devant PACA, l'Occitanie, Grand-Est et Auvergne-Rhône-Alpes. La façade ouest, le centre et la Bourgogne présentent des écarts riches/pauvres plus réduits.

La fin des classes moyennes ?

Pour représenter la distribution des revenus pendant les Trente Glorieuses, nous avons déjà évoqué la toupie dessinée en 1988 par le sociologue Henri Mendras dans son livre *La Seconde Révolution française* : étroite dans sa partie basse, la toupie devient ventrue au milieu avant de se terminer en pointe à son sommet, figurant clairement le processus de constitution d'une vaste classe moyenne, assez homogène dans ses niveaux et ses modes de vie[1]. Acquiesçant à cette idée d'une « moyennisation » de la société française, l'ancien candidat écologiste et économiste Alain Lipietz proposa en 1998 l'image assez similaire de la montgolfière : assez peu de pauvres, peu de riches, et beaucoup de revenus moyens. Mais pour la société actuelle, Alain Lipietz suggéra en revanche une autre image, sans doute excessive, mais parlante : celle d'un sablier s'amincissant par le milieu. La toupie tendrait à voir sa partie basse se renfler, au point de reprendre la forme plus traditionnelle d'une pyramide, avec un socle de classes laborieuses de plus en plus nombreuses, mal payées ou au chômage.

Cette « démoyennisation » de la société, popularisée par Jérôme Fourquet et Jean-Laurent Cassely dans leur livre *La France sous nos yeux*, trouverait un écho dans la dynamique du marché du travail français, porté par ces deux extrémités : d'un côté, les emplois très qualifiés et bien rémunérés accompagnant les avancées technologiques et, de l'autre, de nombreux emplois peu ou pas qualifiés, mal payés, mais dont la demande augmente sous l'impulsion de la consommation de services. La société française serait donc en train de se polariser, par le haut et par le bas simultanément.

La théorie de la démoyennisation ne fait pas l'unanimité. En décembre 2021, le chercheur au CNRS Olivier Galland publia sur le site Internet de la revue numérique *Telos* un long article contestant l'idée d'une reprolétarisation des franges inférieures des classes moyennes, sombrant dans le déclassement et la pauvreté. Selon lui, Jérôme Fourquet oublie, d'une part, de voir que les professions intermédiaires, cœur de la classe moyenne française, constituent encore le groupe le plus important (25 %)

1. Voir plus haut la note 1, p. 40.

de la structure sociale. D'autre part, il serait plus juste, poursuit Olivier Galland, de parler de recomposition interne de la classe populaire : les ouvriers, numériquement (et de loin) les plus nombreux en 1980, laissent désormais place aux employés peu qualifiés des services, « salariés de la logistique et des "métiers du *care*" [*le soin*] qui étaient très présents sur les ronds-points de Gilets jaunes [...], peu représentés et défendus par les instances syndicales traditionnelles et les partis de gouvernement ».

Il n'en demeure pas moins que les deux moteurs de l'emploi en France sont bel et bien la base et le sommet de la pyramide sociale. En trente-neuf ans, la part des cadres et des professions intellectuelles dans la répartition de l'emploi a pratiquement triplé, passant de 7,8 % à 20,4 %. Spatialement, les cadres représentent même plus du quart de la population active des métropoles (et même plus de 35 % à Paris), et moins de 10 % ailleurs. La part des employés faiblement qualifiés a elle aussi pratiquement doublé depuis 1982 dans les grands centres urbains, passant de 7,4 % à plus de 15 %.

D'un côté, donc, les meilleurs éléments des classes moyennes, auxquelles s'identifient encore majoritairement les Français, réalisent une échappée ascensionnelle en allant grossir les rangs d'un nouveau groupe social unifié non plus par la naissance et l'héritage, mais par les diplômes, les grandes études et le culte de la méritocratie. C'est la France « bac +5 », celle des cadres et des professions intellectuelles supérieures. Cette nouvelle « élite de masse », brillamment décrite par Monique Dagnaud et Jean-Laurent Cassely dans leur livre *Génération surdiplômée*, vient s'insérer entre le 1 % des plus grandes fortunes et la classe moyenne qui s'étiole[1]. Elle se distingue par sa grande homogénéité culturelle sur de nombreux sujets : la globalisation,

1. Monique Dagnaud et Jean-Laurent Cassely, *Génération surdiplômée. Les 20% qui transforment la France*, Paris, O. Jacob, 2021.

l'écologie, l'économie, le numérique, etc. Ce groupe des bons élèves, des « éduqués supérieurs », dicte ses codes et impose son mode de vie. Pour lui, le diplôme assure, seul, la réussite sociale. Les perdants n'auraient à s'en prendre qu'à leur manque de talent ou d'enthousiasme. « Ils n'avaient qu'à travailler à l'école. »

À l'étage du dessous, les classes « encore » moyennes sont sous pression. Le phénomène n'est pas propre à la France. Les menaces pesant sur elles sont d'ailleurs un peu moins vives chez nous que dans la plupart des pays de l'OCDE. L'organisation publiait en mai 2019 un rapport édifiant portant sur l'ensemble de ses membres, intitulé *Sous pression : la classe moyenne en perte de vitesse*. L'OCDE souligne son caractère essentiel à la réussite de l'économie et à la cohésion sociale. En France, le pluriel est de rigueur. « *Les* classes moyennes » sont en effet un groupe peu homogène : vit-on de la même manière avec 21 600 euros annuels (le seuil d'entrée dans le 4e décile, soit le bas de la classe moyenne en France) qu'avec 50 000 euros (le seuil d'entrée dans le 8e décile, début des classes supérieures) ? Évidemment, non. Mais la masse des individus entre ces deux niveaux constitue le cœur de la pyramide française des revenus. « Trop riches pour être pauvres, mais trop pauvres pour être riches » selon le mot de Nicolas Sarkozy, ils sont le maillon fort de la société. Ce sont eux qui soutiennent la consommation, qui investissent dans l'éducation, la santé et le logement. Ils assurent la stabilité politique. Les sociétés qui reposent sur une classe moyenne forte et prospère affichent des taux de criminalité moindres et des niveaux supérieurs de confiance et de satisfaction dans la vie.

Or, depuis une trentaine d'années, les ménages intermédiaires sont en crise. Pas tant sur le plan des revenus, puisque, contrairement au ressenti fréquemment exprimé, le revenu disponible après paiement des impôts a objectivement progressé. De 1996 à 2019, les dix déciles composant la population ont vu leurs revenus croître dans une fourchette de 16,5 % (décile 7) à 30,9 % (décile 10). Mais les classes moyennes ne sont plus un objet central d'attention. On peut même dire qu'elles se sont avérées les victimes des attelles mises en place par les gouvernements successifs pour guérir la fameuse « fracture sociale » diagnostiquée en 1995 par Jacques Chirac. Pour raccrocher au paquebot France les classes populaires qui sombraient, c'est aux classes moyennes qu'on a demandé de lancer des cordes. Dans son portrait social de la France, l'Insee relève ainsi en 2019 qu'entre 1975 et 2016, les prestations sociales ont diminué d'un quart, mais se sont concentrées sur les 10 % de ménages les plus modestes. En 1975, ces ménages percevaient 25 % des prestations ; ils en recevaient 46 % en 2016. Le salaire médian, celui en dessous duquel on trouve autant de Français qu'au-dessus, a progressé 50 % moins vite depuis 1996 que ceux du 1er et du 9e décile de la population. Les classes moyennes, qui ne vivent ni l'aisance ni l'assistance, « donnent beaucoup, mais reçoivent peu », écrit le sociologue Louis Chauvel[1]. Moins mobiles que les plus riches et insuffisamment argentées pour faire de l'optimisation fiscale, elles sont devenues, en particulier les couches supérieures, la vache à lait des pouvoirs publics. C'est sur elles que se concentre la pression fiscale (que l'élite parvient à éviter), mais pas la redistribution. Elles ont les efforts, mais plus le retour sur investissement fiscal. Et c'est au centre de la pyramide que ces tensions sont les plus fortes.

Le mode de vie des classes moyennes est par ailleurs remis en cause par l'envolée des coûts du logement, qui les pousse vers la périphérie des métropoles. Acheter une maison requiert des efforts exorbitants. À trente ans, les enfants sont encore souvent économiquement dépendants. Trop riches pour prétendre au logement social, mais trop modestes pour louer ou acquérir dans le secteur libre, les classes moyennes ont ainsi pratiquement

1. Louis Chauvel, « Les classes moyennes donnent beaucoup mais reçoivent peu », entretien avec Paul Sugy, *Le Figaro*, 15 février 2019.

disparu de Paris, devenue le territoire exclusif des plus riches et de leurs petites mains. En cela, certains arrondissements de la capitale, ceux du centre notamment, sont parvenus, écrit encore Louis Chauvel, à reconstituer un modèle de société ressemblant de manière troublante à l'URSS, au sein de laquelle une *nomenklatura* en effectif réduit, mais excessivement riche, régnait sur des pauvres, sans rien entre eux.

La frange inférieure des classes moyennes est le poste avancé du déclassement. Elle connaît un mouvement de décrochage parfaitement documenté et durement ressenti. Les employés, qui étaient considérés comme une composante des classes moyennes dans les années 1960-1970, se sont rapprochés, au point de se confondre en matière de niveau de vie et de revenus avec les ouvriers. Ces derniers forment le groupe qui a le plus fondu numériquement depuis les années 1980, sous l'effet de la désindustrialisation. En 1975, les ouvriers représentaient plus de 35 % de l'emploi total, contre 20 % aujourd'hui. Ensemble, les ouvriers et les employés représentent un peu plus de 50 % de la France qui travaille. Leur revenu moyen net est pile ce revenu médian (1 810 euros mensuels) qui a progressé moins vite que les autres depuis vingt-cinq ans. Ils constituent le nouveau bloc populaire, travaillé par un fort sentiment d'insécurité sociale, économique et identitaire.

Ces millions d'employés, d'ouvriers, de professions intermédiaires également, voient leur pouvoir d'achat de plus en plus contraint par les dépenses pré-engagées. Ils sont aujourd'hui les plus exposés au risque de la mobilité sociale descendante. Celle-ci a progressé cinq fois plus vite ces quarante dernières années que la mobilité ascendante. Selon l'Insee, en 2015, 28 % des hommes occupaient une position sociale plus élevée que celle de leur père et 15 % une position inférieure. Ces taux s'élevaient respectivement à 23 % et 7 % en 1977.

Cette « France contrainte » regarde avec inquiétude les pauvres, dont les effectifs retrouvent des niveaux plus vus depuis le milieu des années 1990. Près de 10 millions de personnes (environ 15 % de la population) sont aujourd'hui en situation de pauvreté monétaire, c'est-à-dire qu'elles gagnent moins de 60 % du revenu médian (1 063 euros net en 2021). Parmi elles, plus de 2 millions de foyers percevaient le RSA en janvier 2021. Les pauvres d'aujourd'hui sont massivement des travailleurs en situation de sous-emploi : des agriculteurs à bas revenus, des jeunes en insertion professionnelle difficile, des femmes seules avec enfants à temps partiel, des travailleurs précaires... Ces populations n'ont accès qu'à une consommation de survie et elles sont en outre frappées de la « double peine » décrite par l'ancien haut-commissaire aux Solidarités actives Martin Hirsch : non seulement elles gagnent peu, mais elles paient aussi tout plus cher, car elles achètent en petites quantités et des produits de moins bonne qualité, à renouveler plus souvent et souvent plus gourmands en énergie. Le découvert bancaire est un palliatif fréquent à la fin du mois, qui commence parfois dès le 10. Pour ces publics, nous sommes progressivement passés des pansements sociaux d'urgence des années 1980 (banques alimentaires, centres d'hébergement d'urgence...) à un socle de droits fondamentaux : le RSA, le droit au logement en 1990 devenu opposable (Dalo) en 2007, le droit aux soins avec la CMU en 1999, etc.

Ce passage à l'État-providence ciblé, sous condition de ressources, a des effets destructeurs : il dévalue le travail, génère artificiellement de l'égalité au bas de l'échelle sociale, nourrit la critique de l'assistanat et affaiblit le consentement à l'impôt. Voyant à la fois s'éloigner l'espoir de s'enrichir un jour, et le bénéfice de la redistribution se concentrer sur plus pauvres qu'eux, de plus en plus de Français exigent moins d'impôts pour eux-mêmes, une plus forte taxation des grandes fortunes, et une redistribution plus équitable et plus vigoureuse des richesses.

De la société salariale à la France *free-lance*

Pour compléter ce portrait social de la France peint à gros traits, rappelons que la France est très majoritairement un pays de salariés. En 2019, plus de 25,4 millions de personnes étaient liées à un employeur par un contrat de travail, soit plus de 90 % de l'emploi total (28,5 millions de personnes). Nous nous sommes habitués à identifier le travail au salariat. Il n'en fut pas toujours ainsi. Au début du XXe siècle, la moitié des 20 millions d'actifs sur les 40 millions d'habitants que comptait le pays étaient non salariés, principalement des agriculteurs (6 millions au début du XXe siècle, contre 400 000 environ aujourd'hui), mais aussi 4 millions d'artisans, de commerçants, de professions libérales… Les non-salariés représentaient encore 35 % des actifs dans les années 1950, et ce n'est qu'à partir des années 1990 que le salariat a atteint son poids actuel de neuf emplois sur dix. La subordination juridique à un employeur, condition jadis méprisée, est devenue, au fil du siècle, désirable et synonyme de sécurité à mesure que des droits sociaux sont venus s'y greffer.

Le salariat a bien des atouts : il agit comme un puissant tampon social. Très protecteur dans sa version française, en particulier pour les contrats à durée indéterminée (CDI), il rassure les prêteurs, stabilise les carrières, ouvre droit au chômage, etc. Pendant la pandémie, l'hyperdomination du salariat dans l'emploi total a permis à l'État de créer rapidement des mécanismes d'urgence, comme le chômage partiel ou l'activité partielle longue durée, pour inciter les employeurs à ne pas détruire de postes. En période de forte variation des prix, à la hausse ou à la baisse, le salariat fut un formidable amortisseur : lors des deux guerres mondiales, des deux immédiats après-guerres ou dans les années 1970, les pics d'inflation étaient systématiquement suivis d'augmentations salariales. Et lors des rares épisodes de déflation comme ce fut le cas entre 1931 et 1935, les salariés profitèrent également du maintien de leur niveau de salaire. À l'inverse, pour les non-salariés, les commerçants par exemple, une baisse des prix ou des ventes signifie toujours des pertes sèches de chiffre d'affaires et donc de revenus. Pour imager le propos, le salariat est comme un gros bateau qui freine peu en cas de tempête, mais qui met un peu de temps à retrouver son rythme de croisière quand le beau temps revient. Les non-salariés naviguent plutôt sur un voilier léger qui tombe en panne dès que le vent s'arrête de souffler, mais dont les voiles se gonflent immédiatement quand la conjoncture redevient porteuse.

Le fait majeur de nos jours est la dégradation de la norme salariale. Le CDI reste largement majoritaire (75 % des personnes en emploi), mais les contrats atypiques et précaires ont, depuis longtemps, pris le pouvoir dans les recrutements : en 2019, les contrats à durée déterminée (CDD) ont représenté 87 % des embauches, et rarement moins de 80 % depuis 1993. Le statut de salarié recouvre aujourd'hui huit contrats de travail différents : CDI, CDD, CTT (travail temporaire, ou intérim), contrat d'apprentissage et contrat de professionnalisation (alternance), CUI (contrat unique d'insertion), CAE (contrat d'accompagnement dans l'emploi), CIE (contrat initiative emploi). Dans certains secteurs, les CDD peuvent être renouvelés indéfiniment, on parle alors de « CDD d'usage » (CDDU). Depuis 2015, des intérimaires signent des CDI avec leur société d'intérim. Les limites entre le déterminé et l'indéterminé sont totalement brouillées. Cette multiplication des types de contrat répond au besoin de flexibilité des entreprises, et les pouvoirs publics, pour les inciter à l'embauche, accompagnent le mouvement en abaissant la norme d'emploi.

Par ailleurs, à la périphérie du salariat, une zone grise se développe avec les indépendants depuis une vingtaine d'années. La comptabilité de l'emploi en France ne fait pas de nuances entre salariés et non-salariés. Pourtant, de nouvelles formes de travail à mi-chemin entre le salariat et l'indépendance sont en train d'émerger, à la faveur d'un puissant mouvement de « déliaison » entre les travailleurs et les entreprises. Il y a d'abord la logique de rationalisation des coûts propres aux compagnies. Celles-ci connaissent depuis longtemps déjà les bénéfices de la sous-traitance et de l'externalisation, consistant à faire produire, concevoir, ou exécuter un certain nombre de tâches par un ou plusieurs tiers. C'est le modèle appliqué dans des secteurs comme l'automobile, l'aéronautique, l'électronique grand public, et même l'hôtellerie. Les grands groupes mondiaux se délestent de plus en plus de leur portefeuille immobilier auprès de foncières, dont ils deviennent de simples locataires. L'entreprise a pris l'habitude de déléguer le travail à d'autres. Mais il y a aussi en interne, dans leurs équipes, une aspiration sociale à davantage de liberté et d'autonomie, qui tend à rapprocher intellectuellement le « collaborateur » salarié de l'indépendant. Et dans les faits, on assiste à une hybridation des deux univers, pourtant statutairement distincts.

Seigneurs et soutiers : les indépendants

Depuis 2004, les effectifs des indépendants ont fortement progressé, passant de 2 millions à 3,5 millions aujourd'hui. Leur part dans l'emploi total reste modeste : 11 à 12 %. Dans cette période, le groupe des indépendants a totalement changé de visage : en 2004, il était composé de commerçants, d'artisans, d'agriculteurs, d'artistes, de conférenciers, de médecins, de pharmaciens, d'avocats, etc. Aujourd'hui, ces travailleurs indépendants « classiques » sont 200 000 de moins qu'il y a dix-huit ans. En revanche, ils cohabitent avec 1,7 million d'autoentrepreneurs. Créé en 2009, le statut a connu un succès foudroyant, loué par tous les gouvernements comme une arme antichômage – « le demandeur se crée son propre emploi » – et le symptôme de la diffusion dans la société française de l'esprit entrepreneurial. En mai 2021, sur un an, l'Insee a recensé plus de 995 000 créations de sociétés, dont 290 000 microentreprises, 100 000 de plus que l'année précédente.

Dans le club en plein *boom* des indépendants nouvelle génération cohabitent des seigneurs et des soutiers. À l'étage supérieur, les seigneurs : ceux qu'on appelle les « talents », en *free-lance*, dont les compétences sont très demandées par les entreprises, en particulier de la *tech*. Nombre de ces « profils experts » ont d'ailleurs eu une expérience du salariat avant de se mettre à leur compte. Une étude publiée en octobre 2021 par la société de recrutement Cooptalis révèle que dans les *start-up*, les *free-lances* représentent en moyenne 30 % des effectifs. Leur part tombe entre 1 et 5 % dans les PME et les grands groupes, mais cette part va croissant à mesure que les DRH formalisent des *free-lance policies*, des politiques de recours aux indépendants. L'essor des *free-lances* dépasse largement l'univers restreint de la *start-up nation*. Dans le secteur des transports, un métier encore méconnu est en pleine expansion, celui de tractionnaire : il s'agit d'un conducteur de poids lourds, généralement d'expérience et propriétaire de son camion, avec ou sans spécialité (transport frigorifique, d'antiquités, à destination de certains pays…), rémunéré sur facture. Le métier n'est pas nouveau, mais pour le collaborateur, l'employeur est devenu un client. Du salariat, on passe à la prestation de service, du salaire à la commission. Plébiscités par les entreprises pour la souplesse qu'ils leur procurent, ces indépendants de luxe leur coûtent généralement de 15 % à 50 % plus cher qu'un salarié classique, mais ils leur épargnent des coûts permanents ainsi que le long processus de formation. Il n'est pas rare d'ailleurs que des indépendants restent durablement dans une entreprise. Les collaborations d'appoint cèdent le pas à des relations de long terme. Et les plateformes de mise en relation se multiplient. Une dizaine d'acteurs se disputent aujourd'hui le marché, estimé à 42 milliards d'euros en France en 2021, et à 400 milliards d'euros à l'échelle de l'Union européenne.

Les *free-lances* font rêver les Français. 40 % des salariés déclarent aujourd'hui vouloir s'installer à leur compte, en quittant le confort de leur CDI pour être réembauchés par leur employeur sous ce nouveau statut. S'y attache l'image de la liberté retrouvée, celle notamment de s'installer hors des grandes villes et de disposer de son temps à sa guise. Le salarié, déjà très autonome dans l'exercice de ses fonctions mais subordonné contractuellement à son employeur, se voit bien travailler de chez lui ou en mission, dans une indépendance toute relative, puisqu'elle implique une allégeance au client ressemblant furieusement à de la « parasubordination ».

À l'étage inférieur du club, pour ne pas dire à la cave, chez les soutiers, l'ambiance est moins euphorique. La fibre entrepreneuriale louée par les responsables politiques y est incontestable, mais on y voit davantage la galère que la réussite. Hors microentrepreneurs, le revenu moyen des indépendants en 2019 était de 3 830 euros par mois, en hausse constante depuis dix ans (2020 exceptée), avec certes des écarts importants : de 1 500 euros mensuels pour les coiffeurs, à 8 000 euros pour les juristes. Rien à voir avec les autoentrepreneurs dont le chiffre d'affaires moyen trimestriel en 2019 n'excédait pas 4 325 euros, duquel il faut encore retrancher de 20 à 25 % de cotisations Urssaf. Et sur les 1,7 million de microentrepreneurs inscrits auprès de l'Urssaf, 400 000 ne réalisent aucun chiffre d'affaires. À ces niveaux très faibles, difficile de voir dans la création d'une microentreprise autre chose que la nécessité de dégager un revenu complémentaire, ou de sortir du chômage. Socialement, 68 % des créateurs de microentreprises sont des hommes. La moitié ont moins de trente-deux ans. 60 % sont célibataires ou divorcés. Plus du quart des créateurs sont au chômage ou au RSA. Une microentreprise sur deux vise les services aux particuliers, 20 % les transports (VTC ou coursier).

Les microentrepreneurs naviguent dans leur grande majorité à la lisière du salariat protégé, alternant leur activité avec des missions d'intérim ou des CDD courts, dans un cumul d'« expériences » souvent décousues, mais nécessaires pour boucler les fins de mois. Ils sont les petites mains de la fameuse *gig economy*, l'économie des petits boulots, symbolisée par le livreur Deliveroo ou le chauffeur Uber. L'essor puissant de ce travail indépendant précaire suscite des critiques nombreuses. Il est considéré par les syndicats comme une pratique d'évitement du salariat par les entreprises, en particulier les plateformes, qui y ont massivement recours. On s'indigne du sort des milliers de livreurs « indépendants » mais en réalité totalement assujettis aux donneurs d'ordre, pour lesquels ils conduisent ou pédalent pour 4,50 euros de l'heure, moins de la moitié du salaire minimum horaire. Dans certains secteurs, tels le bâtiment ou la coiffure, les artisans voient en ces centaines de milliers de microentrepreneurs une concurrence déloyale exercée par des « nouveaux barbares », faiblement, voire pas du tout qualifiés et qui cassent les prix pour prendre des parts de marché. Les choses bougent depuis quelque temps : le statut de ces indépendants du bas de l'échelle est contesté dans plusieurs pays. En France, la cour d'appel de Paris a, en septembre 2021, considéré que la relation de travail entre un chauffeur VTC et Uber « pouvait s'analyser comme un contrat de travail ». La subordination n'a jamais été autant recherchée ! L'anglais Deliveroo est actuellement renvoyé en correctionnelle pour des raisons identiques.

Ne nions pas certaines vertus du statut d'autoentrepreneur : pour certains il est la première marche vers l'entrepreneuriat tout court, permettant de tester une idée ou un marché avant de prendre davantage de risques. L'esprit entrepreneurial souffle réellement sur la France, en particulier sur les jeunes : en 2021, six jeunes de moins de trente-cinq ans sur dix expriment le désir de créer leur entreprise ou de reprendre une société. Ce taux tombe à 27 % chez les trente-cinq ans et plus. Cependant on est loin des « entrepreneurs en industrie » de l'époque napoléonienne. L'individualisme de réseau qui caractérise notre époque pousse plutôt ces néo-indépendants à « créer leur propre *business* » dans le seul but d'en tirer un salaire. Peu d'entre eux se voient en créateurs d'emplois et de richesses au-delà d'eux-mêmes. La cohorte des nouveaux indépendants tient davantage de la forêt de bonsaïs que de la chênaie en devenir.

Par un effet de mimétisme, on retrouve dans le groupe des indépendants le fameux sablier du marché du travail et des revenus. Aventure personnelle prometteuse pour les diplômés expérimentés, le statut d'indépendant apparaît pour les jeunes et les moins qualifiés essentiellement comme un palliatif à la pauvreté et au chômage. Dans les deux cas, il est une alternative au salariat, désirée ou subie. Ce qui soulève une question : l'essor des indépendants est-il la cause, ou la conséquence de l'érosion de la société salariale ? Un peu des deux. Quoi qu'il en soit, l'État soutient le mouvement. Depuis une vingtaine d'années, les gouvernements successifs multiplient les incitations à la création des entreprises individuelles : aides à l'installation, allègements fiscaux, sécurisation du cumul des statuts, reconnaissance du portage salarial, etc. Signe également des difficultés que rencontrent nombre de ces entrepreneurs particuliers dans leur quête d'une prospérité que le salariat leur refuse, l'État leur accorde progressivement les mêmes droits qu'aux salariés : depuis le 1er juillet 2021 tous les microentrepreneurs ont accès aux congés maternité et paternité, et à une simili-indemnisation chômage sous condition baptisée « allocation des travailleurs indépendants » (ATI).

Les transformations de l'emploi décrites tout au long de ce chapitre et les recompositions qu'elles ont générées dans le corps social français s'inscrivent par ailleurs dans un mouvement général non pas d'appauvrissement du pays, mais de ralentissement très net de son enrichissement. La rupture brutale du début des années 1980 (voir chapitre précédent) et le contraste avec les Trente Glorieuses nourrissent un puissant sentiment de déclin, désormais ressenti par une majorité de Français.

2.

La France s'appauvrit-elle ?

L'État centralisateur a donné aux Français leur splendeur. Ils ne savent pas lui refuser ses faiblesses. Aussi avons-nous, par une étrange illusion, décliné lentement, tout en croyant monter. Tel est notre paradoxe.

Alain Peyrefitte

Le thème du déclin est un grand classique en France. Il en était déjà question aux temps « glorieux » des années 1960. En 1976, Alain Peyrefitte, ministre, député, académicien, dépositaire de la pensée du général de Gaulle, rencontra un grand succès de librairie avec son livre *Le Mal français*, qui situait le début du déclin au… Grand Siècle, le XVIIe ! À partir duquel selon lui la France, jusque-là incomparable en Europe, se serait immobilisée dans le conservatisme et laissée dépasser et surclasser. « Que l'on compare les statistiques sur trois siècles, la France se trouve presque toujours derrière les pays du Nord », se navre Alain Peyrefitte, dont certaines phrases frisent l'autoflagellation : lors du retour à la France de l'Alsace, allemande depuis 1870, « les Alsaciens libérés retrouvaient leur patrie ; les soldats français découvraient le monde moderne ». Le déclin est devenu déclinisme, décliné dans tous les domaines : social, économique, financier, écologique, politique, civilisationnel, sous la plume d'auteurs et d'éditorialistes à succès, généralement conservateurs, comme Michel Onfray, Michel Houellebecq, Jacques Julliard ou Nicolas Baverez, selon qui « pour la France au XXe siècle, on ne peut sérieusement discuter de l'existence d'un déclin, mais seulement de son ampleur ». Nicolas Baverez retient cinq indicateurs du déclin français particulièrement préoccupants à ses yeux : le déclin de la présence française dans le monde, la fuite des cerveaux, le niveau élevé du chômage et du taux d'inactivité, et la résistance collective au changement. D'autres penseurs élargissent le crible à d'autres symptômes observés dans les empires et les puissances passés au crépuscule de leur histoire : l'accroissement démesuré du nombre de fonctionnaires, le ralentissement de la croissance démographique, le déclin des vertus civiques et des valeurs morales traditionnelles, une montée du mysticisme, un ralentissement de l'innovation et une hostilité croissante contre la science. La France coche-t-elle toutes les cases de ce diagnostic de fin de vie ? Heureusement, non. Mais le plus perturbant est qu'il y a moins d'un demi-siècle, le destin qui nous était promis figurait au contraire une courbe ascendante. Voilà ce que l'on pouvait lire, en 1973, en ouverture d'un ouvrage exhumé de l'oubli par l'historien Jean-Charles Asselain, ouvrage au titre rétrospectivement fort regrettable : *L'Envol de la France dans les années 1980*, écrit par des chercheurs du Hudson Institute, un centre de réflexion conservateur américain : « La France possède aujourd'hui [*en 1973*] l'économie la plus dynamique d'Europe [...]. Elle peut espérer être, d'ici dix ans, l'économie européenne la plus puissante en termes de production totale [...]. En 1990, les Français auront dépassé la Suède en richesse et jouiront du niveau de vie le plus élevé d'Europe. »[1]. Près de

1. Jean-Charles Asselain, *Histoire économique de la France du XVIIIe siècle à nos jours*, Paris, Le Seuil, 2011.

cinquante ans plus tard, l'écart entre ces prévisions enthousiasmantes et les performances économiques avérées du pays semble cruel. Non seulement un Suédois est encore 20 % plus riche qu'un Français, en moyenne, mais l'impression domine que nous nous sommes appauvris.

La France s'enrichit moins vite

À considérer son PIB, c'est-à-dire le rythme annuel de création de richesse, la France était au deuxième rang mondial en 1963. En 1997, nous passons cinquièmes. En 2005, la Chine nous passe devant : sixièmes. En 2017, nous glissons à la septième place, poussés vers l'arrière par une Inde en pleine ascension et distancés par le Royaume-Uni, avec qui nous étions au coude-à-coude depuis des décennies. La Chine est aujourd'hui deuxième, sur les talons des États-Unis, qu'elle est destinée à doubler avant la fin de la décennie. Le Japon et l'Allemagne sont toujours troisième et quatrième. Tous ces chiffres sont ceux du FMI, qui font autorité. Dans l'intervalle courant de 1963 à 2019, la France est passée d'une création annuelle de 557 milliards à plus de 2 300 milliards d'euros de richesse. Mais notre part du PIB mondial a reculé de 4,5 % à 3,1 %.

Le PIB d'un pays révèle sa puissance économique collective. Le PIB par habitant traduit, lui, la richesse personnelle moyenne des individus. Et en la matière, nous reculons également relativement aux autres. En fonction des classements internationaux (FMI, Banque mondiale et même *CIA World Factbook*, une publication annuelle de l'agence américaine de renseignement détaillant chaque pays du monde), la France se classait 12e en 1980, derrière quatre pays pétroliers du Golfe et sept pays européens. Elle devançait le Royaume-Uni, la Belgique, l'Allemagne et les États-Unis. Aujourd'hui, tous nous ont dépassés, et nous

nous situons aux environs du 25e rang mondial, avec un PIB de 41 811 dollars par habitant. Le classement paraît peu reluisant. Mais nous sommes encore très loin de la misère. Le PIB d'un Français est sans commune mesure avec celui d'un Indien (2 099 dollars), d'un Chinois (10 243 dollars) et même d'un Saoudien (23 266 dollars)

On peut encore affiner à l'aide d'un dernier indicateur de richesse, le PIB par habitant « à parité du pouvoir d'achat » (PPA). C'est même le seul critère pour établir des comparaisons internationales pertinentes. La richesse brute d'un pays divisée par le nombre de ses habitants présente déjà le gros défaut de ne pas restituer les inégalités de revenus. Mais elle ne tient pas compte non plus des prix. Cet écueil est corrigé grâce au PIB par habitant à PPA. L'une des initiatives les plus connues de vulgarisation de la notion de PIB par habitant à parité de pouvoir d'achat demeure le fameux « indice Big Mac », inventé en 1986 par la revue américaine *The Economist*. Combien coûte le célèbre sandwich dans chacun des pays de la planète où McDonald's est présent ? Au 31 janvier 2021, il fallait débourser 5,66 dollars aux États-Unis contre 4,30 euros en France et 6,50 francs en Suisse. Une fois le taux de change appliqué, le Big Mac est 9 % moins cher à Paris qu'à New York, mais 30 % plus coûteux à Lausanne qu'à Washington.

À parité de pouvoir d'achat donc, le classement mondial n'est tout de suite plus le même : en PIB par habitant simple, le Japon, la Norvège et la Suisse devancent largement les États-Unis, mais ils se retrouvent tous les trois derrière les Américains une fois pris en compte l'indice des prix. Les Chinois remontent nettement au classement avec un PIB à PPA de 19 090 dollars, presque le double du PIB par habitant simple. La France, puisque c'est elle qui nous intéresse, est malheureusement encore plus mal classée ! Elle est à la 30e place mondiale, avec 44 000 dollars par habitant à PPA. La vie coûte donc plus cher en France que dans d'autres pays à niveau de développement équivalent. À regarder de plus près le classement mondial des pays à parité de pouvoir d'achat, on constate cependant que les dix premières places sont occupées par des puissances gazières et pétrolières ou des pays, dirons-nous, fiscalement offensifs. Premier, le Qatar (125 000 dollars), suivi dans l'ordre par Macao, le Luxembourg, Singapour, Brunei, l'Irlande, la Norvège, le Koweït, les Émirats arabes unis, et la Suisse. Les États-Unis sont 13e et l'Allemagne 19e. De quoi relativiser la médiocrité de notre pouvoir d'achat, qui reste près de 8 % supérieur à la moyenne de l'Union européenne, 16 % plus élevé que celui de l'Italie, et plus du double de celui d'un Chinois. Néanmoins, la tendance ne nous est pas favorable. Les prévisions du FMI au printemps 2021 révélaient que d'ici à 2025, par rapport à 2005, l'écart de richesse entre un Allemand et un Français moyens aura crû de dix points. De 1990 à 2019, le PIB par habitant (PPA) a progressé de presque 30 % en France, mais de presque 50 % en Allemagne et de 55 % aux États-Unis.

Industrie, peau de chagrin

Ces divergences de fortune, dans tous les sens du terme, si défavorables à la France trouvent une explication dans la désindustrialisation du pays. Encore parfois présentée comme la quatrième puissance industrielle du monde, la France a en réalité reculé au huitième rang, écrivait la Cour des comptes dans un rapport paru à la fin de 2021. En quarante ans, la France a fermé des usines par milliers, et elle s'est résignée à la « capitulation industrielle », selon l'expression des économistes Élie Cohen et Pierre-André Buigues dans leur ouvrage *Le Décrochage industriel*[1]. Le mouvement a été lent mais net, et il s'est longtemps opéré dans une relative indifférence. Depuis 2008, d'après le

1. Paris, Fayard, 2014.

décompte effectué par l'Institut Trendeo, près de 1 000 usines de plus de 50 salariés ont fermé leurs portes dans le pays. Néanmoins, le mouvement a fortement ralenti depuis cinq ans. On a même créé plus d'usines qu'on n'en a fermées entre 2016 et 2018 ; mais la reconquête est encore timide et fragile. Pour 31 740 emplois délocalisés entre 2009 et 2021, moins de 5 000 ont été créés, note l'Institut de la réindustrialisation. L'inversion des flux n'est pas du tout certaine. Dans l'automobile, la transition énergétique et l'électrification des moteurs se traduisent en ce moment par la fermeture en série de fonderies automobiles (Fonderies du Poitou, SAM, MBF…). La fin du moteur thermique, programmée dans l'Union européenne pour 2035, pourrait ainsi causer la suppression de 50 000 à 100 000 postes, que ne recréeront pas intégralement les futures usines de batteries, moins demandeuses de main-d'œuvre : là où il faut cinq salariés pour fabriquer un moteur essence ou diesel, trois seulement sont nécessaires pour son équivalent électrique.

Selon France Industrie, en 1980, l'industrie générait 23 % de la richesse produite en France. Au troisième trimestre 2021, elle n'en représentait plus que 13,42 %, contre 16 % du PIB en moyenne dans la zone euro, 17 % en Italie, 19 % en Suisse et 22 % en Allemagne. L'industrie française représentait 5,7 millions d'emplois en 1974. C'est à peine plus de 3 millions aujourd'hui, auxquels il faut cependant ajouter 4,5 millions d'emplois indirects. Le seul secteur à avoir historiquement connu un tel rétrécissement, c'est l'agriculture, dans les années 1950-1960, dont la main-d'œuvre était en réalité aspirée par l'industrie. Aucun secteur aujourd'hui ne vient jouer ce rôle. C'est tout particulièrement le drame des vieilles régions industrielles sinistrées du quart nord-est et du Centre-Est du pays.

Si l'on exclut l'énergie, près de la moitié des biens que l'on a consommés en France en 2021 ont été totalement fabriqués ailleurs. Pas forcément à l'autre bout du monde : 55 % de nos importations proviennent d'Europe. 90 % des machines électriques et électroniques (petit et gros électroménager, matériel informatique…) que l'on achète viennent de l'étranger. La France a inventé l'appareil photo, mais on n'en fabrique plus sur notre sol depuis quarante ans. Dans l'automobile, l'une de nos rares industries encore visibles, la production nationale a été divisée par deux en quinze ans, et plus du tiers de la valeur des véhicules *made in France* provient de pièces et composants venus d'ailleurs. De 2000 à 2016, l'industrie automobile française a détruit 100 000 emplois. Elle est passée du quatrième au onzième rang mondial, et la part des véhicules étrangers vendus en France est passée de 10 % à 50 %.

Parmi les grandes puissances, seul le Royaume-Uni a vu son industrie fondre encore plus que la nôtre : en 2019, elle ne pèse plus que 12,58 % de la valeur ajoutée britannique. Mais les sujets de Sa Royale Majesté compensent leur attrition industrielle par un puissant secteur technologique, assez bien distribué sur leur territoire (Londres, Bath, Bristol, Manchester), et qui embauche déjà près de 3 millions de personnes, soit près de 10 % de la population active. En comparaison, la fameuse French Tech, malgré ses 10 000 *start-up*, fait encore figure de nain avec 530 000 personnes employées, à 80 % des cadres, et aux trois quarts concentrés à Paris et dans sa région.

La désindustrialisation touche toutes les économies avancées. Même la Chine et l'Allemagne, les deux premières puissances industrielles du monde, voient la part de leur industrie baisser dans le total de leur richesse. Mais quand la Chine, en vingt ans, a vu sa part dans les échanges mondiaux passer de 4 % à 13 %, l'Allemagne a su résister (de 8,4 % en 2000 à 7,9 % en 2019). La France, elle, a décroché, sa part de marché dans les exportations mondiales se réduisant de 5,1 % en 2000 à 3 % en 2019.

Pourquoi le déclin de l'industrie a-t-il été plus fort en France, et surtout plus destructeur de valeur et d'emplois ? Les raisons sont multiples, mais la plus importante semble être notre manque de préparation à la nouvelle donne mondiale apparue au tournant du XXIe siècle. En 2001, la Chine entrait dans l'OMC, et en 2004 les pays de l'Est dans l'UE. Ces concurrents plus compétitifs ont immédiatement attiré à eux les productions sur lesquelles l'industrie réalise de faibles marges. Par ailleurs, en 2002, nous adoptions l'euro, qui rend impossibles les dévaluations compétitives si souvent menées par la France quand le franc devenait trop fort. Au moment où nos voisins, Allemagne en tête, engageaient des politiques d'adaptation en améliorant leur compétitivité, nous passions aux 35 heures hebdomadaires. On explique généralement la désindustrialisation « à la française » par le coût du travail. Le Français, il est vrai, coûte cher, bien plus qu'un Chinois, qu'un Polonais ou qu'un Espagnol. Mais il demeure moins cher à l'heure qu'un Allemand : 39,10 euros de l'heure en France contre 39,80 euros outre-Rhin. Ensuite, les coûts salariaux s'avèrent assez faibles dans l'industrie en France : 16 % des coûts finaux, en baisse depuis 2013 par le biais des allègements de charges sur les bas salaires. Enfin, il faut croire que l'industrie française n'est pas si nulle que cela : depuis vingt-cinq ans, elle affiche les plus forts gains de productivité de la zone euro ! Ce qui s'est d'ailleurs traduit par… des destructions d'emploi.

La vraie raison du déclin industriel français tient dans une série de choix. Prise entre deux eaux, la France n'avait pas vocation à s'aligner sur les pays de l'Est ou l'Espagne. Mais elle n'a pas accompli la montée en gamme vers les productions à forte valeur ajoutée qui font la fortune de l'Allemagne ou de la Suisse. Cette absence de choix révèle un manque de clairvoyance. C'est aussi, peut-être, un révélateur de l'allergie historique de la France à l'industrie. Pierre Musso, professeur émérite à Télécom ParisTech, constate dans son livre *La Religion industrielle* que « quand on pense industrie en France, on pense *Germinal*, conditions de travail déplorables, exploitations. Avec un tel imaginaire en tête, on a pu considérer chez nous qu'il était souhaitable que les emplois industriels diminuent, et qu'on les remplace par des emplois de service »[1]. Observé dès… 1949, le glissement de l'emploi industriel vers le tertiaire fut désiré et accompagné par la puissance publique. C'est un Français, le sociologue Alain Touraine, qui forgea en 1969 l'expression « société postindustrielle », suggérant que les usines ne sont plus essentielles à la puissance et au rayonnement d'une économie et d'un État. Les usines qui ferment ou partent ailleurs, c'était le signe de la modernisation du pays. Symboliquement, l'industrie n'est plus un ministère de plein exercice depuis 1991. Parfois associée au commerce extérieur, à la recherche ou à l'artisanat, l'industrie se retrouve généralement sous la tutelle des Finances. Il faut attendre juillet 2020 pour voir revenir un ministère délégué à l'Industrie.

Le centre de gravité de l'économie française s'est ainsi déplacé de l'industrie vers la consommation de services et de loisirs, engendrant une réorganisation de la structure du travail et de la nature des emplois. Les fières cohortes de métallos, de tourneurs fraiseurs, de chaudronniers et de monteurs câbleurs, au sein desquels on distinguait un puissant esprit de classe et une véritable aristocratie ouvrière, ont été remplacées comme figures des classes populaires par les magasiniers et les préparateurs de commandes, les chauffeurs livreurs, les agents de sécurité et d'entretien, les VTC et les aides-soignantes, tous métiers à bas salaires, à fort taux de *turn-over* et faible identité professionnelle. Cette métamorphose a été auscultée en détail par Jérôme Fourquet et Jean Laurent Cassely dans leur ouvrage déjà cité *La France sous nos yeux*. Symbole de ce virage majeur : l'entrepôt

1. Pierre Musso, *La Religion industrielle. Monastère, manufacture, usine : une généalogie de l'entreprise*, [Paris], Fayard, 2017.

logistique, souvent construit sur d'anciennes friches industrielles. « Alors que jadis c'était Billancourt [*l'usine Renault, fermée en 1992*] qui donnait le *la*, durant le confinement du printemps 2020, c'est vers les plateformes d'Amazon que l'attention s'est portée à l'occasion d'une bataille juridique autour de la question de savoir si elles pouvaient poursuivre leur activité », remarquent les auteurs.

Dans l'économie des services, les métiers subalternes, très concurrentiels et fortement délocalisables, cohabitent avec les emplois très qualifiés, à forte valeur ajoutée et protégés des délocalisations (services financiers, aux entreprises...). Par ailleurs, le total des emplois de services ne compense pas du tout la perte des revenus de l'industrie pour l'économie française. Dans l'OCDE, le niveau de salaire nominal par tête est en moyenne de 50 000 dollars par an dans l'industrie manufacturière. C'est à peine 30 000 dollars – 40 % de moins – dans les services domestiques. La Banque internationale pour la reconstruction et le développement (Bird), première banque de développement du monde, estime autour de 7 000 dollars (17 %) la part de la production industrielle dans les 41 000 dollars de PIB par Français. Cette part monte à 26 % des 46 250 dollars d'un Allemand et des 82 000 dollars d'un Suisse. Comment ne pas faire le lien entre industrie et prospérité ?

La désindustrialisation est un handicap lourd, avec des conséquences en chaîne : elle explique en partie notre taux de chômage élevé. Incapables d'absorber toute la main-d'œuvre disponible, les services rémunèrent en outre moins bien que l'industrie. L'État se retrouve contraint de soutenir le niveau de vie de la population. Il multiplie les emplois publics et augmente les dépenses sociales (34,1 % du PIB en France contre 16,7 % aux Pays-Bas et 25,1 % en Allemagne). Pour financer ces dépenses, l'État est contraint d'emprunter massivement et de creuser la dette. Cette dernière est passée de 21 % du PIB en 1980 à 115 % aujourd'hui.

Il augmente aussi régulièrement les prélèvements obligatoires, passés de 30 % en 1960 à 44,5 % aujourd'hui, et concentre la redistribution sur les plus pauvres.

Par ailleurs, dans la compétition mondiale, nous ne brillons plus à l'export que dans quelques secteurs : aéronautique, ferroviaire, luxe, armement (concentré sur un nombre réduit de pays), pharmacie. La liste des pays avec lesquels nous conservons des excédents commerciaux est significativement courte : Royaume-Uni, États-Unis, Espagne d'une très courte tête. Avec près de 85 milliards d'euros de déficit extérieur en 2021, notre balance commerciale est la deuxième plus déséquilibrée d'Europe après celle du Royaume-Uni (–197 milliards d'euros). Même l'agriculture, qui nous offrait de substantiels excédents commerciaux depuis la fin de la seconde guerre mondiale, est en passe de voir sa balance commerciale passer dans le rouge.

Le déclin démographique, facteur d'appauvrissement

Une phase de déclin économique a généralement des conséquences visibles sur la démographie. Ce fut le cas pour la France dans les années 1930, au cours desquelles, certaines années, on a observé une diminution absolue de la population. Dans ces années-là, on est allés jusqu'à détruire volontairement des moyens de production, dans le but de réduire une offre jugée trop abondante, afin d'enrayer la spirale infernale de la déflation (c'est-à-dire la baisse des prix). Le malthusianisme économique avait donc, en quelque sorte, son pendant démographique. Rien de cela ces dernières décennies où, depuis 1980, la population est passée de 55 à 67,4 millions d'individus, avec des indicateurs clés qui se maintenaient tous dans le vert : évolution de la population, taux de natalité, taux de fécondité, solde naturel. Certes, la France se ride, vieillit vite : la cohorte des soixante-cinq ans et plus est désormais plus nombreuse (18,8 % de la population) que les 0-14 ans (18,5 %). Mais le vieillissement se fait à un rythme moins soutenu que dans la plupart des grands pays développés. La France s'enorgueillissait de sa démographie dynamique, quand d'autres pays voient leur population se réduire, à l'image de l'Espagne ou l'Italie. Or, depuis cinq ans, des signes très préoccupants de dérèglement sont apparus : l'indice de fécondité se tasse, de 2,02 enfants par femmes en 2010 à 1,83 en 2020, sous le seuil de renouvellement des générations. Le nombre de naissances baisse année après année : 818 000 en 2014, mais 753 000 en 2019. Il manquerait désormais, selon une note du Haut-Commissariat au Plan datée de mai 2021, 40 000 à 50 000 naissances par an pour assurer le renouvellement des générations. Le péril pour la France est immense, car notre modèle social si généreux repose entièrement sur la solidarité intergénérationnelle. Une croissance soutenue de la population n'est rien moins que la clé de voûte du système. Le palliatif proposé par le Haut-Commissariat, l'immigration, est devenu une véritable bombe politique. Sans pouvoir le mesurer à ce jour, on comprend néanmoins que, si les Français venaient à faire durablement peu d'enfants, le tassement démographique aurait des incidences gigantesques sur le niveau des prélèvements sociaux, ou sur la générosité de la redistribution sociale à la française.

Tous fautifs ?

Pour résumer, la France présente donc bel et bien des signes objectifs de déclin, même si, lors des quarante dernières années, la réalité dominante demeure celle d'une croissance de l'économie française, à un rythme il est vrai nettement moins soutenu que pendant les Trente Glorieuses, au cours desquelles les Français se sont enrichis plus vite que tous leurs voisins européens. Question de rythme, en somme.

Mais les Français ont cette fâcheuse tendance à jeter un regard sombre sur eux-mêmes. Jadis première puissance au monde, nous constatons avec amertume que notre voix peine aujourd'hui à porter. La France se voit (enfin ?) pour ce qu'elle est, en réalité, depuis le XIXe siècle : une puissance moyenne. Cela dit, il y a des soubassements psychologiques et historiques au sentiment de notre déclin. Nous sommes les héritiers d'une histoire alternant brutalement entre périodes de recul et phases puissantes de redressement : inflation violente dans les années 1920, puis déflation dans les années 1930 ; stagnation des revenus pendant toute la première moitié du XXe siècle, puis enrichissement rapide après la Libération jusque dans les années 1970 ; de 1900 à 2020, comme on l'a vu dans la première partie, le pouvoir d'achat est multiplié par plus de cinq, mais cet enrichissement est en réalité presque entièrement concentré sur le troisième quart du siècle, entre 1950 et 1975. Depuis, la progression est extrêmement lente. Le pouvoir d'achat a crû de 35 % ces vingt-cinq dernières années, nourrissant une impression de stagnation, quand nos voisins européens croissaient plus vite que nous et que de nouveaux concurrents de taille émergeaient. Les images des nouveaux riches chinois, bien qu'ils ne représentent qu'une infime minorité, nous donnent le sentiment d'être rattrapés, voire dépassés, et que l'écart entre eux et nous ne pourra que se creuser avec le temps.

3.

Travaillons-nous suffisamment ?

Le travail est l'aliment des âmes nobles.

Sénèque

Le travail est la plaie des classes qui boivent.

Oscar Wilde

Dans la grande conversation économique et sociale française, la question du temps de travail est redevenue un sujet d'insatisfaction générale. Jusque très récemment, plus personne ne songeait sérieusement à revenir sur les 35 heures. Or le thème a bruyamment ressurgi, tel un effet secondaire du coronavirus. Les libéraux avancent que le creusement des déficits publics et la préservation de notre modèle social nous imposent de travailler plus. La gauche soutient à l'inverse que la dégradation des conditions de travail, la démotivation générale observée au travail depuis la pandémie, mais aussi les gains de productivité justifient de reposer la question du passage aux 32 heures hebdomadaires. D'autres, enfin, considèrent que le critère du temps passé au travail est obsolète. La durée dirait bien peu de la contribution réelle d'un individu à la création de richesse. Pire, la référence centrale au temps passé à son poste aurait engendré une plaie des entreprises : le présentéisme. Compter les heures serait l'une des grandes causes du malaise au travail.

Ce qui rend complexe la question du temps de travail aujourd'hui, c'est qu'outre les questions de coût et de performance à l'heure sont venues se greffer des revendications ayant trait au sens des missions ainsi qu'au bien-être dans la sphère professionnelle, qui tend de plus en plus à mordre sur la sphère privée. Où s'arrête et où commence le travail quand il s'effectue de plus en plus chez soi, qu'il vous poursuit le week-end et pendant les vacances, dans un mélange, subi ou désiré, avec la vie familiale ? La répartition du temps hebdomadaire alloué au travail et au repos tend à se désagréger. Les anciens rythmes s'effacent. La question, notamment pour les télétravailleurs et leurs employeurs, est moins la mesure des heures que des réalisations accomplies. Cela appelle en conséquence une organisation presque individualisée de l'agencement des temps de vie. En 2015, près de 15 % des salariés travaillaient déjà en forfait jours, et près de 50 % des cadres, selon la dernière étude de la Dares sur le sujet. Pour tous ceux-là, le contrôle journalier du temps de travail est devenu un non-sujet. Tous les emplois, néanmoins, ne se prêtent pas à ces évolutions. Et le volume global de travail demeure une donnée indispensable pour mesurer la capacité d'un pays à créer de la richesse.

Or, on l'a vu, la France s'enrichit moins vite que les autres grandes économies développées. La question se pose donc de savoir si nous travaillons suffisamment. Depuis deux ans, Emmanuel Macron l'affirme positivement avec insistance : dans sa lettre aux Français pour sa déclaration de candidature à l'élection présidentielle, en mars 2022, ou encore lors de la présentation du plan France 2030, à l'automne précédent : « Quand on se compare, on est un pays qui travaille moins que les autres en quantité. [...] Il nous faut avoir un pays qui produise davantage. » Trois mois plus tôt, le 12 juillet 2021, lors de son adresse à la Nation, il ajoutait à l'objectif de puissance nationale l'enjeu de la protection sociale et du financement du système des retraites par répartition : « Parce que nous vivons plus longtemps, il nous faudra travailler plus longtemps et partir à la retraite plus tard. » Autre angle d'attaque, en juin 2020, après le premier confinement, lors d'une interview dans la presse quotidienne régionale : « Nous ne pouvons pas être un pays qui veut son indépendance, la reconquête sociale, économique et environnementale et être un des pays où on travaille le moins tout au long de la vie en Europe. » Enfin au printemps 2019, à l'issue du grand débat national, il avait prévenu les Français qu'ils devraient « travailler davantage et plus longtemps » pour financer les primes et les baisses d'impôts destinées à ramener la paix sociale. Travailler plus : il en irait donc de l'intérêt collectif pour financer la dépendance, et fortifier notre indépendance. Le seul recours, nous dit en substance le chef de l'État, c'est d'augmenter le taux d'emploi, en particulier des seniors. À aucun moment, il n'invoque la seule raison pour laquelle tout un chacun, guidé par son propre intérêt, pourrait consentir sans trop rechigner à travailler davantage : gagner plus !

Travailler davantage, c'est-à-dire ?

Le président de la République dit-il vrai lorsqu'il affirme que nous travaillons moins que les autres ? À regarder les statistiques, les Français ne déméritent pas. Selon les données 2019 de l'OCDE, sur la semaine, un salarié à plein temps travaille en moyenne 36,1 heures en France, tout proche de la moyenne européenne (36,3 heures). Sur l'année, les salariés français travaillent aujourd'hui en moyenne 1 511 heures. C'est 47 heures de moins qu'en 2000, et c'est nettement en dessous de la moyenne européenne (1 593 heures), très loin par exemple de la Grèce laborieuse, avec ses 1 920 heures de travail annuel moyen par salarié.

Paradoxalement, ceux qui travaillent le moins en moyenne sur le vieux continent sont... les Allemands (1 383 heures). La Grèce, au vingtième rang de l'UE en termes de PIB, et l'Allemagne, première, aux deux extrémités opposées du classement européen du temps de travail : on observe d'emblée que temps de travail et création de richesse sont peut-être inversement proportionnels. On travaille généralement moins dans les pays les plus productifs : la contribution au PIB d'une heure travaillée en Grèce s'élève à 34 dollars ; elle atteint 67 dollars en France et en Allemagne. C'est justement cette productivité élevée du travail en France que la gauche avait mise en avant au début des années 2000 pour justifier le passage aux 35 heures hebdomadaires. Un pays aussi efficace pouvait bien faire le cadeau à ses salariés de partir plus tôt en week-end ou de commencer plus tard le matin ! En multipliant le nombre moyen d'heures travaillées par la productivité, on établit ainsi qu'un salarié français crée annuellement en moyenne 101 237 dollars de richesse, contre 92 661 dollars pour un Allemand, et 65 280 dollars pour un Grec. Comparons-nous maintenant aux États-Unis. La productivité moyenne y est supérieure à celle de la France : 72 dollars de l'heure. Mais les Américains doublent leur avantage en travaillant beaucoup plus que nous : 1 777 heures en 2019, soit 266 heures de plus par an. Sans surprise, ils créent plus de richesse par actif à plein temps : 127 944 dollars (+26 %). Dans un récent papier sur la résilience de la France pendant la crise du Covid, le prix Nobel 2008 d'économie, Paul Krugman, en concluait que le déclin français tiendrait peut-être plus d'un choix de société que de la fatalité...

Nous travaillons moins que les autres

La fragilité tricolore se révèle au grand jour lorsque l'on divise le nombre d'heures travaillées par la population totale, du nouveau-né au doyen des Français. La durée annuelle du travail en France est alors la plus faible de l'OCDE : 643 heures par habitant et par an, 15 % sous la moyenne européenne et loin, cette fois, derrière les Allemands et leurs 728 heures, sans parler des Coréens : 1 048 heures en moyenne par an et par habitant. Ce chiffre s'explique par deux constats : nous travaillons moins dans la vie, et nous sommes moins nombreux que les autres.

Il y a d'abord le mouvement séculaire de réduction du temps de travail, visible dans tous les pays développés, et qui accompagne l'allongement de l'espérance de vie. En 1810, en France comme en Angleterre, on travaillait allègrement de 12 à 15 heures six jours sur sept (2 500 à 3 500 heures par an), soit 70 % de son bref temps de passage sur Terre, l'espérance de vie n'excédant pas trente-sept ans. De nos jours, en nombre d'heures, c'est moins de 8 % de son temps de vie que l'on consacre à la gagner. Un homme atteint en France en moyenne l'âge de soixante-dix-neuf ans, une femme quatre-vingt-cinq ans, pour une carrière d'une durée moyenne de 35 années, selon l'Office de statistique de l'Union européenne Eurostat (alors même que la durée de cotisation pour une retraite à taux plein est de 43 ans pour les générations nées à partir de 1973). Certains pays font moins bien : une carrière italienne moyenne dure 31,2 ans, une turque 28,5 ans ! Mais un Allemand a une durée de vie active de 38 ans, un Suédois de 41,3 ans et un Suisse de 42,4 ans.

La vie active en France s'écrête par les deux bouts. Les faiblesses se concentrent aux deux extrémités de la pyramide des âges. Les jeunes, en particulier les moins qualifiés, peinent à intégrer le marché de l'emploi. Avant l'âge de 24 ans, 32,8 % avaient un emploi au troisième trimestre 2021 selon l'Insee, contre 49 % en Allemagne, et même plus de 50 % aux Pays-Bas. D'après un rapport du Conseil économique, social et environnemental (Cese), l'âge du premier poste stable en CDI est passé de 20 ans en 1975 à 27 ans en 2019. Et en fin de carrière, nous partons en retraite plus tôt que les autres : à 61,9 ans en moyenne, contre

63,9 ans dans l'UE. Seulement un tiers (35 %) des 60-64 ans travaillent en France, alors qu'ils sont près de deux sur trois (61 %) en Allemagne. Cela rejaillit sur notre taux d'emploi, qui mesure l'utilisation de la main-d'œuvre disponible. Il s'obtient en divisant le nombre d'actifs ayant un emploi par la population en âge de travailler. Sur le cœur de la population active, les 25-49 ans, la France s'en sort bien, avec un taux d'emploi relativement stable dans le temps de 82 %, au-dessus de la moyenne de la zone euro (79 %). Mais si on élargit la focale à l'ensemble de la population active, soit les 15-64 ans, notre taux d'emploi tombe à 67,5 %. Autrement dit, un actif potentiel sur trois ne crée aucune richesse, et ses revenus dépendent des autres.

La comparaison sur les trois dernières décennies avec le voisin allemand est édifiante. Si l'on retranche la catégorie particulière des 15-19 ans, qui sont majoritairement en étude, pour se concentrer sur les 20-64 ans, on constate qu'en 2000, nos taux d'emploi étaient relativement proches : 75 % en France contre 78 % en Allemagne. Dix ans plus tard, en 2010, la France avait perdu deux points (73 %) quand l'Allemagne en avait gagné huit (83 %). En 2019, le taux d'emploi en France a sensiblement remonté (+5 points par rapport à 2010, à 78 %) mais l'Allemagne a encore creusé l'écart : 90 %, douze points de plus qu'en 2000. Symétriquement, les courbes de revenu par habitant n'ont cessé de s'éloigner : alors qu'en 2004, un Français gagnait en moyenne 99 % du revenu d'un Allemand, il n'en perçoit plus que 84 % aujourd'hui.

Le poids du chômage

Le resserrement de la vie active en début et en fin de carrière n'explique que la moitié de notre faible taux d'emploi. L'autre moitié s'appelle le chômage et le sous-emploi. En ce qui concerne le chômage, le diagnostic est connu : depuis 1984, son taux n'est jamais repassé sous la barre des 7 %. Au point que certains se demandent aujourd'hui si François Mitterrand n'avait finalement pas raison lorsqu'il déclara en 1993 que « dans la lutte contre le chômage, on a tout essayé ». Ce sont ainsi plus de 5,5 millions de Français qui voient en 2022 leurs revenus pris en charge ou complétés par l'Unedic. Au sommet de cette pyramide de l'inactivité, le noyau de chômeurs de longue durée ne cesse de grossir : 1,5 million sont inscrits à Pôle emploi depuis au moins un an (+10 % pour cette catégorie depuis mars 2020), dont 800 000 depuis plus de deux ans. Et la moitié de ce contingent de chômeurs décrochés du marché de l'emploi depuis plus de 24 mois a plus de cinquante ans. Passé cinquante-sept ans, vous êtes désormais dispensé de chercher un poste.

Il ne s'agit pas de tirer sur l'ambulance : le chômage est très majoritairement vécu comme une souffrance et une perte de dignité par ceux qu'il frappe. L'indemnité est nécessaire, mais en aucun cas satisfaisante. Ces chiffres sont avant tout révélateurs de l'échec des politiques de l'emploi menées depuis des décennies par tous les gouvernements, quelle que soit leur couleur politique. La France indemnise généreusement le chômage, mais elle échoue à transformer ce temps hors de l'emploi en une phase de réarmement des chômeurs par des compétences nouvelles qui les rendraient à nouveau employables.

Il est d'ailleurs utile de remettre en question la qualité des offres d'emploi proposées. Dans leur immense majorité, il ne s'agit ni d'embauches durables, ni d'emplois de qualité. Dans une interview accordée au début de novembre dernier au journal *Les Échos*, le secrétaire général de la CFDT Laurent Berger pointait la responsabilité des employeurs face au problème d'attractivité des postes qui ne trouvent pas preneurs : « L'attractivité, c'est quoi ? C'est le salaire, les conditions de travail, l'organisation et le rythme de travail, la reconnaissance. Si les branches concernées ne vont pas là-dessus, on se met le doigt dans l'œil si on pense qu'on s'en sortira en mettant la pression sur les demandeurs d'emploi. » La pression est en effet très forte : dans le but de réduire les tensions de recrutements, le ministère du Travail a lancé à l'automne 2021 un plan de remise en selle des 800 000 chômeurs longue durée, doté de 800 millions d'euros. Ce plan contient deux volets : le premier prévoit d'offrir à 15 000 chômeurs une formation sur le tas chez un employeur pendant deux à trois mois, à l'issue de laquelle ce dernier s'engage à proposer un contrat de travail d'au moins six mois. En contrepartie, l'entreprise percevra une prime de 8 000 euros, sur le modèle de ce qui se pratique depuis maintenant plus de deux ans pour encourager l'apprentissage. Le second volet instaure depuis avril 2022 que tous les chômeurs longue durée se voient proposer un « parcours de remobilisation », éventuellement assorti d'un « accompagnement psychosocial », pour reprendre confiance en soi. Il sera fortement conseillé de ne pas refuser, sous peine de radiation…

L'indispensable précariat

À la lisière du chômage s'agrègent les millions de travailleurs précaires, les fameux « CDD », majoritairement en quête d'un poste stable, mais contraints d'enchaîner les allers et retours entre l'emploi et l'indemnisation. Ces travailleurs précaires représentent 12 % des actifs, constituant ensemble l'énorme bloc de souplesse du marché du travail. L'économie française en est très friande : hors intérim, la part des CDD dans les embauches signées chaque année est passée de 76 % en 2000 à 87 % en 2019. Les contrats courts offrent aux entreprises une précieuse flexibilité dans la gestion de la main-d'œuvre. Ils leur permettent d'ajuster leur masse salariale au gré de la conjoncture. Sans surprise, ce sont les services qui en sont les plus friands. Au fil du temps, la durée des contrats à durée déterminée s'est réduite comme peau de chagrin. Selon une étude de la Dares de 2018, elle a été divisée par plus de deux depuis le début du millénaire, passant de 112 à 46 jours, signe d'une accélération du rythme moyen des rotations sur un même poste. 83 % des contrats courts durent moins d'un mois, et 30 % moins d'une journée ! L'étude de la Dares révèle aussi l'existence d'un mur invisible séparant l'emploi stable de l'emploi précaire : dans l'énorme cohorte des CDD, seul un quart (24 %) décroche un CDI au bout d'un an. Au bout de sept ans, moins d'un sur deux (47 %) a un emploi stable.

Dans ce vaste ensemble des précaires, on distingue en outre un sous-groupe d'un peu plus d'1 million de professionnels du chômage à mi-temps. Parmi eux, 276 000 intermittents du spectacle qui, pour un euro cotisé, touchent cinq euros de prestations, quand un intérimaire classique n'en perçoit que trois. Viennent ensuite les fameux *permittents*, identifiés il y a quelques années par l'économiste Pierre Cahuc. Leurs carrières sont faites d'une alternance de CDD et de périodes de chômage en vertu du principe des droits rechargeables qui, depuis sa mise en place en 2014, a dramatiquement accentué la logique perverse des contrats courts. Jusqu'à la récente réforme de l'assurance-chômage, les règles permettaient aux permittents de rester indéfiniment en « activité reconduite », souvent auprès du même employeur. Le phénomène est massif : selon Pierre Cahuc, plus de 80 % des CDD signés sont en réalité une réembauche chez le même employeur, avec une période d'indemnisation chômage entre deux contrats. Le système tourne à plein régime car, comme le notait la Cour des comptes en 2018, il répond « à l'intérêt convergent » des salariés et des employeurs : les premiers profitent d'un système de congés payés aux frais de la collectivité qui ne dit pas son nom, les seconds versent des salaires moindres, malgré tout acceptés du fait des allocations versées. Un jour de travail ouvrant droit à deux jours d'indemnisation, les deux parties y trouvent leur compte, sur le dos de l'Unedic et des actifs qui financent le système par leurs cotisations.

Le travail partiel, davantage subi que choisi

Enfin, au chômage et au précariat s'ajoutent 4,3 millions de salariés à temps partiel. C'est 18,4 % de la population active en 2019. Cette part a doublé entre 1982 et 2015, avant de se stabiliser jusqu'à aujourd'hui. En fait de salariés, il conviendrait plutôt de parler de salariées, puisque le temps partiel est à 79,5 % féminin. 30 % des Françaises travaillent à temps partiel. Et le taux augmente avec le nombre d'enfants à charge : 33 % avec deux enfants, 42 % avec trois enfants, pour une durée moyenne hebdomadaire de 23,7 heures de travail. Au premier abord, le temps partiel peut sembler être un choix d'organisation familiale avec une répartition des rôles entre monsieur et madame. Mais il est déclaré comme subi dans près d'un cas sur deux : 44 % des personnes travaillant à temps partiel le font parce qu'elles n'ont pas trouvé de poste à temps complet. Elles sont donc immédiatement disponibles pour un travail additionnel. Ces personnes qui aimeraient travailler davantage constituent le bloc du sous-emploi *visible*, auquel s'ajoute une partie invisible, faite des millions de travailleurs occupant un poste où leurs compétences sont sous-utilisées.

Chômage et sous-emploi plombent les comptes

Il se trouve ainsi beaucoup de gens en France qui aimeraient travailler davantage. Et ce désir de travailler plus est une bonne nouvelle, car lorsque des travailleurs sont cantonnés à des emplois qui n'exploitent pas toutes leurs capacités, l'économie offre un rendement inférieur à son potentiel. Le sous-emploi est un obstacle à la prospérité et constitue une double peine : il piège des millions de personnes dans l'assistanat, et fait peser sur les autres un poids trop lourd. C'est le choix fait par la France : les actifs très productifs paient pour tout le monde. Mais peuvent-ils tout financer ? En grossissant le trait, on peut dire que chaque actif à plein temps fait vivre deux, voire trois personnes : une qui ne travaille pas encore, une qui ne travaille plus, et une qui ne travaille pas, ou peu. Or, le niveau d'intégration au marché du travail est proportionnel au niveau de qualification. En 2019, le taux d'emploi des diplômés du supérieur excédait 85 %, contre 53 % pour les peu ou pas diplômés. En surimpression des inégalités de salaire et de carrière apparaît donc le risque d'un conflit de classes entre ceux qui contribuent abondamment au système de solidarité et ceux qui en sont les principaux bénéficiaires.

Depuis la crise de 2008, la distorsion n'a d'ailleurs pas cessé de s'accentuer. Dans un rapport sur la paupérisation de la société française publié en septembre 2021, les sénateurs constatent que le niveau de vie des ménages modestes n'a pu se maintenir que sous l'effet des transferts sociaux. « Les seules dépenses de minima sociaux […] ont progressé de 37 % entre 2009 et 2019, passant de 20,7 milliards à 28,3 milliards d'euros, soit 1,2 % du PIB », écrivent les auteurs du rapport. « La question de la soutenabilité financière d'un tel modèle se pose », alertent-ils, tout en constatant que « ces dépenses, plus importantes que dans les autres pays, ne permettent pas aux familles de sortir de la pauvreté. » Par ricochet, notre faible taux d'emploi leste les dépenses publiques. Alors qu'en moyenne dans l'UE, en 2019, les États y ont consacré 46 % de leur PIB, celles-ci ont atteint en France 55,4 %. « La moitié de ce surcroît [de dépenses publiques] s'explique par les dépenses de protection sociale : retraite, invalidité, famille, chômage, logement ont représenté 23,9 % de PIB en France en 2019, contre 19,2 % en moyenne dans l'UE, et les dépenses de santé 8 % contre 7 % dans l'UE », écrivait dans son rapport sur les finances publiques post-Covid-19 la commission Arthuis en mars 2021. Autrement dit, près de la moitié des dépenses publiques correspondent à du financement de pouvoir d'achat par les impôts et les cotisations sociales, à destination de ceux qui travaillent peu, voire pas du tout.

Selon François Ecalle, l'un de nos meilleurs experts des finances publiques, les seules dépenses en faveur de l'emploi et du marché du travail représentent depuis 2000 entre 4 et 6 % du PIB chaque année, nettement plus que dans la plupart des autres pays de l'Union européenne. En 2019, ce sont plus de 144 milliards d'euros qui ont été engagés au titre des politiques du marché du travail. En voici l'éclairant détail : 75,2 milliards d'euros d'allègement du coût du travail pour inciter les employeurs à embaucher ; 11 milliards d'euros pour inciter les actifs à l'emploi, essentiellement par la prime d'activité, que de nombreux employeurs ont d'ailleurs pris l'habitude de déduire du salaire. Ensuite, 6,8 milliards d'euros pour la formation, et encore 45,4 milliards d'euros d'allocations chômage gérées par un service public de l'emploi, Pôle emploi, au coût faramineux : 5,6 milliards d'euros cette année-la, dont 4,5 milliards de dépenses de fonctionnement.

Demeure une question : les aides, aussi généreuses soient-elles, ont-elles la même saveur que le salaire ? Les « demandeurs », qu'il conviendrait plutôt de qualifier, sans mépris aucun, de nécessiteux, les vivent majoritairement comme une humiliation. Il suffit d'entendre les agriculteurs lorsqu'ils disent ne pas vouloir être subventionnés par l'Europe ou l'État, ou de se souvenir des Gilets jaunes réclamant de pouvoir vivre « dignement de leur travail ». Une autre preuve : la polémique récurrente chaque année sur les achats d'écrans plats avec l'allocation de rentrée scolaire versée à la fin de l'été, relancée en septembre 2021 par le ministre de l'Éducation nationale, Jean-Michel Blanquer. Qu'importe si les rayons des fournitures scolaires sont garnis dès juillet en magasin ; la collectivité paie, elle s'offre donc le droit de reprocher aux bénéficiaires l'usage qu'ils font de l'allocation. Au malheur de la précarité s'ajoute l'humiliation du contrôle social.

Le volume des aides sociales versées au titre du chômage ou du sous-emploi, le nombre de bénéficiaires comme les travers du système trahissent notre incapacité collective à rendre une part importante des Français autonomes. Et la politique de l'emploi, la même menée depuis des décennies, cherche à dissimuler son échec derrière des promesses récurrentes d'« intensification des contrôles » des demandeurs d'emploi et un discours culpabilisateur à leur endroit, laissant croire que si le taux de chômage ne reflue pas, c'est parce que beaucoup trop d'allocataires ne veulent pas travailler. Il en existe, c'est un fait indéniable. Mais c'est faire mine d'ignorer que seuls 39 % des inscrits à Pôle emploi dans les trois catégories principales A, B et C touchent une indemnisation. Si l'on élargit aux catégories D et E, la part des inscrits indemnisés tombe même à seulement 35 %, sur 6,6 millions de personnes. La fameuse intensification des contrôles concerne donc moins de quatre chômeurs sur dix. Les six autres ne recherchent pas ou plus l'assistanat financier. Ils se sont plus sûrement résignés à leur sort de chômeur, comme s'ils considéraient être des causes perdues pour le monde du travail.

Les Français sont-ils prêts à travailler plus ?

On l'a vu, la France peine à mettre tous les Français au travail. L'activité est très inégalement partagée entre les âges, les niveaux de qualification et les sexes. L'objectif de « travailler plus » doit donc d'abord viser à faire fonctionner le marché de l'emploi de manière optimale, en intégrant davantage d'actifs. Nous ne pouvons pas déplorer la faiblesse de notre pouvoir d'achat et nous contenter de n'avoir que deux actifs sur trois en emploi. Le pouvoir d'achat passe par le plein-emploi et le fait de travailler plus. Ce sont aussi autant de promesses de bonne santé des finances publiques. Nous en sommes très loin.

Nous ne manquons pourtant pas d'activité : on estime depuis au moins vingt ans à 300 000 le stock permanent de postes non pourvus. En 2016, la Dares, le service statistique du ministère du Travail, avait établi que quatre métiers sur dix étaient en tension. En 2019, le chiffre était passé à six sur dix. En 2021, la part des recrutements « difficiles » a dépassé 75 % chez les charpentiers, les couvreurs, les géomètres, les tuyauteurs, les vétérinaires, les médecins, les régleurs, les carrossiers, les mécaniciens, etc. Dans un pays à plus de 7 % de chômage, ces tensions constituent un paradoxe socialement inacceptable.

Les métiers qui manquent de bras présentent souvent des caractéristiques communes : conditions de travail difficiles, horaires atypiques, faible reconnaissance, notamment salariale. Les gens fuient tout particulièrement les postes impliquant du travail de nuit ou le week-end, alors que ce type de vacation s'est considérablement développé : plus d'un quart des salariés (28 %) déclarent avoir travaillé le dimanche en 2016, contre 12 % en 1974. Avec la faiblesse des salaires proposés, c'est l'une des causes marquantes du manque d'attractivité de métiers aussi différents que chauffeur routier, ouvrier non qualifié de l'industrie, serveur, etc. En ce qui concerne le manque d'ingénieurs et de cadres de l'informatique, de techniciens de l'industrie, d'électriciens ou encore de chaudronniers dans l'aéronautique, l'explication est à chercher plutôt du côté de la formation. Les cohortes de jeunes diplômés dans ces métiers sont insuffisantes. La géographie et la démographie contrarient aussi le taux d'emploi dans les régions où la population vieillit. Dans le secteur de l'aide à domicile, on anticipe déjà qu'il y aura près de 800 000 emplois à pourvoir à l'horizon 2030.

Ces postes trouveront-ils preneurs ? Même mieux payés qu'aujourd'hui et en CDI, avec la sécurité de l'emploi, il est permis d'en douter. La pulsion sociale dominante, en particulier dans les jeunes générations, est plutôt à travailler moins que davantage. Ainsi, le débat se focalise depuis quelques années sur le relèvement de l'âge de départ à la retraite : 64, 65 ans ? À l'heure où ces lignes sont écrites, toutes les tentatives pour légiférer en ce sens ont échoué, non pas tant parce que les études peinent à prouver l'effet vertueux sur les finances publiques (certaines concluent à une amélioration du solde des finances publiques de 0,9 point de PIB, d'autres à l'inverse à une hausse des dépenses sociales de 0,14 point de PIB !), mais parce que les Français s'y opposent en bloc. Selon un sondage Ifop pour *Le Journal du Dimanche* publié au début de février 2022, 71 % des Français sont favorables au retour à la retraite à 60 ans. Un autre sondage paru à la mi-mars et portant sur la proposition d'Emmanuel Macron de reporter l'âge légal de départ à 65 ans rencontrait l'hostilité de 69 % des répondants.

À Pôle emploi comme dans les entreprises, tout le monde vous dira que la mentalité du travailleur a changé. Les recruteurs entendent de plus en plus souvent les candidats dire : « ce job ne m'intéresse pas », « je veux télétravailler à 100 % », ou « je veux un métier qui ait du sens ». Le travail lui-même est sommé d'être attractif. Certains ne se cachent plus d'avoir surtout envie de profiter de la vie. D'autres estiment pouvoir vivre avec moins en dépensant moins. La rémunération a en partie perdu son rôle de motivation, et l'ambition n'est plus exclusivement professionnelle. Quand elle demeure présente, elle trouve davantage à s'exprimer dans la création d'entreprise. C'est que le travail a largement changé de nature : il prend de plus en plus la forme de missions à accomplir individuellement, au sein d'équipes temporaires. Le succès écrasant des plateformes de services sur Internet valide cette idée d'une mutation de l'emploi en une succession de prestations. L'intérimaire était l'incarnation de ce travail nouveau, il est aujourd'hui menacé par le microentrepreneur, moins cher et soumis à des contraintes réglementaires plus faibles. Ces évolutions expliquent en partie que le travail ait perdu de sa valeur, et qu'il ne fasse plus figure de mode d'épanouissement des individus.

Travailler moins… pour gagner moins ?

De manière assez symptomatique, le seul débat en matière de temps de travail à avoir percé médiatiquement ces derniers mois a concerné… la réduction du temps de travail. Dans un entretien aux *Échos* le 28 janvier 2022, en réponse à une question sur les leviers possibles pour attirer et fidéliser les jeunes recrues, le PDG de TotalEnergies Patrick Pouyanné se disait prêt à « regarder de près » la semaine de quatre jours. « Je me demande s'il ne faudrait pas libérer une demi-journée, voire une journée entière, pour permettre aux salariés de s'occuper de leurs tâches personnelles pour que le reste de la semaine soit dédié à leurs missions professionnelles », s'interrogeait-il, soucieux d'améliorer sa marque employeur. Patrick Pouyanné n'en dévoile pas davantage sur ses intentions : s'agit-il de conserver 35 heures hebdomadaires sur quatre jours, ou de passer aux 32 heures ? En demander moins à ses équipes, ou bien autant avec un jour en moins ? Travailler moins toute l'année, ou seulement pendant les périodes creuses de l'activité de l'entreprise ? Et pour quelle rémunération ? La palette des options est large, et de manière assez inattendue, elle suscite les réflexions convergentes des milieux patronaux, en quête de réponses à la crise d'organisation générée par le Covid, et de la CGT, convaincue de longue date qu'une réduction du temps de travail pourrait augmenter de 2 millions le nombre d'emplois, secteurs privé et public confondus.

Difficile d'en connaître le nombre exact, la Dares ne tenant pas de comptabilité publique récente sur les entreprises passées aux 32 heures ou à la semaine de quatre jours, mais elles sont quelques-unes à expérimenter l'une ou l'autre mesure, certaines depuis longtemps. Citons le fabricant de composants hydrauliques Rexroth, filiale du groupe allemand Bosch basée à Vénissieux, convertie aux 32 heures hebdomadaires depuis 1998. Les équipes, qui travaillaient jadis en 2 × 8 heures, se relaient en 3 × 6 heures « sur des cycles de trois semaines, et on fait deux semaines à 30 heures et une semaine à 36 avec un samedi travaillé », expliquait le 14 octobre 2021 à *L'Humanité* le secrétaire CGT de Rexroth, Gilles de Gea. « Le salaire d'entrée, pour un ouvrier, c'est 1 900 euros, et les augmentations générales de salaire sont systématiquement supérieures à l'inflation », détaille-t-il. Chez RadioShop, une PME de Montpellier spécialisée dans l'ambiance musicale des commerces, chacun ne travaille plus soit le lundi, soit le vendredi et sans baisse de rémunération grâce à une traque des instants jugés mal employés, « des petites choses qui, mises bout à bout, font gagner une journée de travail [...] comme les réunions à quinze personnes, les messages sur Slack ou les formules de politesse dans les e-mails », relatait *Challenges* le 25 octobre 2021. Chez Love Radius, petit fabricant de porte-bébés, on est *off* le vendredi, mais seulement quatre mois par an, de mai à août.

À chaque société son organisation : dans celles opérant dans des secteurs à saisonnalité forte, pourquoi ne pas imaginer 32 heures quand l'activité est faible, et 40 heures pendant les pics ? Cette créativité organisationnelle requiert cependant une forte croissance. Elle prend aussi à rebrousse-poil la culture managériale française, très présentéiste et encore traumatisée par le passage aux 35 heures à l'aube des années 2000. Plus de deux décennies après l'adoption de la loi Aubry, on lui reproche encore d'avoir participé à la détérioration de la compétitivité de la France, en particulier face à l'Allemagne. Passer aux 32 heures, surtout payées 35, n'est-ce pas renchérir encore le coût du travail, et persévérer dans l'erreur ? À de rares exceptions près, telle Rexroth qui a durablement embauché davantage pour composer ses trois équipes, toutes les études menées en France sur les 32 heures n'ont montré aucun effet positif en matière de création d'emplois. La promesse du « travailler moins pour travailler tous » n'est malheureusement pas tenue.

Les 32 heures semblent en revanche tout à fait intéressantes pour la productivité. À l'été 2019, Microsoft Japon a proposé à ses 2 300 employés de ne plus venir travailler les vendredis pendant un mois, sans réduction de salaire. Au pays du *burn-out* et du *karoshi* (la « mort par dépassement de travail »), l'expérimentation du géant de l'informatique a fait grand bruit. Résultat : les équipes ont d'elles-mêmes pris 25 % de temps de pause en moins les quatre jours travaillés restants ; 23 % d'électricité et 59 % de papier imprimé en moins, pour une productivité en hausse de 40 %. Ces résultats spectaculaires ont inspiré le groupe de commerce informatique lyonnais LDLC, qui s'est rendu célèbre en mettant en place la semaine de quatre jours pour ses salariés en février 2021, réduisant leur durée hebdomadaire de travail à 32 heures. Dans une longue tribune postée sur son profil LinkedIn, son patron, Laurent de la Clergerie, détaille sa démarche :

« C'est à mon avis une illusion de croire qu'on travaille beaucoup moins qu'avant. Oui, on travaille moins d'heures en entreprise, mais on doit encore caser beaucoup de tâches (ménage, courses, repas, démarches administratives, gestion et éducation des enfants…) hors des horaires de travail et des déplacements liés au travail. Si l'on fait le cumul de toutes ces tâches, il reste peu de temps pour la vie sociale et les vrais moments à soi.

Les congés payés permettent en théorie de récupérer de temps en temps. Mais cela ne suffit pas. C'est un peu comme le sport… Si vous faites une pause régulière entre chaque exercice, vous pouvez aller loin. Mais si vous faites trop peu de pauses ou trop espacées, vous êtes vite fatigué.

Ce phénomène purement physique n'est pas modélisé dans les systèmes économiques. C'est en cela que la semaine de quatre jours vient rééquilibrer le système. […] Est-ce l'équilibre ultime ? Je n'en sais rien. Mais cela explique qu'au final, contrairement à ce que l'on entend constamment, on peut travailler moins longtemps… et être bien plus productif.

La semaine de quatre jours, c'est la promesse de plus d'efficacité économique. Moins de charge mentale, moins de stress, c'est aussi moins d'absentéisme, moins de maladies, moins d'accidents, moins de tensions… Et plus d'emplois dans les loisirs et le tourisme. »

LDLC n'a qu'à se féliciter de son passage à la semaine de quatre jours et aux 32 heures payées 35. Le groupe revendique une croissance de 40 % au second semestre 2021. La doit-il aux 32 heures, ou cette croissance forte n'est-elle pas plutôt la condition d'une réduction réussie du temps de travail ? L'avenir le dira. Certaines entreprises qui avaient sauté le pas bien avant LDLC sont revenues en arrière, à l'image de la Macif. Lors du passage aux 35 heures, l'assureur mutualiste est allé plus loin en abaissant la durée de travail hebdomadaire de ses salariés à 31 heures 30. Pour combler ses plannings, il a embauché dans ses agences, dont les horaires d'ouverture sont restés inchangés. Mais la guerre tarifaire l'opposant à ses concurrents l'a contraint à faire machine arrière. La direction a renégocié avec les syndicats un nouvel accord social, entré en vigueur début 2019. Celui-ci prévoit de remonter à 35 heures en échange d'une augmentation de salaire légèrement inférieure à celle du temps de travail, et d'une meilleure retraite complémentaire. Chacun des 10 000 salariés de la Macif avait trois ans pour le faire, mais plus de la moitié d'entre eux a souhaité repasser aux 35 heures dès la première année.

L'échec de la Macif n'annule pas pour autant la réussite de LDLC. Pour sa part, la firme n'a pas eu à embaucher pour compenser les heures volontairement abandonnées, car le nouveau rythme a rendu les équipes en place plus efficaces, comme chez Microsoft Japon. Les salaires ont même augmenté, et LDLC croule sous les CV depuis l'annonce de sa transition. Dans la « guerre des talents », les 32 heures offrent un avantage concurrentiel. Pour les candidats, la rémunération reste la préoccupation principale, surtout avec le retour de l'inflation ; mais pour les nombreuses entreprises qui refusent la surenchère salariale, la semaine de quatre jours fait office de compensation valable à leur moindre générosité. Sous la pression des collaborateurs, la semaine de quatre jours ou les 32 heures sont appelées à se démocratiser, au même titre que tous les autres signes extérieurs d'attention : le télétravail en est un, de même que les parcours de formation interne, ou encore « les congés de respiration » inventés par Orange. L'opérateur télécom propose depuis peu à ses salariés ayant au moins dix ans d'ancienneté de s'absenter de trois à douze mois tout en percevant 70 % de leur rémunération.

Cent ans après la création du week-end, le vendredi (ou le lundi) pour soi est donc attendu comme la future grande conquête sociale. Née des recherches sur la décroissance, l'idée de la semaine de quatre jours s'est débarrassée de sa charge anti-productiviste, grâce aux exemples fortement médiatisés de ces entreprises parvenant à faire aussi bien, voire mieux, en moins de temps. Les promoteurs des 32 heures arguent en outre que si le temps de travail, c'est de l'argent, le temps libre, c'est du pouvoir. La vraie précarité ne serait plus dans les bas salaires, mais dans le fait de devoir accepter toutes les missions et les heures supplémentaires que votre employeur impose. Le salarié en position de force ne négocie plus une hausse de salaire, mais un troisième jour de week-end. N'ayons plus honte, en somme, d'avouer que la vie (la vraie) est ailleurs que dans l'*open space*. Que si on n'aime pas son job, on n'a pas raté sa vie. Que toutes les rencontres ne soient pas vouées à commencer par demander à l'autre « ce qu'il fait dans la vie, comme boulot ».

Partout dans le monde, des États tentent l'expérience ou y songent, à l'image de la Nouvelle-Zélande et la Finlande. La coalition au pouvoir en Belgique vient d'adopter un paquet de réformes sociales permettant à un salarié de demander à son employeur de passer à quatre jours par semaine pendant une période de six mois, avant de décider de pérenniser ou non son nouveau rythme de travail. Pionnière, l'Islande a elle aussi testé la semaine de quatre jours pendant quatre ans, de 2015 à 2019, sur 1 % de sa population, soit 2 500 personnes. Leur temps de travail a été réduit à 35 ou 36 heures par semaine contre 40 heures normalement, sans baisse de salaire. Le rapport, publié à l'été 2021, affirme que la qualité du travail et le niveau de productivité se sont maintenus dans les cent lieux d'emplois étudiés, la motivation résidant dans le fait d'avoir son vendredi libéré.

La semaine densifiée sans perte de revenus demeure l'offre majoritaire, et elle est extrêmement séduisante. Les Britanniques la formulent par le « 100/80/100 » : 100 % du salaire maintenu, 80 % du temps de travail, mais 100 % de la productivité conservée. Mais qu'en est-il des entreprises où travailler moins signifie également gagner moins ? L'enseigne de prêt-à-porter espagnole Desigual a proposé à la fin de 2021, par un référendum interne, de passer à 34 heures sur quatre jours par semaine au lieu de 39 heures 30 sur cinq jours, en échange d'une baisse de salaire de 6,5 %. 86 % des salariés ont accepté, mais avaient-ils vraiment le choix ? En cas de refus, le licenciement les attendait. Ceux qui ont pris la porte n'ont pas été remplacés, et aucun recrutement n'est prévu pour l'heure. Desigual a revendiqué le progressisme de sa décision, mettant en avant son souci du bien-être de ses collaborateurs, mais la réalité est bien celle d'une société en difficulté. Depuis 2015, son chiffre d'affaires a fondu de près de moitié. La réduction du temps de travail accompagne en réalité l'attrition des résultats. La générosité affichée ressemble fort à une pirouette de communication visant à camoufler l'urgence de réduire la masse salariale.

Un futur sans travail ?

Le cas Desigual éclaire d'une lumière nouvelle le débat sur les 32 heures, en particulier en Espagne où le chômage est particulièrement élevé depuis longtemps : après un pic à plus de 26 % de la population active en 2013, le pays vit comme une victoire d'avoir ramené son taux de demandeurs d'emploi sous la barre des 14 % au début de 2022. Il n'est pas anodin que l'Espagne soit l'un des pays d'Europe les plus en pointe dans le débat sur la généralisation de la semaine de quatre jours. Le gouvernement de Pedro Sanchez finance depuis peu, à hauteur de 50 millions d'euros, une expérimentation qui va durer trois ans dans deux cents sociétés volontaires. L'objectif est de déterminer si l'on peut vraiment généraliser à toutes les entreprises, quels que soient leur taille ou leur secteur, le succès des Microsoft et autre LDLC. De nombreux experts et dirigeants d'entreprise ont des doutes, sachant que l'économie espagnole est faite essentiellement de petites structures à faible contenu technologique. La semaine de quatre jours pourrait bien aboutir à une perte sèche de rendement, majorée du risque d'une démotivation accrue des salariés au travail.

Et même dans les secteurs de l'économie dite « de la connaissance » : de plus en plus de penseurs et de technologues se demandent si la grande mise au chômage des hommes par les machines, redoutée depuis le décollage de la croissance économique il y a maintenant environ trois cents ans, n'est pas sur le point d'advenir. Dans son livre *A World Without Work*, Daniel Susskind, enseignant à Oxford et au King's College à Londres, nous intime de réfléchir d'ores et déjà à la fin de l'âge du travail[1]. Il n'est pas le premier. Dans les années 1930, John Maynard Keynes prophétisa lui aussi une grande vague de « chômage technologique » sous l'effet de la montée en puissance des machines. Mais l'automatisation ne s'est à ce jour jamais traduite par des pertes massives et subites d'emplois. Les machines ont bien fait disparaître certaines tâches, mais, en fin de compte, assez peu de métiers. Jusqu'à aujourd'hui, la technologie a agi comme une force complémentaire du travail humain. Et quand elle s'y substitue, les travailleurs occupant les emplois concernés ont généralement eu le temps de trouver à se faire embaucher ailleurs. La mécanisation dans les campagnes au XXe siècle n'a-t-elle pas libéré des millions de bras et de têtes pour faire tourner les usines et naître de nouveaux services ?

Dans un livre aussi passionnant qu'inquiétant l'ancien président de Google China, Kai-Fu Lee, résume l'histoire moderne et contemporaine du travail et imagine notre avenir proche[2]. Nous avons connu, explique-t-il, trois révolutions industrielles, chacune d'elles correspondant à l'irruption d'une nouvelle technologie dite « de portée générale » : d'abord la machine à vapeur à la fin du XVIIIe siècle, puis l'électricité à la fin du XIXe, et enfin les technologies de l'information et de la communication (TIC) dans les années 1970. Chacune de ces technologies nouvelles a constitué une rupture rare et fondamentale, et s'est diffusée à l'ensemble

1. Daniel Susskind, *A World Without Work: Technology, Automation, and How We Should Respond*, New York, Metropolitan Books, 2020.

2. Kai-Fu Lee, *IA, la plus grande mutation de l'histoire*, trad. Élise Roy, Paris, Les Arènes, 2019.

de l'économie, transformant nos modes de vie et de travail. La machine à vapeur et l'électricité ont permis l'émergence du système de production moderne par la déqualification du travail, les machines permettant de décomposer en une multitude de tâches simples les anciens savoir-faire des artisans hautement qualifiés. Les TIC, elles, ont à l'inverse favorisé les travailleurs les plus qualifiés. Mais voilà que ces derniers pourraient à leur tour faire les frais de la quatrième grande révolution technologique : l'émergence de l'intelligence artificielle (IA). Celle-ci est d'une autre trempe que les précédentes. Elle serait même « la plus générale des technologies de portée générale », écrit Kai-Fu Lee. Si la révolution industrielle s'est étalée sur plusieurs générations, celle de l'IA sera beaucoup plus rapide, car elle ne souffre pas des limites matérielles de ses aînées. Nul besoin pour elle, en effet, de construire de nouvelles machines pour qu'elle se diffuse. Un simple algorithme dans le système informatique suffit. Et celui-ci progressera de lui-même, surpassant inévitablement l'homme dans presque toutes les tâches. Car c'est la particularité de l'IA : elle frappera indistinctement les cols blancs les plus qualifiés et les ouvriers. La liste des métiers menacés est aussi diverse qu'impressionnante : radiologue, comptable, traducteur technique, télévendeur, guichetier, caissier, chauffeur routier, cuisinier, etc. Point commun à tous ces métiers : ils exigent peu de sociabilité ou de dextérité. À l'inverse, d'autres tâches, intellectuelles ou physiques, devraient nettement mieux résister : enseignant, guide touristique, gestionnaire de patrimoine, organisateur de mariage, chroniqueur, graphiste, barman, coiffeur, aide à domicile, etc. Parce qu'elles intègrent un « vernis humain » important ou s'exercent dans un environnement non délimité.

Quelle serait la puissance de cet ouragan de « désemploi » que pourrait provoquer l'irruption de l'IA dans le monde du travail ? Les avis divergent considérablement. En 2013, des chercheurs d'Oxford ont brandi le chiffre terrible de 47 % des emplois susceptibles d'être automatisables aux États-Unis dans les vingt prochaines années, soit près de 80 millions de postes ! En 2016, trois chercheurs de l'OCDE n'estimaient plus qu'à 9 % les emplois menacés. Au début de 2017, le cabinet PwC réveillait les craintes en affirmant que 38 % des emplois américains risquaient d'être automatisés avant le début des années 2030. Pour le cabinet McKinsey, la même année, 50 % environ des opérations effectuées dans un cadre professionnel à travers le monde étaient « déjà automatisables ». Par-delà les débats chiffrés, l'IA est clairement un défi monumental pour les sociétés humaines. « Non contente de détruire directement des emplois », écrit Kai-Fu Lee, « l'intelligence artificielle va aussi exacerber les inégalités économiques au niveau mondial. Les robots autonomes vont révolutionner le secteur manufacturier et condamner les ateliers de misère du tiers-monde à une fermeture certaine. Ce faisant, ils vont empêcher les pays en difficulté de recourir à la stratégie d'expansion qui a permis à une grande partie de l'Asie du Sud-Est de s'extraire de la pauvreté : la croissance fondée sur les exportations à bas prix. Les marées de jeunes travailleurs qui représentaient la principale force de ces États vont devenir un handicap, une source potentielle d'agitation sociale. Interdits de développement, les pays pauvres vont rester cloués au sol ; de là, ils verront décoller les superpuissances de l'intelligence artificielle. »

Peu de responsables au fait de ces questions s'aventurent aujourd'hui à relayer ces prévisions propres à effrayer le grand public. Mais elles planent en toile de fond des débats sur la création d'un revenu universel de base, conçu comme une réponse possible à ces questions vertigineuses : de quoi vivrons-nous si les machines et les systèmes gouvernés par l'IA en viennent à tarir, demain ou après-demain, notre principale source de revenus : le travail ? Les *happy few* de l'emploi supporteront-ils longtemps de financer l'oisiveté forcée des innombrables recalés ?

Quel système social, quelles formes nouvelles de reconnaissance et d'accomplissement faudra-t-il inventer pour rendre vivable une telle société ?

Le pire n'est pas impossible ; il n'est pas non plus écrit. En 1997 déjà, l'Américain Jeremy Rifkin avait lancé sa carrière en pronostiquant dans un livre traduit en dix-sept langues « la fin du travail »[1]. À l'époque, la droite française y vit le symptôme d'un « nouvel esprit de paresse » qui prit corps à ses yeux dans le passage aux 35 heures. Le débat économique vira à la controverse philosophique. On n'imaginait pas, à l'époque, l'imminence d'un tel scénario. Les prophètes de la fin du travail ont tous eu tort par le passé. Mais rien ne dit que l'avenir ne leur donnera pas raison, et que les actuels débats sur la réduction du temps de travail ne sont pas le prélude à une raréfaction de l'emploi, lourde de menaces pour le pouvoir d'achat du plus grand nombre.

1. Jeremy Rifkin, *La Fin du travail*, trad. Pierre Rouve, préface de Michel Rocard, postface d'Alain Caillé, Paris, La Découverte, nouv. éd. 2005.

4.

Le salut par l'éducation ?

C'est un phénomène classique que la déchéance des études s'accompagne de l'inflation des diplômes et des titres.

Jean-François Revel

À la fin des années 1990, le magnat américain de la télévision câblée Glenn Jones suscita la controverse dans les milieux éducatifs du monde entier en déclarant que « l'éducation est le plus vaste marché de la planète, celui qui croît le plus vite et où les acteurs actuels ne répondent pas à la demande ». L'éducation, un marché ? Glenn Jones s'y connaissait : dans les années 1980, il fut un pionnier de l'enseignement à distance en lançant la Mind Extension University. Rebaptisée Knowledge TV au début des années 1990, la chaîne câblée fut le premier service télévisé d'enseignement supérieur au monde, accessible par abonnement. Elle se déclina dès le milieu de la décennie sur Internet sous le nom de Jones International University. Au sommet de sa gloire, Knowledge TV compta jusqu'à 50 millions de souscripteurs aux États-Unis, en Pologne, en Roumanie, aux Pays-Bas et en Chine, avant d'être vendue à Discovery Channel, puis fermée en 2000.

En France, nombreux sont ceux qui se pincent le nez devant une telle aventure commerciale. On peine à accepter l'idée que l'éducation puisse être un marché comme les autres. L'école, dans le discours dominant, c'est la République, à ne surtout pas confondre avec les intérêts marchands. Difficile, pourtant, d'évoquer l'école sans parler d'argent. Elle a un coût grandissant pour les États, et pour les familles qui la considèrent de plus en plus comme un investissement.

En 2019, les dépenses annuelles mondiales d'éducation se sont élevées à 4 700 milliards de dollars, en hausse de 150 % en dix ans. Sur cinq dollars alloués à l'éducation, les gouvernements en ont versé quatre. En France, la dépense intérieure d'éducation (DIE) est le premier poste budgétaire de la Nation. Elle atteignait 160,5 milliards d'euros en 2019, le double d'il y a quarante ans. Tous niveaux confondus, du primaire au supérieur, le pays investit en moyenne près de 9 000 euros par élève et par an, financés à plus de 90 % par la puissance publique. Le coût d'une scolarité complète du primaire au secondaire atteint 76 500 euros par élève, et près de 90 000 euros en moyenne lorsqu'elle se prolonge dans le supérieur. Les services d'éducation, notamment le traitement des enseignants, représentent 96 % de ces dépenses. On note cependant que la part annuelle de PIB consacrée par la France à l'éducation tend à baisser. Alors qu'elle s'établissait à 7,7 % dans la première moitié des années 1990, elle a connu une forte décrue jusqu'à atteindre un point bas en 2007 avant de se stabiliser à 6,6 % actuellement. La part de l'État dans la DIE est la plus importante (57,4 %) mais elle baisse, contrairement à celle des ménages (7,8 %) qui progresse constamment depuis vingt ans, accroissant le reste à charge du coût des études des enfants : 12,5 milliards d'euros au total.

L'ÉCOLE PUBLIQUE SOUS LES ASSAUTS DU PRIVÉ

Comme la culture ou la santé, l'éducation s'est vue gagnée par la logique concurrentielle. Les élèves et les étudiants sont ses consommateurs, soucieux du meilleur rapport qualité/prix possible. Cela commence dès le plus jeune âge avec la concurrence de plus en plus vive pour l'école publique de l'enseignement privé. Du primaire au secondaire, on recense aujourd'hui 12 500 établissements privés scolarisant un peu plus de 2 millions d'enfants et d'adolescents, soit 17 % des effectifs scolaires. L'enseignement privé est géré à 97 % par l'enseignement catholique. L'immense majorité des écoles, collèges et lycées privés sont placés sous contrat avec l'État. Ils bénéficient de subventions publiques, qui paient notamment les traitements des enseignants, et suivent les programmes de l'Éducation nationale. Traditionnellement bien implanté dans l'Ouest de la France, dans le Sud-Est et à Paris, l'enseignement catholique se développe désormais dans toutes les académies. Une croissance si soutenue que depuis une dizaine d'années, ses responsables aimeraient renégocier les moyens qui lui sont alloués par l'État : en vertu de la règle dite « du 80/20 » fixée par la loi Debré du 31 décembre 1959, la part du financement de l'État au privé se limite à 20 % des ressources allouées à l'éducation.

L'essor de l'enseignement catholique témoigne-t-il d'un regain de la foi chrétienne dans le pays ? Assez peu, en vérité. Les travaux du sociologue François Dubet dans les années 2000 mettaient en évidence que pour les familles, « l'enseignement privé fonctionne moins comme une alternative religieuse que sur le mode d'une offre “normale” sur laquelle on peut jouer quand l'offre publique n'est plus tenue pour satisfaisante ». Les familles feraient donc jouer la concurrence entre le public et le privé, les comparant l'un à l'autre et arbitrant leur choix en fonction des avantages et des inconvénients qu'on leur prête. Ainsi, environ 40 % des élèves français font un passage par le privé au cours de leur scolarité, souvent dans le but de fuir des établissements publics ayant mauvaise réputation. L'enseignement privé n'est pas l'apanage exclusif des milieux sociaux favorisés, mais ils y sont surreprésentés : le portrait social 2020 de la France dressé par l'Insee nous apprend ainsi qu'au collège public, 41 % des élèves ont des parents ouvriers ou inactifs. Cette part tombe à 17,4 % dans les collèges privés. Au lycée, les enfants d'ouvriers ou d'inactifs représentent 29,9 % des classes publiques, mais seulement 11,5 % des classes dans le privé. Il n'y a pourtant pas réellement de barrière économique insurmontable à l'entrée dans l'enseignement privé catholique : les frais de scolarité annuels s'y élèvent en moyenne à 366 euros en maternelle, et 650 euros au collège, qui vont à l'entretien des bâtiments et aux moyens généraux. À quoi s'ajoutent des frais de cantine souvent plus élevés que dans le public.

En parallèle de l'école privée sous contrat, on trouve un marché libre de l'école, très minoritaire, mais lui aussi en plein essor. Ce dernier est composé d'établissements en concurrence les uns avec les autres, et avec l'instance publique. On connaissait les fameuses « boîtes à bac » parisiennes, ces lycées privés hors contrat (Cours Fidès, Cours Hattemer, Cours Colbert, Cours Spinoza…) rendus célèbres par le film *Les Sous-Doués*. Ils cohabitent désormais avec un écosystème luxuriant d'écoles affinitaires : Montessori, Freinet, Steiner-Waldorf, confessionnelles, bilingues, internationales, etc. Leur succès grandissant repose tout à la fois sur l'attrait pour les « pédagogies nouvelles », la conviction d'un nombre grandissant de parents d'avoir engendré un enfant HPI (à haut potentiel intellectuel) et le rejet du système éducatif public, jugé inefficace et insuffisamment personnalisé. On recensait 803 écoles hors contrat environ en 2010, mais plus du double (1 657) à la rentrée 2021, avec au total plus de 85 000 élèves scolarisés. Les écoles hors contrats sont historiquement bien implantées dans les bassins de population à haut niveau de vie : plus d'une sur trois est située en Île-de-France, et 16 % dans la seule académie de Versailles. Mais elles se développent désormais dans tout le pays, avec une attirance pour les petites communes rurales, ravies de voir s'installer un élément d'attractivité pour des familles. Une clientèle nouvelle est en train de s'ouvrir à ces écoles hors contrat avec l'Éducation nationale : les 62 000 enfants recevant l'IEF, l'instruction en famille. Dans le cadre de la loi sur le séparatisme, l'État prévoit de réserver l'école à la maison aux seuls enfants qui souffrent d'un handicap, qui ont une pratique sportive ou dont les familles sont itinérantes. Les écoles indépendantes proposent souvent un service haut de gamme et ultrapersonnalisé : l'accueil des parents en musique, les séances de yoga et de méditation, la classe en petits groupes. L'enseignement dès le plus jeune âge des langues étrangères et du codage informatique y sont fréquents. Les écoles hors contrat ont en commun de ne pas percevoir de subventions de l'État. Elles doivent tout payer elles-mêmes, et survivent généralement grâce aux aides et aux dons de fondations privées. Elles espèrent d'ailleurs l'essor en France d'une philanthropie « à l'américaine », moins strictement tournée vers la grande précarité. On trouve en revanche parmi elles tous les modèles économiques : commercial, à but non lucratif, bénévole, etc. Les prix sont extrêmement variables : 500 euros par an pour les écoles associatives, mais de 3 000 à 10 000 euros l'année pour les écoles Montessori, de 7 000 à 12 000 euros pour les écoles Hattemer. Certaines proposent des frais d'inscription progressifs en fonction des revenus.

Le marché libre de l'école, c'est aussi le soutien scolaire. Évaluée à plus de 2 milliards d'euros par an, la France en est la championne d'Europe. 1 million d'élèves, un lycéen sur trois et un collégien sur cinq y ont recours, à raison d'une quarantaine d'heures par an en moyenne. Le marché a connu un *boom* dans ses formules en ligne pendant la crise sanitaire, mais il affiche depuis plusieurs années déjà une croissance annuelle d'environ 10 %. Trois types d'acteurs se disputent le gâteau du soutien scolaire : d'abord les enseignants, qui améliorent l'ordinaire en travaillant à côté de leur emploi principal ; ensuite, de jeunes *start-up* (Schoolmouv, Kartable…) proposant des abonnements à leur plateforme de révisions en ligne ; enfin, quelques poids lourds historiques (Acadomia, Complétude, Cours Legendre…) offrant des cours collectifs ou particuliers, à domicile, en centre ou en ligne. Historiquement, le soutien scolaire s'adresse aux élèves en difficulté mais, paradoxalement, ses meilleurs clients aujourd'hui sont plutôt les familles des élèves moyens, voire bons : l'accroissement de la compétition scolaire pousse de plus en plus de parents à investir, en moyenne 1 500 euros par an avant la déduction fiscale de 50 % accordée par le Trésor public, dans le but d'améliorer les bulletins de leurs enfants.

Le marché s'est aussi ouvert un chemin à l'école par l'édition parascolaire. Au printemps 2020, alors que la fermeture des librairies et des rayons culturels des grandes surfaces provoquait une chute de près de 60 % des ventes de livres, celles des cahiers de vacances, de soutien, de préparation aux examens, et les classiques pédagogiques comme le Bescherelle progressaient à l'inverse très fortement, notamment dans leurs versions numériques. En 2020, le scolaire est ainsi passé du cinquième au deuxième rang en valeur des ventes de livres par secteur, derrière la littérature, avec 388 millions d'euros de chiffre d'affaires, 4,5 fois plus qu'il y a vingt ans. Le parascolaire se déploie tous azimuts, des livres d'éveil pour préparer à la maternelle ou au CP (« tout se joue avant 3-6 ans ») aux condensés de cours pour le supérieur, en passant par les synthèses de programme par niveau. Pour les plus jeunes, les frontières deviennent floues entre le loisir et l'éducatif : le livre jeunesse s'est « parascolarisé », notamment sous l'influence de la mode Montessori. Tout comme le soutien scolaire, l'édition parascolaire tire parti de la conviction des parents que l'école ne suffit plus à assurer, seule, la réussite de leurs enfants. Cette croyance explique aussi le succès renouvelé chaque année des cahiers de vacances, diffusés au début de l'été, principalement en grandes et moyennes surfaces. Il s'en vend chaque année 4 à 5 millions d'exemplaires, malgré une efficacité contestée par un certain nombre d'études. Peu importe, ils rassurent les familles. Et, comme pour le soutien scolaire, ce sont souvent les élèves qui en ont le moins besoin qui en consomment le plus.

L'ÉCOLE SUR UN TOBOGGAN ?

Allers et retours public-privé, recours au soutien scolaire en continu, littérature parascolaire : le « marché de l'angoisse scolaire » tourne à plein régime en France, dopé par l'inquiétude des parents de voir leur progéniture contribuer aux résultats médiocres de l'école de France dans les enquêtes internationales. La dernière fournée des résultats de Pisa (le programme international pour le suivi des acquis des élèves) publiée par l'OCDE à la fin de 2019 classait la France au 23e rang sur 79 pays évalués, avec une note d'ensemble en compréhension à l'écrit et en mathématiques de 493 sur 1 000, tout juste au-dessus de la moyenne des 37 États membres de l'OCDE. Avec des lacunes particulièrement marquées en mathématiques et en sciences : pour ces matières, l'étude Timss, qui fait référence pour comparer les élèves de différents pays, attribue aux collégiens français de 4e le plus mauvais score des pays de l'Union européenne et de l'OCDE. Le niveau moyen des classes actuelles de 4e en sciences dures est équivalent à celui des élèves de 5e il y a vingt-cinq ans. La tête de classe se réduit : seuls 2 % des élèves atteignent le niveau dit « avancé », contre 11 % en moyenne dans l'UE. Une autre enquête internationale, Pirls, montre une aggravation des difficultés en lecture et en compréhension à l'écrit, en particulier des élèves des milieux défavorisés. Encore plus systématique, le test passé par les 16-25 ans lors de la Journée « défense et citoyenneté » révèle que près d'un jeune sur cinq peine à lire un programme télé, et un sur vingt est proche de l'illettrisme.

Calcul, lecture, expression écrite, orthographe : l'école de France apparaît moyennement performante dans la compétition scolaire internationale. Peut-on pour autant parler d'un décrochage français par rapport au reste du monde ? Difficile à dire, dans la mesure où les comparaisons internationales sont très récentes : le tout premier projet d'évaluation régulière des systèmes éducatifs, en l'occurrence Pisa, a débuté en 1995. Les premières données ont été récoltées en 2000 et les résultats publiés en 2001. Avant cette date, difficile de se prononcer. En 2000, la France se classait 14ᵉ sur les 28 pays participants, pile au milieu de la classe. Sa 23ᵉ place sur 79 en 2019 la situe en haut du second quart. On ne peut donc pas parler, comparativement aux autres, de dégringolade. Ensuite, regardons la tête du classement actuel, dominé par la Chine, Singapour, Macao et Hong Kong. Ces quatre-là sont en réalité des villes. La *pole position* de « la Chine » est particulièrement problématique, car en vertu d'un accord spécifique avec l'OCDE, Pékin triche légalement en ne dévoilant que les résultats d'une vitrine : un échantillon soigneusement sélectionné de quelques grandes villes de la Chine côtière la plus développée, notamment Shanghai. Prise dans son entièreté, la Chine scolaire présenterait sans doute des résultats nettement moins performants. Alors que 84 % des jeunes Shanghaïens mènent des études supérieures, c'est le cas de seulement 24 % de l'ensemble de la population chinoise.

La conviction s'est par ailleurs largement installée que les petits Français d'aujourd'hui sont moins bons à l'école que ne l'étaient leurs aînés. Dans son portrait social 2020 de la France, l'Insee apporte un démenti statistique à cette croyance : les difficultés graves de compréhension de l'écrit touchent de nos jours 7 % des 18-29 ans, contre 18 % des 50-59 ans et 22 % des 60-65 ans. En 2019, 13 % des 25-34 ans n'avaient aucun diplôme, ou seulement le brevet des collèges. Cette part atteint 31 % chez les 55-64 ans. La part des bacheliers, elle, est passée de 38 % à 69 % de la population entre ces deux générations, celle des bac + 2, de 13 à 34 %.

Le roi Diplôme

Ces chiffres battent en brèche l'idée reçue d'un affaissement du niveau scolaire des jeunes générations. Ils révèlent au contraire ce qui est le fait majeur de ces quarante dernières années : l'élévation générale du niveau de formation. En 1958, un Français vivait en moyenne soixante-sept ans, une Française soixante-treize ans. Les enfants entraient à l'école à six ans et, pour 70 % d'entre eux, en sortaient à l'âge de quatorze ans. On passait donc en moyenne huit ans, soit 10 à 12 % de son temps de vie, à étudier. De nos jours, on entre à l'école dès deux ans. À dix-huit ans, huit jeunes sur dix obtiennent le baccalauréat. C'était 29 % en 1980. À vingt et un ans, devenu l'âge moyen d'entrée dans la vie active, ils sont encore 45 % sur les bancs des amphis ou dans les salles de cours. Ils n'étaient que 19 % en 1985. Tout en ayant gagné quinze ans d'espérance de vie par rapport aux années 1960, c'est près d'un quart de son existence qu'en enfant passera à étudier. À tel point que les statisticiens parlent d'une « espérance de scolarisation » de 18,3 ans en 2019.

La massification scolaire et l'élévation générale du niveau de formation sont visibles partout en Occident depuis l'après-guerre. Elles sont les fruits d'une volonté politique née d'abord aux États-Unis, et qui s'est ensuite répandue dans le monde entier. Sa traduction la plus visible en France est la multiplication par huit du nombre d'étudiants à l'université entre 1960 et 2020, de 200 000 à 1,7 million aujourd'hui. La démocratisation de l'accès à l'enseignement, et en particulier aux études supérieures, servait deux objectifs. D'abord, économique : il fallait fournir à la France les cadres dont elle avait besoin pour sa reconstruction et sa croissance. Une population mieux formée est en effet plus innovante ; elle s'adapte au progrès technique, et se reconvertit plus facilement si besoin. Le second objectif était politique : on considérait que des cerveaux bien faits faisaient de « meilleurs » citoyens, moins perméables aux discours extrémistes.

L'édifice éducatif contemporain repose tout entier sur l'idée qu'en démocratie, seul le mérite permet de départager équitablement les citoyens entre eux. À défaut de réaliser l'égalité sociale, le système scolaire organise la compétition des talents. Les chances de réussite de chacun y sont *a priori* égales, quelle que soit son origine sociale, à condition de travailler dur. Sur la ligne d'arrivée, chacun sera récompensé selon sa trajectoire et son mérite personnels. On entend classer les individus selon leur compétence plutôt qu'en vertu de leur naissance ou de leur héritage, et il paraît de bonne justice que chacun se voie attribuer la place qu'il mérite dans la société en fonction de ses résultats. Le panthéon républicain exalte ces ascensions sociales fondées sur le travail et l'intelligence : Albert Camus, prix Nobel 1957 de littérature, fils d'un père caviste et d'une mère sourde et analphabète ; René Monory, mécanicien automobile devenu président du Sénat dans les années 1990 ; Gérard Mulliez, fondateur d'Auchan, pas même le bac en poche, tout comme François Pinault, fondateur du groupe Kering ; Jean-Claude Decaux, au travail depuis l'âge de quinze ans, Yves Rocher depuis ses quatorze ans, etc.

Ce beau récit, malheureusement, ne correspond pas à la réalité. Car, comme l'a brillamment décrit l'Américain Michael Sandel, professeur à Harvard, la saine méritocratie s'est muée en une impérieuse « tyrannie du mérite », sous la férule de laquelle la distribution des diplômes préfigure désormais celle des places et des statuts[1]. Dans nos sociétés devenues, selon son mot, « diplômanes », c'est-à-dire littéralement obsédées par le diplôme, les familles ont parfaitement intégré les nouvelles règles du jeu scolaire, qui font des études un investissement sur une place future dans la hiérarchie sociale. La nouvelle aristocratie du mérite se distingue par son capital culturel, transmis de génération en génération aussi bien, voire mieux, que le patrimoine matériel. Les enfants culturellement bien nés partent dans la compétition scolaire avec une longueur d'avance sur les autres : quand, dix ans après leur entrée en 6e, seulement 4 % des enfants de cadres n'ont aucun diplôme du secondaire, c'est le cas de 19 % des enfants d'ouvriers et de 38 % des enfants de chômeurs longue durée. À l'autre extrémité de l'échelle des diplômes, un peu plus d'un quart seulement des jeunes dont les parents sont peu ou pas diplômés décrocheront un diplôme de l'enseignement supérieur. Ce sera en revanche le cas de huit enfants sur dix dont les parents sont eux-mêmes diplômés.

L'inflation scolaire

Sous la tyrannie du mérite, le « crédentialisme » règne en maître. Ce terme a été forgé en 1979 par le sociologue américain Randall Collins. En anglais, *credential* désigne l'accréditation, le document d'identification. Le crédentialisme est donc cette tendance désormais générale à conférer au diplôme la valeur d'une carte d'accès déverrouillant automatiquement plus ou moins de portes du marché de l'emploi. Face au diplôme, l'expérience et la performance individuelles sont drastiquement dévalorisées… à moins de les faire reconnaître par une validation des acquis

1. Michael J. Sandel, *La Tyrannie du mérite. Qu'avons-nous fait du bien commun ?*, trad. Astrid von Busekist, Paris, A. Michel, 2021.

de l'expérience (VAE), autrement dit, un diplôme ! Ainsi, le document vaut compétence, et commencer sa carrière professionnelle avec un CAP ou un BEP interdit presque de viser ensuite les postes les plus élevés. À l'inverse, le cadre français passé par de grandes écoles pourra prétendre, dès ses diplômes en poche, à des postes à responsabilités, qu'il occupera ensuite toute sa vie sans n'être jamais menacé, ou de manière très exceptionnelle, par l'ascension d'un talent sans « carte d'accès » venu de l'étage du dessous. Très cloisonné, le modèle scolaire français place au-dessus de chaque niveau de formation un plafond de verre difficilement franchissable.

La « diplômanie » a pour effet de rigidifier la mobilité sociale. S'en suit, au début de l'existence, une course aux diplômes à l'avantage de ceux dont les parents ont les moyens culturels et financiers d'assumer des cursus de plus en plus longs. L'échelle des diplômes en ressort totalement dévaluée, telle une monnaie après une longue période d'inflation. Le baccalauréat a ainsi perdu tout prestige. Alors qu'il était suffisant, jusque dans les années 1970, pour se lancer dans la vie et mener une belle carrière, il n'est plus qu'un ticket à composter pour franchir le tourniquet menant aux études supérieures. L'inflation dans l'enseignement supérieur a eu pour effet de transformer la fonction de certains diplômes, par exemple les BTS et les DUT. Conçus, à leur création dans les années 1960, comme des accélérateurs de promotion sociale en circuit court, ils permettaient en deux années après le baccalauréat d'accéder à des postes de cadre intermédiaire valorisés socialement et confortablement rémunérés. Aujourd'hui, les bacheliers ne les utilisent plus comme la porte d'accès direct vers l'emploi qu'ils sont censés être, mais comme un tremplin préparatoire vers des diplômes plus prestigieux. Une fois son DUT en poche, seul un jeune sur dix cherche du travail. Les neuf autres continuent leurs études, majoritairement jusqu'à bac +4 ou +5, en école de commerce ou d'ingénieurs. Cette tendance à poursuivre un cursus après un DUT ne devrait pas faiblir du fait de la mise en place en 2004, pour les étudiants à l'université, du cursus LMD (licence-master-doctorat), qui décale d'un an les sorties de l'ancien niveau Deug (bac +2) à bac +3 (licence) et celles de l'ancienne maîtrise (bac +4) à bac +5 (master). S'adaptant au nouveau cycle universitaire ainsi qu'à l'anglicisation des noms de diplômes, les IUT proposent, depuis la rentrée 2021, non plus des diplômes universitaires de technologie (DUT) en deux ans, mais des *bachelors* universitaires de technologie (BUT) en trois ans, qui singent dans leur intitulé les prestigieux *bachelors* des écoles de commerce et d'ingénieurs.

Les jeunes issus du bac général qui s'inscrivent nombreux en IUT plébiscitent l'ambiance de classe qui y règne, assez proche de celle du lycée, ainsi que les enseignements concrets qui y sont prodigués. Mais ces étudiants visant une licence ou un master auraient normalement vocation à aller à l'université. Leur présence massive dans les IUT a pour effet d'en écarter les bacheliers professionnels pour qui ils ont pourtant été inventés. On retrouve désormais ces mécanismes d'éviction à tous les étages du système éducatif, puis sur le marché du travail. Chaque niveau de qualification se retrouve exposé à la concurrence de celui du dessus. Ces dernières années par exemple, le doctorat, autrefois spécifique des professions universitaires, semble avoir pris le rôle qu'avait auparavant la maîtrise comme référence et clé d'entrée pour plusieurs professions. Il est monnaie courante de voir se présenter à des emplois ou des concours de la fonction publique des candidats surdiplômés qui évincent ceux pour qui ces postes sont normalement conçus. Les bac +5 prennent les places des bac +3 et 4, les bac +3 et 4 celles des bac +2, les bac +2 celles des bacheliers, etc. Une étude Insee datée d'août 2021 révélait ainsi qu'en région Occitanie, 22 % des salariés sont en situation de déclassement professionnel, c'est-à-dire qu'ils occupent un poste pour lequel ils sont surdiplômés par rapport au niveau requis.

En Bretagne, une étude du même genre, en 2017, estimait qu'un tiers des actifs en emploi apparaissaient surqualifiés. Le déclassement frappe particulièrement les bac +3 et bac +4. Au niveau national, quatre sur dix d'entre eux occupent un poste moins qualifié que ce à quoi ils pourraient prétendre. Certaines professions ont acté cette élévation du niveau moyen des candidats. C'est le cas du métier d'enseignant, pour lequel un master (bac +5) est requis depuis une décennie afin d'accéder au concours externe.

Les études supérieures, un marché comme les autres

Il existe aujourd'hui en France plus de 15 500 formations post-bac, proposées par plus de 3 500 établissements accueillant au total 2,73 millions d'étudiants. 1,7 million vont à l'université. Et c'est l'honneur de la France que de permettre à ses jeunes de suivre des cursus universitaires à des prix défiant la concurrence mondiale : les droits d'inscription à la fac pour l'année 2021-2022 s'étalent, au tarif normal, de 170 euros pour une année de licence à 380 euros pour une année de doctorat, alors que le coût réel d'un étudiant pour les finances publiques s'élève, selon le ministère de l'Enseignement supérieur, à 11 530 euros. Ces droits d'inscription à prix imbattables constituent aujourd'hui une anomalie dans le paysage mondial de l'enseignement supérieur. Songez qu'une année à Harvard coûte à chaque étudiant près de 59 000 euros, plus de 61 000 euros au MIT, le Massachusetts Institute of Technology, ou encore entre 21 000 et 59 000 euros à Cambridge ! Sans compter les coûts annexes (logement, nourriture, livres, voyages…) qui renchérissent de près de 80 000 dollars la facture annuelle des études dans les prestigieuses universités de l'Ivy League nord-américaine.

Pour revenir en France, un sondage CSA Research de 2018 pour la société de crédit Cofidis mené auprès de 503 familles chiffrait leur budget moyen d'une année d'études supérieures à 7 118 euros par an, toutes dépenses incluses. Un budget conséquent qui contraint, selon Cofidis, huit familles interrogées sur dix à anticiper plusieurs années à l'avance les dépenses liées aux études, dont la moitié dès l'année de seconde. Et une famille sur deux doit faire des arbitrages financiers et reporter certains projets pour financer les études de son enfant.

7 000 euros l'année d'études supérieures : le syndicat étudiant la Fage voit un peu plus gros encore. Il évaluait le coût de la rentrée 2021 à 2 392 euros en moyenne dans son baromètre annuel, en hausse de 1,32 % sur un an et de 10 % depuis 2017. Chaque mois de l'année universitaire, qui court de septembre à juin, ajoute en moyenne 1 164 euros à l'addition finale, et même 1 351 euros en Île-de-France, soit un total approchant les 15 000 euros l'année. La moitié des dépenses mensuelles part dans le loyer. Et la crise du Covid s'est apparentée à une double peine : elle a raréfié les petits emplois et fait apparaître de nouvelles dépenses comme l'achat de masques, mais aussi un poste télécom doublé par la nécessité, bien souvent, de s'équiper d'une box Internet en plus du téléphone pour suivre dans de bonnes conditions les cours à distance. La chute du niveau de vie des étudiants est brutale : une enquête de la Mutuelle générale de l'Éducation nationale (la MGEN) en février 2021 montrait qu'un quart des étudiants déclarent sauter des repas une fois par semaine, et plus d'un tiers avouent ne pas avoir toujours mangé à leur faim.

Malgré les bourses et les aides, le coût des études supérieures et de la vie étudiante conduit de plus en plus souvent les jeunes à souscrire un emprunt, qu'il leur faudra plusieurs années d'activité professionnelle pour rembourser. Aux États-Unis, la dette étudiante est devenue un sujet politique et budgétaire majeur : à la fin de 2020, 45 millions d'Américains, soit 70 % des diplômés, cumulaient 1 600 milliards de dollars de dette sur leurs études, le triple d'il y a douze ans. Le phénomène a gagné le

Royaume-Uni, où neuf étudiants sur dix contractent un prêt pour leur cursus dans le supérieur. En France, l'endettement est encore loin d'être la norme, mais il concernerait tout de même, selon des chiffres publiés par l'Observatoire de la vie étudiante en 2016, 300 000 étudiants. 11 % sont en école de commerce, dont les frais de scolarité ont fortement progressé (+64 % en moyenne entre 2009 et 2018), pour un montant moyen de 25 000 euros. Viennent ensuite les ingénieurs (6 %) et l'université avec 4,5 % d'étudiants ayant souscrit un emprunt de 7 000 euros en moyenne. La durée des prêts est généralement de deux à trois ans, mais peut s'étaler sur neuf ans. Ces prêts engagent les familles dans la mesure où les banques exigent une caution parentale en cas de défaillance de l'étudiant, ainsi que la souscription d'une assurance décès-invalidité. L'État, depuis 2008, peut aussi se porter garant, mais le dispositif, insuffisamment doté, est victime de son succès. Le coût des études joue inévitablement comme un filtre sélectif à l'entrée des filières affichant les frais de scolarité les plus élevés. La nécessité d'emprunter pèse lourd dans les choix d'orientation des étudiants, ainsi que sur le bon déroulement de leur scolarité : 46 % d'entre eux cumulent études et travail, ce qui n'est pas sans conséquence sur leur réussite. Et la dette peut virer au cauchemar s'ils ratent leur insertion professionnelle.

La grande bascule vers le privé

L'enseignement supérieur est libre en France depuis le XIXe siècle. L'université, les écoles et les instituts publics cohabitent de longue date avec une offre entièrement privée. Celle-ci s'est fortement développée depuis une vingtaine d'années, en réponse à la pénurie de places qui frappe un certain nombre de filières. Dans une tribune publiée par le journal *Le Monde* en mai 2021, Thibaud Boncourt, maître de conférences et président d'une commission d'examen des vœux Parcoursup, citait l'exemple de la licence de science politique de l'université Paris I Panthéon-Sorbonne : 7 000 candidatures pour… 80 places ! Droit, médecine, dentaire, vétérinaire, psychologie, beaux-arts : dans ces filières, la sélection est impitoyable. Quand un candidat sur cinq intègre Sciences Po, c'est moins d'un sur dix, voire un sur vingt dans les écoles d'orthophonie et certaines écoles des beaux-arts. Pour se former au métier de leur rêve, des milliers d'étudiants choisissent chaque année de partir suivre leur cursus à l'étranger. En dix ans, le nombre de jeunes Français a ainsi pratiquement quadruplé dans les grandes écoles et les universités belges. Ils seraient ainsi plus de 20 000 dans les filières vétérinaire, dentaire et kinésithérapie du *plat pays*. L'Espagne accueille à bras ouverts les candidats français en kinésithérapie. Le Portugal, mais surtout la Roumanie sont, quant à eux, devenus l'eldorado des recalés de médecine. Là-bas, pas de *numerus clausus,* ce nombre limite de places en 2e année universitaire des professions de santé instauré dans les années 1970. *Exit* la compétition à outrance. Pour 6 000 euros de frais annuels de scolarité, 2 000 étudiants français, soit près du tiers du quota en 2e année de médecine en France, y suivent chaque année un enseignement dans leur langue, mais aussi en anglais. Les stages hospitaliers se déroulent en revanche en roumain, qu'ils apprennent pendant trois ans. Le diplôme qu'ils y décrochent est ensuite reconnu dans toute l'Union européenne. La plupart souhaitent rentrer exercer en France, mais certains ne reviennent jamais, alors que le désert médical progresse. L'Allemagne, la Suisse ou la Suède les accueillent très volontiers. La Belgique et la Roumanie tendent un miroir cruel à la France. Malgré les grands discours sur l'« égalité des chances » et le droit de tous à accéder aux études supérieures, l'élitisme à la française entrave sa propre jeunesse, poussée à l'exil quand elle en a les moyens. Elle y trouve souvent des conditions d'accueil bien meilleures que chez elle.

Un étudiant français sur cinq se tourne aujourd'hui vers l'enseignement supérieur privé. Le secteur capte depuis vingt ans la moitié de la croissance des effectifs post-bac, avec un rythme de progression trois à quatre fois plus élevé que celui du public. Il a réalisé en 2020 un chiffre d'affaires de 4,5 milliards d'euros. On trouve beaucoup d'écoles professionnelles, certaines très célèbres, comme l'Efap, qui forme des attachés de presse depuis plus d'un demi-siècle, ou Pigier, l'école des secrétaires, créée il y a plus de cent soixante-dix ans. L'offre s'est adaptée au marché de l'emploi en se diversifiant dans le commerce, l'esthétique, le paramédical, l'informatique, etc. Ces écoles sont de moins en moins souvent indépendantes. Des groupes puissants se sont structurés en portefeuilles de marques, à l'image d'Omnes Éducation, 30 000 étudiants et 12 écoles, ou Galileo, 42 écoles dans 13 pays dont le célèbre Cours Florent. Ces écoles n'ont pas toutes la reconnaissance de l'Éducation nationale, mais peu leur importe : l'essentiel pour elle est l'inscription au RNCP, le répertoire national des certifications professionnelles, qui détermine l'employabilité des diplômés, seul critère valable aux yeux des étudiants et des familles qui paieront de 5 000 à 10 000 euros ces cursus extra-universitaires.

Les formations universitaires sur concours, du type ingénieurs ou médecine, stimulent par ailleurs le développement d'établissements dédiés à la préparation des concours. Ainsi des fameuses « boîtes à colles » plébiscitées par les étudiants de médecine pour maximiser leur chance de réussite à la Paces, la première année commune des études de santé. Les tarifs varient de 1 000 à 5 000 euros l'année.

Les grandes entreprises interviennent elles aussi depuis longtemps dans le supérieur par le mécénat ou des partenariats. Mais elles investissent désormais pour leur propre compte dans des filières de formation à leur mesure : Google a ainsi annoncé à la fin de 2020 la création prochaine de son université en ligne délivrant pour à peine 300 dollars un *bachelor* en six mois pour les professions en tension du numérique. Avant Google, L'Oréal a inauguré début 2020 sa propre école de coiffure, baptisée Real Campus. L'enseignement supérieur n'est plus seulement privatisé, il se « corporatise ». Les diplômes ornés du badge d'une marque puissante vont se multiplier dans les années à venir et annoncent de grands bouleversements dans le monde de l'éducation.

Le chômage de masse persistant, la flexibilisation du marché du travail et le progrès technologique incessant, couplés à la culture du diplôme, poussent enfin un nombre croissant de salariés à faire des allers et retours entre l'entreprise et l'école. Les universités et les grandes écoles ouvrent grandes leurs portes à ces adultes en quête de nouvelles compétences pour faire progresser leur carrière ou engager une reconversion professionnelle. 90 000 organismes se disputent aujourd'hui l'énorme marché de la formation professionnelle, évalué en 2020 à 32 milliards d'euros, soit autant que le budget de l'État pour l'enseignement supérieur. En moins de cinq ans, le secteur a connu deux réformes majeures avec la création du compte personnel de formation (CPF) et celle, en 2018, du plan de développement des compétences, qui entend stimuler la VAE et autres actions de formation en situation de travail (les Afest). Symboliquement, depuis juillet 2021, le CPF n'est plus crédité en heures, mais en euros (entre 500 et 800 euros par an). Cet argent abondé par l'employeur suffit rarement à financer l'intégralité d'une formation sérieuse, dont les salariés attendent moins des compétences nouvelles (anglais, numérique...) que des débouchés pour leur carrière. Il faut donc souvent y mettre de sa poche pour compléter l'enveloppe. À ce jeu, les cadres sortent grands gagnants. Le Graal pour eux demeure le Master of Business Administration (MBA), inventé par Harvard en 1908 et devenu hégémonique dans le monde entier pour accéder aux postes élevés des grandes entreprises internationales. Le MBA n'a aucune valeur académique, mais son succès a poussé nos grandes écoles de commerce et même nos universités à l'adopter. La France en fut même pionnière, hors des États-Unis, avec la création de l'Insead en 1957. Ses programmes sont parmi les meilleurs mondiaux. Un MBA français coûte de 5 000 à 90 000 euros pour neuf à vingt mois d'études. Aux États-Unis, comptez de 100 000 à 120 000 dollars. Le prix est stratégique et se veut gage de qualité. Notoriété du diplôme, réseau, expérience humaine, la plus-value d'un MBA est incontestable : il signale d'emblée au recruteur l'ambition du candidat. Et surtout qu'il a compris que c'est désormais à lui, et non à l'employeur, qu'il appartient de prendre en charge le renouvellement de ses compétences. Chacun est sa petite entreprise, et le MBA constitue un investissement très rentable sur son avenir professionnel. Cela demande une vraie stratégie de financement, mais un titulaire de MBA sur deux voit son salaire grimper d'au moins 30 à 50 % dès l'année suivant l'obtention de l'onéreux diplôme.

L'ÉCOLE AU DÉFI DE L'INSERTION PROFESSIONNELLE

Dans un discours prononcé lors de la distribution des prix du concours général des lycées et collèges le 30 juillet 1895, Raymond Poincaré, alors ministre de l'Instruction publique, décrivait l'éducation comme « une initiation, prudente et résolue, de l'enfance à la réalité contemporaine ». Mais le ministre mettait aussi toute la Nation en garde : « Ce serait une impardonnable faute, préparatrice de grands malheurs, si nous élevions les jeunes générations dans des esprits différents, selon le nom des établissements et l'étendue de l'instruction ; si nous divisions au lieu de rapprocher, et si nous jetions demain dans la société des hommes qui, tout en ayant l'illusion peut-être de parler la même langue, seraient condamnés à ne jamais se comprendre et, par suite, à ne jamais s'aimer. » Ces mots oubliés étaient, rétrospectivement, profondément visionnaires. À l'époque de Poincaré, on ne plaidait pas l'« égalité des chances » ; on militait pour une école génératrice de lien social, capable d'offrir à chacun une place digne dans la société. La logique concurrentielle a fait passer par pertes et profits ce noble idéal. L'« impardonnable faute » a été commise.

L'école constitue de nos jours pour les familles qui en ont (ou s'en donnent) les moyens, avant toute autre chose, un investissement sur l'avenir professionnel de leurs enfants. Il s'agit en priorité de faire les bons choix d'orientation et d'établissements, afin qu'ils accèdent à un emploi rémunérateur. La lutte des places est acharnée, et largement affaire de budget. À l'arrivée, l'équation scolaire de chacun contient toujours une inconnue : l'insertion professionnelle. Le diplôme n'est pas toujours une garantie, bien qu'il limite très nettement le risque de rester à la porte du monde du travail. En 2019, le taux de chômage des 15-24 ans atteignait 20 %. Mais cette proportion double à 40 % pour les jeunes peu ou pas diplômés. Le drame du système éducatif français, c'est que malgré sa taille et son coût, il reste dramatiquement sous-dimensionné, et laisse sur le bord de la route un nombre effarant d'élèves : 13 % des 15-29 ans, soit 1,5 million de jeunes, sont sortis du système scolaire sans emploi, ni études, ni formation. Tous n'entrent pas dans les trois catégories à la fois. On y trouve aussi bien des diplômés, parfois du supérieur jusqu'à bac +5 (selon une étude publiée par l'Apec en mai 2021, 31 % des diplômés de la promotion 2019 n'avaient pas trouvé de poste douze mois après l'obtention de leur diplôme), des bacheliers enchaînant les petits boulots en attendant une hypothétique reprise d'études, de jeunes parents vivant des aides sociales, de jeunes hommes actifs dans l'économie informelle (on estime à 230 000 le nombre de jeunes enrôlés dans le trafic de drogue, autant que dans le secteur bancaire !), etc. Découvert en Grande-Bretagne, ce phénomène préoccupant des NEETs (*Not in employment, education or training*) apparaît d'autant plus scandaleux que la France traverse une période de quatre décennies de chômage et de sous-emploi, et que des milliers d'employeurs cherchent en vain des centaines de milliers de travailleurs. On estime depuis une vingtaine d'années à 300 000, au moins, le nombre de postes non pourvus. Quelles sont les causes de ce déficit ? On invoque pêle-mêle la désincitation sociale au travail, surtout lorsqu'il est physique et manuel, la générosité des revenus sociaux, le manque d'attractivité de nombreux métiers des services, peu valorisants et mal payés, etc. À la sortie de l'école, beaucoup sombrent, perdent confiance et estime de soi. Des centaines de milliers d'existences se voient reléguées à l'inutilité. Les plus entreprenants partent : 1 million de jeunes au moins sont allés construire leur carrière et leur vie à l'étranger ces dix dernières années.

Le phénomène des NEETs met en accusation toute la société. Il interroge tout particulièrement la capacité du système scolaire français à répondre aux besoins réels des employeurs, qui ont fini par s'adapter. Une étude Insee de 2016 portant sur l'Île-de-France montrait que sur 84 familles professionnelles, tous secteurs et tous niveaux de diplômes confondus, 51 % se résignent à recruter majoritairement des personnes dont la formation n'a qu'un lien faible ou très faible avec la fonction. 28 % se contentent d'un lien formation-métier moyen. Un lien fort n'est exigé que pour des métiers précis comme l'enseignement, la cuisine, la comptabilité ou les industries mécaniques et électroniques, et *a fortiori* pour les professions réglementées comme infirmier, médecin, boucher, boulanger, coiffeur ou les professionnels du droit. Ne trouvant pas chaussure à leur pied dans le système éducatif, les entreprises françaises ont d'ailleurs pris deux habitudes : la première est celle d'embaucher des actifs sans diplôme qu'elles formeront elles-mêmes pour les métiers à faible niveau de qualification. Ainsi, seuls 36 % des jeunes cuisiniers ont le CAP-BEP correspondant.

La deuxième habitude est celle d'embaucher, pour les postes plus qualifiés, des niveaux de diplômes plutôt que des spécialités de formation. Un ingénieur scientifique peut parfaitement être recruté comme informaticien, du moment qu'il est ingénieur. D'ailleurs, les formations dans le supérieur ont généralement une cible d'insertion large dans l'emploi. Le système de formation français semble donc tirer un peu au hasard en direction du monde professionnel, comptant sur les « savoir-être » des élèves, les fameux *soft skills*, pour faire la différence devant un recruteur : communication, esprit d'équipe et critique, créativité, toutes « qualités d'émission » très recherchées de nos jours. Par pragmatisme, mais sans doute faut-il voir cela également comme un échec de l'école de France, les employeurs, à l'image du spécialiste de l'intérim Adecco, sont de plus en plus nombreux à se convertir au recrutement sans CV de jeunes « aux yeux qui brillent », plutôt qu'aux diplômes avec intitulés ronflants.

5.

Faut-il baisser les impôts ?

Excessive, compliquée, coûteuse, inefficace, discriminatoire, injuste, génératrice de mauvais choix économiques et de fraude, souvent arbitraire et incohérente, démoralisatrice, antisociale et antidémocratique, la fiscalité d'aujourd'hui est un boulet que traîne la nation.

Maurice Allais

S'il est une administration performante en France, c'est bien l'administration fiscale. Son efficacité à collecter l'impôt garantit pour le moment à la dette souveraine tricolore des notes stables et presque maximales auprès des grandes agences de notation financière, et ce malgré une sévère dégradation des comptes publics depuis quinze ans. À la fin de 2021, Bercy évaluait par exemple pour l'année écoulée à 99,4 % le taux de recouvrement de l'impôt sur le revenu, grâce à la mise en place du prélèvement à la source au début de 2019. Mais aussi efficace la machine soit-elle, la fiscalité française est traditionnellement l'objet de critiques incessantes. Dans la décennie 2010, le consentement à l'impôt a connu une chute vertigineuse. En 2013, selon un sondage Ipsos pour le journal *Le Monde*, seuls 57 % des Français estimaient que payer des impôts constituait un « acte citoyen ». Dans l'édition suivante de cette enquête à l'automne 2018, au début de la mobilisation des Gilets jaunes, le rejet était encore plus marqué avec à peine 54 % de citoyens consentants. Cette année-là, 47 % des personnes interrogées approuvaient même la décision de certains contribuables de « s'installer à l'étranger pour payer moins d'impôt ». Depuis, le niveau de consensus s'est nettement relevé. Mais le simple fait qu'on le surveille désormais comme le lait sur le feu est un signe qui ne trompe pas. Début février 2022, le Conseil des prélèvements obligatoires (CPO), rattaché à la Cour des comptes, s'est penché à son tour et pour la première fois sur le « déficit d'acceptation » particulier des taxes sur l'énergie.

Du sondage qui accompagne le rapport, il ressort que, si près de huit personnes interrogées sur dix (79 %) considèrent actuellement que payer des impôts constitue un « acte citoyen », les trois quarts estiment en revanche que le niveau d'imposition du pays est trop élevé, et 65 % se déclarent insatisfaites de l'utilisation des prélèvements. Comme pour tant d'autres sujets (les confinements pendant la crise sanitaire, l'érection de mâts d'éoliennes terrestres, la construction d'une usine ou d'une ligne ferroviaire…), l'acceptabilité sociale de l'impôt est aujourd'hui au cœur des préoccupations des responsables politiques. Traumatisés par près d'une décennie de « ras-le-bol fiscal », ils adaptent prudemment leur offre au jugement populaire. Pendant la récente campagne présidentielle, malgré l'urgence à trouver de nouvelles recettes pour combler les déficits et financer la transition énergétique, il n'a ainsi été question que de baisse d'impôt. Tout l'inverse de la campagne de 2012 qui avait suivi la grande crise financière, pendant laquelle François Hollande avait promis une surtaxe de 75 % au-dessus d'1 million d'euros de revenus, et Nicolas Sarkozy de traquer les exilés fiscaux.

Qui veut prélever loin ménage ses contribuables

La nature même de l'impôt fait de lui un objet démocratiquement sensible. Il en rend plus d'un malade, la preuve : on pioche volontiers dans le lexique médical pour exprimer son exaspération fiscale. Le prélèvement devient une « ponction », son rejet une « allergie fiscale ». La détestation de l'impôt confine parfois au sentiment religieux, certains considérant la France comme un « enfer fiscal », dirigé par un « État vampire » ou « sangsue ». Sanguinaire bestiaire ! Le lexique fiscal, lui, emprunte à la terminologie impériale romaine. Le mot *impôt* nous vient en effet du latin *impositum* (« ce qui est imposé »). La contribution, qui semble exprimer l'idée d'une participation volontaire, est à peine moins impérieuse : étymologiquement, elle renvoie au *tributum* romain que la puissance victorieuse prélevait aux peuples défaits, en échange de sa protection contre les pillages. Quant au *fisc*, il s'agissait à l'origine d'un petit panier pour presser les raisins, avant que le terme ne désigne le Trésor privé de l'empereur, gorgé par… la pression fiscale. Tout décidément, dans le champ lexical de l'impôt, suggère l'exercice de la force et de la contrainte. Les rares expériences de fiscalité volontaire furent d'ailleurs de lamentables échecs, à l'image des contributions patriotiques votées par l'Assemblée constituante en 1789, et dont le rendement fut insignifiant. Redoutant la banqueroute, les députés ne tardèrent pas longtemps à émettre les assignats, à vendre les biens du clergé, à réquisitionner les biens et les personnes, avant de se résoudre à rebâtir un système fiscal classique, donc contraignant.

Fonder la légitimité de l'impôt est un travail séculaire d'accoutumance des individus à l'idée que céder une partie de leur argent sert l'intérêt général. L'État, pour construire son pouvoir fiscal, doit leur apporter la garantie qu'en échange des prélèvements, il leur fournira un certain nombre de services et de prestations et leur garantira le droit de propriété, puisque nous ne payons l'impôt que sur ce que nous possédons. Et à mesure que les responsabilités de l'État moderne se sont élargies, il a fallu convaincre les contribuables d'accepter l'augmentation des impôts pour soutenir celle des dépenses publiques.

En soi, l'impôt n'est qu'une technique de financement de la puissance publique. Il n'est pas un droit indiscutable de l'État sur les citoyens. Celui-ci pourrait d'ailleurs fort bien se passer du vote de la représentation nationale pour décider de l'impôt. Il prendrait néanmoins un risque énorme. La résistance à l'impôt prend toujours des airs de défi lancé au pouvoir : témoins, les Gilets jaunes glissant du combat contre la taxe carbone à des revendications et des manifestations quasi révolutionnaires, violemment réprimées par les autorités. L'URSS avait réglé le problème en supprimant l'impôt pour les individus. Contrôlant de A à Z l'appareil de production, l'État soviétique prélevait directement les ressources dont il avait besoin sans jamais solliciter le peuple. En cela, on voit bien qu'il existe un lien entre l'impôt et les libertés publiques. Mais alors, précisément : l'érosion du consentement fiscal en France traduit-elle une crise de la démocratie ?

La vérité impose de dire que le contrôle parlementaire sur l'impôt n'est plus ce qu'il était. L'exécutif dispose d'un puissant pouvoir réglementaire, et la technicité du domaine fiscal fait qu'il garde la haute main sur la plupart des décisions. C'est lui qui propose les textes fiscaux aux députés et sénateurs, cantonnés à un droit d'amendement, tout au plus de proposition. Qui plus est, la logique de majorité présidentielle à l'Assemblée nationale ravale souvent celle-ci au rôle de chambre d'enregistrement des décisions gouvernementales, elles-mêmes bien souvent assujetties au droit communautaire. L'alliance entre le citoyen et l'impôt s'en trouve considérablement affaiblie.

Le civisme fiscal en péril ?

L'impôt est fondamentalement un dilemme. S'il prend aux fruits du travail et du capital, c'est pour construire des infrastructures, faire fonctionner des services publics et verser du salaire différé sous la forme de prestations sociales. L'impôt finance l'enseignement, la culture, l'accès au sport, les retraites et l'assurance maladie, une part importante des transports, des prestations familiales et chômage élevées. La fiscalité française joue ainsi un rôle crucial dans les revenus et le niveau de vie des Français. La redistribution, particulièrement puissante en France, vient gommer en partie les écarts entre pauvres et riches, et elle compense la croissance des inégalités. Mais de nombreuses voix s'élèvent de tous bords pour accuser le système fiscal français de toutes les injustices. Ses taux marginaux élevés étoufferaient l'initiative privée. Ils encourageraient les grandes entreprises et les plus fortunés à aller se faire domicilier sous des latitudes fiscalement plus clémentes. Le niveau des charges expliquerait très largement la désindustrialisation et les délocalisations à l'heure de la concurrence fiscale généralisée entre les États. D'autres reprochent à la fiscalité française sa supposée faiblesse à l'égard des plus fortunés, et ses innombrables niches qui mitent le rendement de l'impôt. La fraude fiscale des puissants, mal chiffrée, est insupportable à la gauche ; la fraude sociale, tout aussi mal chiffrée, obsède la droite. Cette dernière déplore en outre la concentration des impôts progressifs sur les plus aisés, et que l'on n'associe plus les Français modestes au financement des services publics dont ils ont l'usage.

Le civisme fiscal donne des signes évidents de fragilisation. Et paradoxalement, ce sont les bas revenus, donc les moins frappés par l'impôt, qui expriment le plus vivement leur rejet. L'impôt s'est « repolitisé », selon le directeur de recherche au

CNRS Alexis Spire, spécialiste de la question de la résistance à l'impôt. Dans un article à la *Revue de l'OFCE* paru en 2017, corédigé avec Kevin Bernard, de l'EHESS, il a ainsi mis en exergue que face à l'impôt, « la variable du revenu est peu significative ». Et de noter que « plus on s'éloigne des grandes villes, plus le sentiment d'être taxé injustement s'accroît ». Il y aurait un paramètre géographique dans le ras-le-bol fiscal, à mesure que la présence de l'État diminue dans les territoires ruraux. Cependant, la majorité des contribuables s'acquittent encore de l'impôt de manière relativement consentante. Les récalcitrants demeurent peu nombreux, et l'administration fiscale affiche sa fermeté envers les fraudeurs. Elle contrôle, elle sanctionne, tout en veillant soigneusement à ne pas sembler excessivement punitive. C'était le sens, par exemple, de la création du service de traitement des déclarations rectificatives (STDR) créé en 2013 pour inciter les évadés fiscaux à se repentir en régularisant leur situation auprès de Bercy. Ce fut un succès : au moment de sa fermeture, à la fin de 2017, la cellule avait permis de récolter en cinq ans près de 8 milliards d'euros de recettes fiscales. Cette logique « confessionnelle » a d'ailleurs été transposée à partir de 2019 à tous les contribuables, particuliers comme entreprises, selon la logique de l'« administration de confiance » et du « droit à l'erreur ». Ces pratiques nouvelles constituent peut-être un aveu : si le consentement politique à l'impôt faiblit, peut-être l'améliorera-t-on par une plus grande souplesse et une plus grande efficacité administratives ? Le citoyen contribuable se vivant de plus en plus comme un client des services publics, il attendrait de l'État que celui-ci se montre avant tout un gestionnaire performant des deniers de la Nation. Et que, pour le dire trivialement, on en ait pour notre argent.

La pression fiscale, héritage des crises

Pour mesurer la pression fiscale d'un pays, on agrège toutes les charges qui pèsent sur l'ensemble des agents économiques, c'est-à-dire principalement les salariés et les entreprises, puis l'on rapporte ce total fiscal à la richesse nationale. Sur une longue période, la trajectoire du taux des prélèvements obligatoires est celle d'un avion au décollage : de 11 à 15 % au début du XXe siècle, il atteint son plus haut niveau historique en 2017, à 45,3 % du PIB, franchissant cette année-là pour la première fois la barre symbolique des 1 000 milliards d'euros (1 038 milliards). Depuis, nous n'en sommes pas redescendus. En 2019, le montant des prélèvements obligatoires en France, selon l'Insee, a atteint 1 069 milliards d'euros (43,8 % du PIB créé cette année-là). En 2020, 1 026 milliards d'euros (44,4 % du PIB), puis 1 108 milliards en 2021 (44,5 % du PIB). Des niveaux qui placent la France, depuis maintenant près d'une décennie, au coude-à-coude avec le Danemark pour la place de premier pays du monde par la pression fiscale.

Les taux de prélèvements record de ces dernières années sont en réalité des séquelles de la crise des *subprimes*. L'histoire nous le prouve : chaque crise (années 1930, plus encore 1970-1980) fait franchir des paliers importants au prélèvement fiscal, dont la puissance publique met toujours du temps à redescendre, et le pouvoir d'achat à se remettre. Alors que ce dernier avait progressé de près de 15 % dans la décennie 2000, la dynamique s'est enrayée en grande partie à cause du choc fiscal mis en œuvre au tournant de 2010 pour absorber le coût économique et social de la crise financière déclenchée deux années auparavant. Sous la pression des marchés et des règles budgétaires européennes, Nicolas Sarkozy, puis François Hollande n'ont eu d'autre choix que d'augmenter les prélèvements obligatoires pour tenter de réduire les déficits. Dans un premier temps, entre 2010 et 2013, l'austérité porte de façon équilibrée sur les ménages et les entreprises. Mais à partir de 2014, leur traitement diverge, avec le début de la « politique de l'offre » de François Hollande. Les prélèvements commencent alors à se réduire pour les entreprises, tandis qu'ils continuent de grimper pour les particuliers jusqu'à l'arrivée au pouvoir d'Emmanuel Macron.

Lui-même accentue la tendance dessinée par son prédécesseur. Ses premières mesures renvoient l'image d'un Robin des Bois à l'envers, prenant aux pauvres pour donner aux riches. Emmanuel Macron fait en effet le choix d'entamer son quinquennat par des ristournes fiscales immédiates aux entreprises et aux plus aisés, au nom de l'attractivité et de la compétitivité de l'économie française. Les ménages eurent droit, eux aussi, à leurs cadeaux fiscaux, mais plus tardivement : les suppressions de la taxe d'habitation et de cotisations salariales furent programmées en plusieurs fois, tandis que les hausses de la CSG (1,7 point) et des taxes sur l'énergie ainsi que du tabac eurent lieu dès le début de l'année 2018. Ce calendrier à plusieurs vitesses, défavorable aux ménages, vint nourrir le sentiment que les plus riches et les grandes entreprises étaient les privilégiés de la politique fiscale. Il cristallisa le ras-le-bol qui couvait depuis près d'une décennie. Et c'est à Emmanuel Macron qu'il incombera, d'une certaine manière, de régler la note sociale de l'accroissement de la pression fiscale depuis 2010, que lui présentèrent les Gilets jaunes. Dès le 1er janvier 2019, le gouvernement rétablit en urgence l'exonération d'impôt et de cotisations pour les heures supplémentaires supprimée en 2012, et en 2020 il baisse l'impôt sur le revenu de 5 milliards d'euros par an, à l'attention des ménages modestes et des classes moyennes. D'ailleurs, échaudé par un an et demi de manifestations à forte teinte antifiscale, le gouvernement fera le choix, politiquement prudent, de financer le « quoi qu'il en coûte » de la crise du Covid non par l'impôt, mais par la dette.

Ce qu'on nous prélève réellement

Que nous prélève-t-on précisément ? Sur les 1 108 milliards d'euros versés par les contribuables en 2021, les impôts représentent 60 %, et les cotisations sociales 40 %. Si les entreprises paient 68 % des cotisations sociales, ce sont en revanche les ménages qui sont les premiers contributeurs fiscaux, avec presque 60 % du total des prélèvements obligatoires acquittés, contre 40 % pour les entreprises.

La liste est longue des impôts et taxes qui pèsent sur les ménages :

- les impôts directs : CSG-CRDS, impôt sur le revenu des personnes physiques (IRPP), taxe d'habitation, etc. ;
- les impôts indirects : TVA, TICPE, CSPE, accises, etc. ;
- les impôts sur le capital : impôt sur la fortune immobilière (IFI), droits de mutation à titre gratuit (DMTG), droits de mutation à titre onéreux (DMTO), taxe foncière, etc.

On peut les trier selon leur visibilité. Il y a d'abord les impôts qui se voient : essentiellement les impôts progressifs, c'est-à-dire ceux dont le taux s'accroît par tranche en fonction des revenus concernés :

- l'impôt sur le revenu (IRPP), découpé en cinq tranches : 0 %, 11 %, 30 %, 41 % et 45 % ;
- l'impôt sur la fortune immobilière (IFI), en six tranches de 0 % à 1,5 % ;
- les droits de mutation à titre gratuit (DMTG), plus connus sous le nom de « droits de donation et de succession », découpés en sept tranches, de 5 % à 45 %.

C'est sur ces trois impôts-là que se concentrent tous les programmes politiques de réduction de la pression fiscale, car leur impact psychologique est important : le contribuable en ressent directement le prélèvement. Le remplacement de l'impôt de solidarité sur la fortune (ISF) par l'IFI, à assiette moins large (il taxe moins de monde que son prédécesseur), a par exemple focalisé l'attention au début du quinquennat d'Emmanuel Macron, et forgé sa réputation de « président des riches ». Il s'agit pourtant d'un « petit » impôt : 2,1 milliards de recettes en 2020. Mais la charge symbolique de l'IFI est inversement proportionnelle à son rendement.

De même, pendant la campagne présidentielle 2022, plusieurs candidats se sont positionnés sur la taxation de l'héritage et des donations, à la hausse pour les candidats de gauche, et à la baisse pour ceux de droite, ces derniers qualifiant la fiscalité du patrimoine transmis d'« impôts sur la mort ». La France est le pays de l'OCDE qui taxe le plus les donations et successions, mais *in fine*, les recettes n'excèdent pas 0,7 % du PIB (15,1 milliards d'euros en 2020). Encore un « petit » impôt, si l'on ose dire.

Quant à l'impôt sur le revenu (78,6 milliards d'euros en 2021), il est attaqué de tous les côtés car il cumule les handicaps. Au sommet d'abord : la tranche supérieure du barème (45 %) est l'une des plus élevées des pays de l'OCDE. Elle est perçue comme confiscatoire par les plus aisés, d'autant plus que le taux peut grimper à 49 % en ajoutant la contribution exceptionnelle sur les hauts revenus. À la base, ce sont les effets de seuil qui sont critiqués. Un contribuable non imposable dont les revenus augmentent d'une année sur l'autre peut se retrouver subitement assujetti à l'IRPP s'il passe de la première tranche à 0 % à la deuxième, à 11 %, et par la même occasion perdre des aides sociales réservées aux contribuables non imposés. Gagner plus peut donc signifier, après impôt sur le revenu, gagner moins. Surtout, et c'est là le principal reproche qui lui est adressé, l'IRPP, comme tous les impôts progressifs, est de plus en plus concentré sur une minorité de contribuables, ce qui interroge le principe de justice fiscale. Alors que 63,3 % des foyers fiscaux payaient l'impôt sur le revenu en 1979, un niveau déjà faible comparé à ce qui a cours dans les autres pays avancés, la proportion n'était déjà plus que 53 % en 2012, et de 43 % en 2020. Cette année-là, sur 39,3 millions de foyers fiscaux, seuls 17,6 millions étaient redevables de l'IR et à eux seuls, les 10 % de foyers les plus aisés (3,9 millions) ont versé 72 % de cet impôt. À l'inverse, 21,7 millions de foyers en étaient exonérés, et 3,4 millions d'entre eux ont même pu bénéficier d'une restitution de 828 euros en moyenne. La concentration de l'impôt sur le revenu s'est encore accrue depuis la baisse consentie au début de 2020 en réponse au sentiment d'« injustice fiscale » exprimé par les Gilets jaunes. De même que l'IRPP, seulement deux successions sur dix recueillies par les enfants sont taxées, et parmi celles-ci, 90 % ont un taux d'imposition inférieur à 4 %.

Enfin, l'impôt sur le revenu n'est qu'un nain dans le *mix* fiscal français, comparé à celui de nos voisins : il ne représente chez nous que 7 % de l'ensemble des prélèvements obligatoires, contre 31 % en moyenne dans l'Union européenne, et 82 % au Danemark. Il faut voir là la préférence française pour les cotisations prélevées à la source sur les revenus du capital et du travail, afin de financer la protection sociale. Leur poids très lourd réduit mécaniquement les revenus imposables. Qui plus est, le rendement de l'IRPP est amputé de près de 35 milliards d'euros chaque année par quelque 175 niches fiscales qui prennent la forme de crédits et de réductions d'impôt.

La fiscalité proportionnelle, plus équitable ?

Au titre de l'année 2021, l'IRPP, l'IFI et les droits de succession ont généré moins de 100 milliards d'euros de recettes cumulées. C'est deux fois et demie moins que l'autre pan de la fiscalité, celle qui ne se voit pas et qui rassemble à la fois des impôts directs et indirects : la TVA (92,4 milliards d'euros en 2021), la CSG (120 milliards), la CRDS (7 milliards) et la TICPE (27 milliards). On peut y ajouter les taxes sur l'alcool et le tabac (20 milliards de recettes en 2020, dont 16 milliards pour le tabac). Ensemble, ces taxes et impôts ont contribué au budget général de l'État à hauteur de 267 milliards d'euros. Un poids énorme, révélateur de l'importance prise par la fiscalité dite « proportionnelle », c'est-à-dire à taux ou tarif fixe par quantité de produit (les carburants en ce qui concerne la TICPE, le taux d'alcool pour les accises sur les boissons). La France contribua au succès de la fiscalité proportionnelle en offrant au monde une précieuse invention : la TVA, la taxe sur la valeur ajoutée, instituée en 1954 et à présent imitée dans toute l'Union européenne. Dès sa mise en place, la TVA est devenue l'impôt français le plus productif. La CSG, autre invention française, constitue quant à elle l'innovation fiscale majeure de la fin du XXe siècle. Instaurée en 1990-1991, elle taxe sur un pied d'égalité les revenus du capital et du travail. De manière révélatrice, sa mise en place n'a, à l'époque, suscité pratiquement aucune opposition. Simples et productives, la CSG et la TVA ont en effet l'avantage, du point de vue du collecteur, d'être relativement indolores, comparées aux impôts appelés individuellement par le fisc comme l'IRPP, la taxe d'habitation ou l'IFI. La TVA et la TICPE sont directement intégrées dans les prix. La CSG et sa petite sœur, la CRDS, créée pour combler le « trou » de la Sécurité sociale, sont des impôts sur le revenu, mais elles font l'objet d'un prélèvement à la source, dont la discrétion et la capacité à masquer la ponction ont incité le fisc à l'appliquer également à l'IRPP depuis 2019.

La fiscalité proportionnelle présente également l'avantage d'échapper au procès en iniquité intenté aux impôts progressifs. La progressivité, conçue pendant tout le XXe siècle comme le seul horizon possible de l'histoire fiscale des sociétés avancées, est aujourd'hui attaquée pour ses effets désincitatifs. L'argumentaire, contesté par la gauche, est bien rodé : la progressivité dissuaderait les efforts à gagner plus, conduisant à des stratégies d'arbitrage entre le travail et les loisirs (« à quoi bon travailler plus si ça doit partir en impôt ? ») ; elle encouragerait l'évitement, la fraude et l'exil, en vertu du principe selon lequel « trop d'impôt tue l'impôt ». C'est ce raisonnement qui poussa le gouvernement d'Édouard Philippe à simplifier à partir de 2018 la taxation du capital par la création d'un prélèvement forfaitaire unique (PFU, aussi dit *flat tax*, « taxe plate ») de 30 % sur les dividendes et les plus-values, ramenant la France dans les standards internationaux. Le concept de taxe à taux unique plaît tellement aux libéraux que pendant la primaire des Républicains, à l'automne 2021, Éric Ciotti proposa de transformer l'impôt sur le revenu lui-même, symbole de l'impôt progressif, en une *flat tax* à taux unique de 15 % et donc proportionnelle, excepté pour les Français au Smic qui auraient continué à en être exonérés.

Quand les Français se rebiffent

Cela dit, on observe ces dernières années une montée de l'impopularité de cette fiscalité soi-disant « indolore ». C'est la TICPE et la CSG qui poussèrent les Gilets jaunes sur les ronds-points à la fin de 2018, contraignant le gouvernement d'Édouard Philippe à geler la hausse programmée de la première, et à annuler les hausses déjà passées de la seconde pour les retraités. L'opinion a bien compris que ce que les gouvernements successifs rendaient en impôts visibles, l'État finissait toujours par le récupérer sur ce volet plus discret de la fiscalité. Le cas de la TICPE est emblématique : pièce maîtresse de la fiscalité écologique, elle représente 60 à 63 centimes sur chaque litre de carburant vendu en France. Or, la taxe se trouve elle-même assujettie à une TVA de 20 % indépendamment du produit, c'est-à-dire le carburant, lui aussi taxé à 20 %. Autrement dit, pour chaque litre de gazole ou d'essence, quel que soit le cours du baril, la TICPE, alourdie de la TVA qui la frappe, représente un coût incompressible d'environ 80 centimes par litre. Cette fiscalité pèse par nature inégalement sur les contribuables : le Conseil des prélèvements obligatoires (CPO) a ainsi calculé qu'elle représente seulement 2,1 % des revenus du cinquième des ménages les plus aisés, mais 7,2 % du cinquième des ménages les plus modestes. Voilà donc la TICPE, plébiscitée par les économistes pour son pouvoir à pousser les gens à changer leur façon de se déplacer, célébrée comme le meilleur outil pour réduire les émissions de gaz à effet de serre, devenue l'impôt dégressif et inégalitaire par excellence. « Peu d'instruments de politique environnementale semblent susciter autant de résistances que la fiscalité environnementale », notait dans son rapport (déjà cité) en février dernier le CPO qui suggère, pour la rendre plus acceptable, d'en affecter les recettes spécifiquement aux investissements verts et à des mécanismes redistributifs.

La TVA souffre elle aussi, surtout à gauche, de l'image d'un impôt antisocial, puisque, comme la TICPE, elle pèse davantage sur les plus modestes que sur les plus aisés en proportion de leurs revenus. Une étude de l'Institut des politiques publiques (IPP) menée en 2012 estime que la TVA ponctionne 14 % des revenus des ménages du premier décile (les 10 % les plus pauvres) contre 8 % de ceux du dixième décile, alors même que ces derniers consomment beaucoup plus. Faut-il revoir la liste des produits dits « de première nécessité » profitant des taux réduits de 5,5 % ou 10 % ? À bien des égards, la voiture, l'électricité, le gaz ou les carburants mériteraient, au vu de leur caractère indispensable, d'y figurer aux côtés des produits alimentaires. Mais on retombe sur notre dilemme écologique : ne risque-t-on pas de freiner la nécessaire baisse de la consommation carbonée ? Pendant la campagne présidentielle 2022, Marine Le Pen avait choisi son camp en proposant la baisse de la TVA de 20 % à 5,5 % pour l'énergie. Rappelons cependant que rien n'oblige les vendeurs à répercuter une baisse de TVA dans leurs prix. Le passage en 2009 du taux de TVA sur la restauration de 19,6 % à 5,5 % s'est soldé, selon une étude de l'IPP, par une baisse des prix TTC de seulement… 1,9 %. Les salaires dans le métier ont augmenté de 4,1 %, et les bénéfices des établissements de… 24 %.

L'IMMOBILIER, LA VACHE À LAIT

Une autre spécificité fiscale française est la passion du percepteur pour l'immobilier. Par définition, la pierre ne bouge pas. Elle peut difficilement échapper à la taxation, contrairement aux capitaux, par nature mobiles, et constitue de ce fait un excellent garant des dettes, y compris fiscales. C'est aussi un patrimoine parfaitement identifié : le cadastre français est très performant. Ainsi, la fiscalité qui pèse sur l'immobilier est, là encore, parmi les plus élevées d'Europe. La pression s'est accrue avec Emmanuel Macron, un président qui n'aime pas beaucoup la pierre. Son quinquennat s'ouvre dès l'été 2017 sur deux gestes hostiles au logement, l'un en direction des plus modestes : la baisse des APL de 5 euros par mois, l'autre en direction des plus aisés : la transformation de l'ISF en IFI. Avec l'IFI, la fortune n'est plus taxée que sur sa partie immobilière, assimilée à une rente. Le prélèvement forfaitaire unique, la fameuse *flat tax* de 30 %, bénéficie à tous les revenus du patrimoine, sauf les revenus fonciers. Ceux-là continuent d'être soumis au barème progressif de l'impôt sur le revenu jusqu'à 45 %, auxquels s'ajoutent les prélèvements sociaux. De surcroît, l'IFI est privé du dispositif qui permettait à l'ancien ISF d'être réduit, voire effacé par le jeu des réductions d'impôt liées aux investissements dans les PME ou les bois et forêts. Ainsi, non seulement le propriétaire immobilier est le plus taxé sur son patrimoine, mais on lui a retiré le moyen de réduire son impôt.

Cependant, les 2 milliards d'euros annuels de l'IFI ne sont qu'un tout petit morceau de la charge fiscale ciblant la pierre. Selon le Compte du logement, les dépenses publiques pour le secteur se sont élevées en 2020 à 28 milliards d'euros (toutes aides comprises), tandis que les recettes fiscales nettes ont atteint 78,8 milliards. L'immobilier est bien la poule aux œufs d'or du Trésor public. En tout, une cinquantaine de taxes et impôts, ponctuels ou récurrents, pèsent sur lui. Rien ne vous sera épargné.

À l'achat, un logement vendu neuf supporte une fiscalité qui peut atteindre 27 % de son prix. Il y a d'abord les droits d'enregistrement (6 %). Pour un bien de moins de cinq ans acheté à un professionnel, la TVA est de 20 %, plus du double du taux pratiqué en Allemagne et au Royaume-Uni (9 %), deux fois et demie celui de l'Italie et de l'Espagne (8 %). À la revente, préparez-vous à payer 33 % sur l'éventuelle plus-value que vous réaliseriez s'il ne s'agit pas votre résidence principale. À la transmission, les droits de succession lors du décès peuvent atteindre 45 % en ligne directe. À la détention, il faut prévoir de régler les taxes d'équipement lors des travaux, les taxes d'assurance tous les ans, des taxes diverses selon le type de bien : sur les micrologements, les logements vacants, surtaxe sur les résidences secondaires ou les terrains à bâtir, taxe sur les terrains devenus constructibles, taxe sur les friches, redevance pour absence de parking, etc.

Quant aux impôts locaux, les propriétaires immobiliers (58 % des ménages) ont commencé à intégrer que la future exonération de taxe d'habitation était un jeu de bonneteau fiscal. Ils finiront par payer la note à travers la taxe foncière, en plein essor. Dans la décennie 2010, celle-ci a augmenté de 27,9 % en moyenne, plus du double de l'inflation ou de l'augmentation des loyers. La hausse atteint 37,5 % à Nantes, 54,72 % à Grenoble, 55,87 % à Amiens, 56,42 % à Angers, record de France. En moyenne nationale, la taxe foncière représente 2,3 mois de loyer selon l'Union nationale des propriétaires immobiliers (UNPI), et jusqu'à 3,5 mois de loyer à Grenoble. C'est trois fois plus que ce que supporte un Allemand, dix fois plus qu'un Néerlandais ! Et le mouvement haussier semble s'accélérer : outre une revalorisation de 3,4 % des bases locatives cadastrales en 2022, de nombreuses communes ont décidé au printemps d'élever fortement leur taux d'imposition foncière. À Strasbourg, il est passé de 1,15 % à 4,6 % ; hausse de 1,5 point à Annecy, à 8,6 % ; à Dijon, le taux métropolitain atteint désormais 1,41 % contre 0,64 % l'an dernier. La Ville de Marseille a voté une augmentation record de 14 %, soit de 100 à 300 euros de plus sur l'avis d'imposition, au nom de la hausse des dépenses métropolitaines de chauffage et de carburant, et du dégel attendu du point d'indice des fonctionnaires. Mais l'inflation n'explique pas toute la hausse. Certains maires ont perdu tout scrupule à augmenter la taxe foncière, car le payeur n'est pas obligatoirement un électeur susceptible d'exprimer son mécontentement dans les urnes. La taxe d'habitation faisait participer tous les habitants au financement de la vie de la commune, y compris les locataires. Ce n'est pas le cas de la taxe foncière, qui fait passer à la caisse des propriétaires vivant souvent ailleurs : ainsi des bailleurs locatifs, ou des propriétaires de résidence secondaire.

En outre, la taxe foncière est une taxe gigogne, dans laquelle s'emboîtent d'autres taxes : celle sur l'enlèvement des ordures ménagères (TEOM), que certaines communes augmentent parfois d'une année sur l'autre, sans rapport avec le coût réel de la collecte ; la Gemapi, instaurée en 2015 pour la gestion des milieux aquatiques et la prévention des inondations ; la taxe spéciale d'équipements (TSE), dans deux communes sur trois ; en Île-de-France, la taxe additionnelle spéciale annuelle (TASA) pour financer les transports en commun, etc. Avec, pour chacune d'entre elles, des frais de gestion – jusqu'à 9 % – qui alourdissent un peu plus encore l'addition. Dernier élément, et pas des moindres : la rénovation thermique des logements classés « passoires énergétiques ». L'État subventionne généreusement les travaux d'isolation des bailleurs, mais il y aura un revers fiscal, puisque l'administration considérera que les logements sont plus confortables. Elle révisera inévitablement à la hausse leurs bases locatives. Mis bout à bout, tous ces éléments ont déjà fait grimper de 50 % en l'espace de dix ans les recettes de la taxe foncière, qui ont atteint 35,2 milliards d'euros en 2020.

La pression fiscale nuit au pouvoir d'achat... et à l'emploi

Mais c'est sur le travail que la pression fiscale est la plus nocive au pouvoir d'achat. Prenons l'exemple d'un célibataire sans enfant travaillant à temps plein et gagnant le salaire moyen. Avant d'arriver sur son compte en banque, son salaire va faire l'objet d'une série de prélèvements. L'écrémage commence à partir de ce que paie l'employeur en intégralité pour lui, soit son salaire « superbrut ». Une première déduction, la plus importante, a lieu avec le versement des cotisations patronales. Elles représentent en moyenne 28 % du coût total d'un poste, ou 43 % du salaire brut versé au salarié. En deuxième lame, ce sont les cotisations sociales du salarié lui-même qui sont prélevées à la source, soit environ 20-25 % de son salaire brut. Selon les calculs de l'Institut économique Molinari (IEM), avant cotisations, notre salarié moyen est parmi les mieux payés de l'Union européenne (8ᵉ), avec un salaire annuel « superbrut » autour de 56 000 euros. Après paiement des cotisations patronales, son salaire brut n'est déjà plus que de 40 000 euros. On y ponctionne ensuite les cotisations salariales, la CSG-CRDS et l'impôt sur le revenu. Son salaire net s'élève alors à environ 27 600 euros annuels, ou 2 125 euros mensuels sur treize mois. Autrement dit, pour 100 euros « superbrut » versés par son employeur, le salarié moyen ne touchera *in fine* que 49 euros, soit une pression fiscale de 51 % ! L'écart est défavorable de 7 points avec la fiche de paie d'un Italien (44 %) et de 15 points avec celle d'un Britannique (36 %).

La comparaison est pire encore sur les hauts revenus. Pour payer notre salarié célibataire sans enfant 50 000 euros annuels, soit deux fois le salaire moyen, le « coût employeur » s'élève alors à 120 000 euros, dont 40 000 euros de cotisations patronales, 17 650 euros de cotisations salariales, et 13 500 euros d'impôt sur le revenu. Soit une pression fiscale de 59 %. S'il était anglais, à « superbrut » égal, notre salarié toucherait 70 000 euros nets d'impôt. Au niveau du Smic, en revanche, le taux de cotisations patronales tombe à seulement 9 % et les charges sociales salariales à 19 %, s'approchant des taux pratiqués par nos voisins. Et comme à ce niveau de salaire le contribuable n'est pratiquement pas assujetti à l'impôt sur le revenu, le revenu net disponible s'élève à 72 % du salaire « superbrut » de départ (28 % de pression fiscale, donc). À partir de ces chiffres, l'Institut économique Molinari s'est amusé à déterminer la date de « libération sociale et fiscale » des salariés français, soit le jour de l'année à partir duquel ils peuvent profiter des fruits de leur travail. Au niveau du salaire moyen en 2021, l'heureux événement est intervenu au cœur de l'été, le 19 juillet, quand la moyenne de l'Union européenne était au 12 juin. À 50 000 euros nets, la libération fiscale eut lieu le 3 août, mais le 13 avril pour le salarié au Smic.

Cette pression fiscale fortement déséquilibrée selon les niveaux de revenu est le produit de choix assumés de politique économique. Sur les bas salaires, l'habitude s'est prise depuis 1993 de réduire toujours plus les cotisations patronales. La fameuse « baisse des charges jusqu'à 1,6 Smic » est le fil rouge de la baisse du coût du travail au nom de la compétitivité, et du soutien à la création d'emploi pour réduire le chômage. L'effet pervers est qu'un nombre croissant de salariés se concentrent juste au-dessus du salaire minimum, sans possibilité de crever la chape de plomb que forment les seuils d'exonération. Cela explique pourquoi la France a deux fois plus d'emplois peu qualifiés que l'Allemagne. Qui plus est, les entreprises savent que l'État sponsorisera les petits salaires en dernier recours : prime d'activité, allocation de rentrée scolaire, chèque énergie, indemnité inflation… La liste est longue des compléments de revenus distribués par l'État. Ces béquilles monétaires assurent de 30 à 50 % des revenus des ménages les plus modestes.

Cependant, il faut bien compenser ailleurs toutes ces cotisations disparues au bas de la pyramide salariale. La France a donc fait le choix, unique dans l'OCDE, de faire supporter l'effort par ses hauts revenus, en rendant le taux de cotisation progressif en fonction du salaire : jusqu'à 4 Smic pour l'assurance chômage, jusqu'à 8 Smic pour les régimes de retraite complémentaire. Si un ingénieur français coûte bien plus cher que son *alter ego* allemand ou britannique, c'est essentiellement parce que les charges sociales pesant sur son salaire sont nettement supérieures. L'effet sur l'emploi qualifié est désastreux. Compte tenu des effets de seuils fiscaux, les entreprises y réfléchissent à deux fois avant d'augmenter leurs employés, bloquant les perspectives de progression salariale et l'ascenseur social. Sans reparamétrage de la fiscalité du travail, ils préféreront toujours, s'ils en ont la possibilité, délocaliser leurs activités, même pour les salaires moyens. Dans une étude comparative de la compétitivité française parue en mars 2022, l'institut Molinari, toujours lui, nous livre l'exemple d'une équipe de dix personnes dans l'industrie, constituée d'un dirigeant payé deux fois le salaire moyen, de quatre personnes confirmées au salaire moyen et de cinq juniors à 80 % de celui-ci. Cette équipe type coûte en France 580 000 euros par an à l'entreprise. C'est 30 000 euros de moins en Allemagne et aux Pays-Bas, 50 000 euros de moins au Royaume-Uni, et 200 000 euros de moins en Espagne et en

Italie. Avec 580 000 euros, on embaucherait six personnes de plus de l'autre côté des Alpes et des Pyrénées, ou bien on s'assurerait d'engager les meilleurs en leur proposant des salaires nets supérieurs de 60 % au marché local ! On comprend mieux pourquoi les grands groupes cotés au CAC 40 ont 62 % de leurs effectifs à l'étranger.

L'employeur français fait ainsi face à un coût du travail moyen équivalent à celui des pays du nord de l'UE, mais son salarié en tire un revenu net intermédiaire entre celui des pays du Nord et des pays du Sud. Les deux sont mécontents : le salarié considère qu'il n'est pas payé à la hauteur de sa contribution ; l'employeur, lui, a l'impression légitime de dépenser beaucoup pour le facteur travail, et il va donc chercher à limiter les embauches comme les augmentations. Pour le convaincre de ne pas le faire, l'État empile les aides directes aux entreprises et les crédits d'impôt : crédit impôt recherche (7,5 milliards d'euros par an), crédit sur l'emploi à domicile (5 milliards par an), etc. Entre 2017 et 2022, le nombre de niches fiscales est ainsi passé de 451 à 471, pour une facture annuelle passée de 75,4 à 84 milliards d'euros de manque à gagner (on parle de « dépense fiscale ») pour les finances publiques. Toutes ces aides et ces subventions passent pour une politique « pro-business ». Mais elle ne compense que très partiellement les effets négatifs d'une fiscalité française fondamentalement mal conçue.

En a-t-on pour notre argent ?

On se consolerait de payer autant d'impôts si, en contrepartie, la France gérait avec rigueur ses finances publiques, et qu'outre des services publics nombreux et de qualité, le pays n'avait pas à se financer à crédit. Ce n'est malheureusement pas le cas. Malgré des prélèvements obligatoires très élevés, la France vit au-dessus de ses moyens depuis 1975. Elle figure à la fois dans la catégorie des pays les plus fiscalisés et celle des pays les plus endettés. En 2020, seule la Roumanie a connu en Europe un niveau de déficit supérieur au nôtre. Mais on y paie beaucoup moins d'impôts. L'Autriche, qui nous égale par la pression fiscale, a su terminer l'an I du Covid en excédent budgétaire.

Cela dit, grâce à l'impôt, la France peut s'enorgueillir d'offrir à 100 % de ses habitants une protection sociale couvrant tous les besoins fondamentaux : santé, famille, chômage, accident du travail et vieillesse. Nous y consacrons chaque année entre 31 et 32 % de notre PIB, 11 points de plus que la moyenne de l'OCDE, 872 milliards d'euros en 2020. Le modèle social français représente 5 % du total mondial des dépenses sociales, pour 0,8 % de la population mondiale. Notre système fait des envieux à l'échelle internationale, alors que moins de la moitié de population de la planète bénéficie à ce jour d'au moins une prestation sociale. Par une redistribution massive, nous gommons en grande partie les inégalités, qui n'ont pas comme ailleurs, à commencer par les États-Unis, le statut de sujet politique majeur. L'indice de Gini, qui permet de donner une image rapide de la répartition des richesses dans une population sur une échelle de 0 à 100, était pour 2019 de 29,2 en France, soit l'un des meilleurs scores de la planète. Sans redistribution, le score français serait supérieur de 6 points, à plus de 35. Et encore, le coefficient de Gini ne prend en compte que les prestations sociales en espèces. En y ajoutant tout ce que les Français reçoivent également en nature, c'est-à-dire les services publics dont ils bénéficient gratuitement ou presque (santé, éducation, équipements publics…), l'indice se rapprocherait encore de 0. Ainsi, selon un rapport publié par l'Insee en 2016, avant redistribution, les 10 % les plus riches reçoivent 30,1 % du revenu national et les 10 % les plus modestes, 2,1 %, soit un rapport de 1 à 14. Après redistribution, en tenant compte des services publics, le rapport tombe à 1 pour 3 : les 10 % du sommet ne captent plus que 19,9 % du revenu national, et les 10 % les plus modestes 6,4 %. Pour ces derniers, les services publics contribuent à 44 % du niveau de vie.

Mais la France supporte mal les comparaisons avec des pays présentant des niveaux de protection sociale comparables. En matière de services publics, le Danemark, la Suède et la Finlande, trois pays à forte tradition sociale, n'ont rien à nous envier. Pourtant, à salaire « superbrut » équivalent, le revenu net de leurs travailleurs est supérieur de 18 % à 34 %, du fait de prélèvements sociaux et fiscaux nettement inférieurs. Ils font aussi bien que nous, avec moins. *Idem* pour les Allemands et les Néerlandais. Ces derniers consacrent une part de PIB moindre que la nôtre à leur protection sociale (29 %), pour une dépense par habitant supérieure de 10 % : 13 500 euros aux Pays-Bas contre 12 200 euros en France.

Autrement dit, le rapport qualité/prix de notre dépense publique n'est pas bon. La santé en absorbe 19 %, mais nous nous classons 11e sur l'espérance de vie en Europe des hommes en bonne santé, 20e sur la mortalité périnatale. L'hôpital est à bout de souffle. L'éducation pèse 10 % de la dépense publique, mais nous sommes 23e mondial sur la qualité de l'enseignement selon le classement Pisa, 21e sur 27 dans l'UE en matière d'adéquation de l'éducation et de la formation avec le marché de l'emploi. Nous dépensons près de 30 milliards d'euros par an en minima sociaux, dont 15 milliards pour le RSA, que perçoivent 2 millions de foyers, mais celui-ci n'a jamais réussi à jouer son rôle de tremplin vers l'emploi : 40 % des allocataires ne disposent pas d'un contrat d'accompagnement, pourtant obligatoire. Nous sommes 37e sur l'efficacité de la justice. Notre système de retraite est perpétuellement déficitaire, à réformer tous les dix ans.

En résumé, notre « modèle social » hérité de l'après-guerre, si généreux, prend l'eau de toutes parts, alors même que les Français exigent son extension et une protection de plus en plus universelle. On admet de moins en moins qu'une travailleuse indépendante ne bénéficie pas des mêmes droits au congé maternité qu'une salariée ; qu'un indépendant n'ait pas droit au chômage. La demande de filets sociaux n'a jamais été aussi forte. Qui plus est, de nouveaux risques, générateurs de dépenses futures importantes, apparaissent : grand âge et dépendance, environnement et réchauffement climatique, pour ne citer que ceux-là. Rien ne permet donc d'espérer, dans les années à venir, un allégement de la pression fiscale. Il serait en revanche judicieux de songer à rendre la dépense plus efficace.

6.

Plus vieux, plus vert, demain sera plus cher

Celui qui croit que la croissance peut être infinie dans un monde fini est soit un fou, soit un économiste.

Kenneth Boulding

À l'heure actuelle, les débats se concentrent sur la question de savoir si l'inflation ressuscitée par le Covid et la guerre va finir par gentiment retourner à l'état spectral auquel on l'avait réduite pendant plus de trente ans. Certains économistes, peut-être un peu moins fous que les autres, en doutent. Depuis quelques années déjà, ils annoncent l'avènement imminent d'une ère nouvelle où les pressions déflationnistes, à l'œuvre depuis plusieurs décennies, se verraient balayées par des forces contraires tellement puissantes qu'elles s'imposeraient pour des décennies. Elles sont au nombre de trois : le « grand vieillissement », la fin de la « grande mondialisation » et le « grand réchauffement ».

Le « grand vieillissement »

Premier facteur potentiel de vie chère : le vieillissement démographique. Sous l'effet de l'allongement de l'espérance de vie, couplé à la baisse de la fécondité, l'âge médian (autant au-dessus qu'en dessous) de la population augmente inexorablement. Entre 1950 et 2020, il est passé dans les pays développés de vingt-neuf à quarante ans. On recense actuellement 41 pays « à longévité élevée », dans lesquels les hommes peuvent espérer atteindre au moins soixante-quinze ans et les femmes au moins quatre-vingts ans. D'ici 2050, les Nations unies prévoient un doublement du nombre des plus de soixante-cinq ans dans le monde, de 700 millions à 1,5 milliard d'individus. En France, ce vieillissement se mesure au resserrement du nombre d'actifs par retraité : alors qu'ils étaient cinq pour un en 1950, le ratio n'est plus que de 1,7 actif pour un retraité.

Quels effets ce « grand vieillissement » planétaire aura-t-il sur la consommation, les prix et les niveaux de vie ? Cette question fait l'objet de débats animés. Elle est explorée en profondeur dans un ouvrage passionnant paru à la fin de 2020. Dans *The Great Demographic Reversal*, les économistes Charles Goodhart et Manoj Pradhan soutiennent que le vieillissement de la population va bientôt dicter ses règles et bouleverser l'organisation de la société[1]. Il va surtout considérablement relever l'inflation, et donc rendre tout plus cher, pour plusieurs raisons. La première est qu'une population vieillissante entraîne une augmentation des dépenses sociales. En 1981, quand François Mitterrand avance l'âge de départ de 65 à 60 ans, il n'y avait que 350 000 départs à la retraite par an. Ils sont aujourd'hui près de 800 000. Pour les financer, il n'y a que deux solutions : l'endettement, ou bien l'accroissement de la charge sur les revenus des actifs, dont les cotisations et les impôts financent le système de retraite. Les pensions constituent déjà le premier poste de dépenses sociales avec 14 % du PIB. En outre, les plus de soixante-cinq ans consomment la majeure partie des dépenses de santé, et celles

1. Charles Goodhart et Manoj Pradhan, *The Great Demographic Reversal: Ageing Societies, Waning Inequality, and an Inflation Revival*, Cham, Springer Nature, 2020.

liées à la dépendance après quatre-vingts ans devraient doubler d'ici le milieu du siècle.

Mais le bouleversement le plus important est attendu du côté du marché du travail. Dans tous les pays touchés par le « grand vieillissement », la population active se rétrécit et donc la quantité de travail disponible aussi, y compris… en Chine. Or, expliquent Charles Goodhart et son co-auteur, si l'inflation est restée basse depuis les années 1990, c'est grâce à l'intégration dans le système mondial de production des centaines de millions de jeunes Chinois et d'Européens de l'Est. L'économie globalisée a goulûment engrangé ce « dividende démographique ». Combiné aux effectifs pléthoriques des générations du *baby-boom* et à l'intégration des femmes au marché de l'emploi, l'apport de cette main-d'œuvre jeune et peu chère a permis de doubler la force de travail dans le monde entre 1991 et 2018. Cette rude concurrence, nouvelle pour les travailleurs européens et américains, a beaucoup contribué à maintenir bas les salaires dans les pays riches, mais aussi à ce que l'on y pratique des petits prix. Seulement aujourd'hui, beaucoup de ces travailleurs ont l'âge de se retirer. Et la population active mondiale commence à baisser pour la première fois depuis la seconde guerre mondiale. Elle ne fait plus suffisamment d'enfants pour se remplacer elle-même. En Allemagne, les pénuries de main-d'œuvre engendrées par le vieillissement sont si aiguës que le gouvernement travaille à faire venir 400 000 immigrés qualifiés par an. En Chine, la population en âge de travailler va se réduire de 100 millions d'individus dans les quinze prochaines années, ce qui aura pour effet de pousser très fortement les salaires à la hausse. Ils rattrapent déjà à toute vitesse ceux versés aux États-Unis : alors qu'en l'an 2000, un Américain gagnait près de trente-cinq fois plus en moyenne qu'un Chinois, son salaire n'est plus que cinq fois supérieur. Pour sensibiliser la *nomenklatura* du parti communiste à ce renversement du rapport de force entre employeurs et employés, des membres du gouvernement chinois ont fait traduire en mandarin et imprimer à 50 000 exemplaires le livre de Charles Goodhart.

La fin de la « grande mondialisation » ?

Depuis une dizaine d'années, de nombreux experts se demandaient si la Chine ne serait pas vieille avant d'être riche. Aujourd'hui, paradoxalement, c'est parce que son pays vieillit que l'ouvrier chinois pourrait finalement parvenir à s'enrichir, du moins rapprocher son niveau de vie de celui de son concurrent occidental. Ce retour en force de la « valeur travail », du fait de sa raréfaction, est un événement considérable qui va rebattre les cartes du système économique. Depuis le milieu des années 1980 en effet, les pays de l'OCDE se sont organisés dans le seul but de proposer aux consommateurs les prix les plus bas possible. Cela explique toutes les orientations prises par le capitalisme néolibéral : le grand mouvement de délocalisation vers les pays à bas coût, les pressions sur les salaires, la déréglementation du marché du travail facilitée par la désyndicalisation massive, les traités de libre-échange, l'obsession concurrentielle de l'Europe, mais aussi la constitution de gigantesques centrales d'achat dans la grande distribution, l'utilisation prioritaire des énergies fossiles abondantes et peu chères, le raccourcissement des cycles de la mode, la concurrence fiscale entre les pays, etc. Le modèle économique qui en est sorti a comprimé très efficacement nos tickets de caisse et soutenu la consommation.

Mais il se trouve aujourd'hui beaucoup de monde pour critiquer les conséquences de ce « quoi qu'il en coûte » avant l'heure, appliqué avec rigueur au nom du consommateur. Le personnel politique, des militants, une part importante de l'opinion publique comprennent que ce « tout-*low-cost* » a tiré l'inflation vers le bas pendant quarante ans au bénéfice du pouvoir d'achat, mais aussi que ce que le consommateur y a gagné, il l'a perdu comme travailleur et comme citoyen. Tous réclament aujourd'hui de nouveaux objectifs de politique économique. C'est peut-être la fin de la « grande mondialisation », insouciante lorsqu'il s'agissait uniquement de se préoccuper de la recherche du moindre coût.

Le sentiment que la mondialisation fait plus de perdants que de gagnants est aujourd'hui dominant. Selon l'enquête annuelle 2021 Ipsos Sopra-Steria pour le journal *Le Monde* sur les « fractures françaises », les deux tiers des Français (65 %) estiment que le pays doit se protéger davantage du monde. 58 % des répondants perçoivent la mondialisation comme une menace pour la prospérité et la souveraineté nationales. Réindustrialiser est devenu le nouveau mantra hexagonal. C'est le signe d'une prise de conscience des effets néfastes de la désindustrialisation commandée par la quête des prix bas : chômage, délitement du lien social, désertion des villages, etc. On s'émeut ainsi de la destruction du petit commerce de centre-ville. Quels qu'en soient les responsables (les centres commerciaux des périphéries, le commerce en ligne), la dévitalisation commerciale des centres-villes vire au fléau dans nombre de cités de moins de 100 000 habitants. Le taux de boutiques vides dans les « cœurs de ville » a bondi en vingt ans, passant de 8 à 12 % dans les villes petites et moyennes, avec des pointes à plus de 20 % dans certaines communes, quand la grande majorité des métropoles sont à moins de 5 %. Une usine qui déménage, des commerces ou le bureau de poste qui ferment, le médecin qui part en retraite sans avoir trouvé de remplaçant, c'est un village qui se meurt, aggravant les fractures territoriales. On sait depuis le XVIIe siècle et les travaux pionniers de Pierre de Boisguilbert que l'économie est un circuit ; la moindre rupture dans la circulation de la richesse appauvrit tout le circuit en aval : quand l'usine ferme, les ouvriers au chômage achètent moins de viande chez le boucher, qui achète moins de bêtes à l'agriculteur, qui achète moins de nourriture à ses fournisseurs, etc. Au Royaume-Uni, touché par les mêmes phénomènes, le gouvernement travaille depuis plus de deux ans sur un plan, baptisé *Level Up*, de remise à niveau des régions économiquement sinistrées par la désindustrialisation. Boris Johnson a provisionné une enveloppe de 7,5 milliards de livres, soit 9 milliards d'euros. Le *think-tank* Center for Cities estime qu'elle devrait plutôt être de… 2 000 milliards d'euros, soit le coût de la réunification allemande !

Les pénuries depuis la pandémie n'ont fait qu'accentuer l'impopularité de la mondialisation. Avant le Covid, les ruptures d'approvisionnement étaient considérées comme des frictions ponctuelles dans les échanges internationaux, survenant lors de l'incendie d'une usine ou bien d'une catastrophe climatique. La crise sanitaire nous a montré que les perturbations pouvaient être de bien plus grande ampleur. Le manque de masques au début de 2020 nous a rendu insupportable l'idée de dépendre de lointains centres de production dont nous pensions être les maîtres, mais dont nous nous sommes avérés les esclaves. Les industriels, eux, paient encore au prix fort les ruptures d'approvisionnement et les pénuries. Eux aussi veulent revenir à des chaînes de valeur plus régionales et moins globales. Concomitamment, la Chine ne veut plus être seulement l'atelier du monde. Consciente de sa dépendance à la bonne santé de ses clients étrangers, elle entend elle aussi se recentrer sur le développement de son marché intérieur. La Chine n'est déjà plus un pays à bas coûts. À l'avenir, elle contribuera moins à maintenir au plancher les prix dans nos magasins. Avec sa stratégie dite « de circulation duale », elle entend remplacer ses exportations bas de gamme, comme le textile, par des produits à fort contenu technologique, et à importer moins de produits haut de gamme, qu'elle ambitionne de produire elle-même. L'Europe ne fait pas autre chose quand elle lance « l'Airbus des batteries » ou qu'elle met 43 milliards d'euros sur la table pour attirer des usines de semi-conducteurs sur son sol.

Enfin, la guerre en Ukraine nous a fait prendre conscience que tous les échanges ne se valent pas. Leur fluidité n'est pas déconnectée du régime politique de nos partenaires. Veut-on continuer à commercer comme si de rien n'était avec des autocraties ou des puissances agressives ? La matérialisation de la menace russe et les soupçons entourant Pékin vis-à-vis de Taïwan bousculent nos grilles d'analyse. C'en est fini du mythe du « doux commerce ». Les produits agricoles, les matières premières, l'énergie, les capitaux, les transferts de technologies, les usines, les réfugiés : tout devient une arme et un levier potentiel de chantage ou de représailles. Les Anglo-Saxons ont un concept pour cela : la *weaponization*, la militarisation de l'économie, au service de la géopolitique. Bruno Le Maire parlait d'or quand il promettait au début de mars 2022 à la Russie une « guerre économique et financière totale ». Le « monde d'après » qu'espéraient certains au début de la pandémie, coopératif et bienveillant, n'adviendra probablement jamais.

La mondialisation n'est pas morte ; elle se « balkanise ». Dans un discours prononcé le 13 avril 2022, la secrétaire au Trésor américain Janet Yellen reprenait à son compte un nouveau concept : fini le *offshoring* (les délocalisations), place au *friendshoring*, la « mondialisation entre amis ». Dans un tel monde, chacun se regroupe par affinités ou par opposition à un bloc antagoniste. Si on ne rapatrie pas ses activités chez soi, on les transfère chez un voisin sûr ou un allié. Cette balkanisation est particulièrement visible dans le secteur de l'énergie. Alors que depuis la fin de la seconde guerre mondiale le gaz et le pétrole circulaient de manière relativement fluide et libre à travers le monde, y compris entre les deux blocs, ce n' est plus le cas aujourd'hui. La guerre en Ukraine politise comme jamais le commerce des énergies fossiles, et en redessine la carte mondiale. On distingue d'ores et déjà trois « axes énergétiques » : d'abord les « sanctionneurs », États-Unis et Europe en tête, déterminés à affaiblir la Russie et pesant de tout leur poids dans l'économie mondiale comme d'une arme politique contre elle ; ensuite le « front du refus » emmené par la Chine et les grands émergents (Inde, Turquie, Vietnam), qui repoussent les pressions occidentales et souhaitent continuer à faire des affaires avec Moscou ; enfin, le groupe des « producteurs », essentiellement les puissances pétrolières du Moyen-Orient, soucieuses de conserver une certaine neutralité dans le but de conquérir des parts de marché dans les années à venir. Ce nouvel ordre énergétique mondial sera moins fluide, moins efficace, et beaucoup plus cher que celui bâti après la guerre. Le brut qui partait de Russie et atteignait Hambourg en Allemagne en une à deux semaines voyagera désormais pendant des mois pour atteindre sa nouvelle destination : la Chine. Inversement, le pétrole saoudien, normalement destiné à l'Asie, prendra désormais prioritairement la direction de la lointaine Europe à la demande expresse des États-Unis. Cette reconfiguration de la mondialisation aura un coût. Mais c'est sans doute le prix à payer pour garantir la sécurité de nos approvisionnements.

La transition écologique : du sang, de la sueur et des larmes ?

La troisième force structurellement inflationniste est aussi la plus puissante, et la plus douloureuse : c'est le dérèglement du climat, qui se traduit par une multiplication des phénomènes météorologiques extrêmes. Sécheresses, inondations, vagues de chaleur, mégafeux, cyclones, ouragans... Année après année, les catastrophes naturelles sont de plus en plus nombreuses, et coûtent de plus en plus cher. Une étude du géant allemand de la réassurance Munich Re, autrement dit un assureur des assureurs, établit la facture des dégâts dans le monde en 2021 à 280 milliards de dollars (après 210 milliards en 2020 et 166 milliards en 2019). Sur ce total, le montant assuré s'est élevé à 120 milliards de dollars, soit le deuxième bilan le plus cher de l'histoire après 2017, *annus horribilis* avec trois ouragans majeurs dans les Antilles et le sud des États-Unis. Depuis 1970, le nombre de catastrophes d'origine météorologique a été multiplié par cinq, soit dix par jour, révélait l'Organisation météorologique mondiale fin 2021. Elles font moins de victimes, mais toujours plus de dégâts. Cette prolifération du désastre pose une question terrible : le monde, demain, sera-t-il encore assurable ? À la veille de la COP 21 à Paris en 2015, Henri de Castries, alors PDG d'AXA, premier assureur mondial, répondait sans ambages : « Un monde à +2 °C pourrait encore être assurable, un monde à +4 °C ne le serait certainement plus. » À la fin d'avril 2022, un autre réassureur, Swiss Re, évaluait le coût du dérèglement climatique d'ici 2050 à 23 000 milliards de dollars, soit la plus grande menace pesant sur l'économie mondiale. D'ici trente ans, alerte Swiss Re, le PIB mondial pourrait reculer de 18 %, celui de la France de 13 %.

Que signifie un monde qui ne serait plus assurable ? D'abord, un doublement voire un triplement des primes, rendant l'assurance inabordable pour un nombre croissant de personnes. Dans certaines zones de la planète, assurer un bien ou une récolte devient si risqué que les assureurs se désengagent. En Californie, ils commencent à fuir les zones exposées aux incendies. *Idem* en Floride où, depuis les années 1980, le niveau de la mer a augmenté de plus de 20 centimètres, accélérant la dégradation des bâtiments. En Allemagne aussi, après les inondations monstres de l'été 2021, le secteur a prévenu qu'il devrait arrêter l'assurance contre les risques de catastrophes naturelles si rien n'est fait pour maintenir le réchauffement en dessous de 2 °C. Rien de tel à ce jour en France, mais la facture des sinistres climatiques a triplé depuis les années 1980, passant de 1,2 milliard d'euros par an à 3,6 milliards.

Pour tenter de freiner cette *climate-flation*, l'Union européenne a choisi de s'attaquer au problème à la racine : les émissions de gaz à effet de serre, que le consensus scientifique décrit comme le principal moteur du réchauffement et du dérèglement du climat. Mais la mauvaise nouvelle, pour les Européens en général et les Français en particulier, c'est que le levier d'action retenu pour réduire ces émissions consiste à stimuler une autre inflation : celle que la BCE appelle la *fossilflation*, autrement dit la forte hausse du prix des énergies fossiles. En plus du surcoût des catastrophes naturelles, on alourdit volontairement, et de plus en plus, la facture énergétique. Celle-ci s'envole déjà depuis la mi-2021. Mais on n'a encore rien vu. Pour inciter les consommateurs à se détourner du pétrole, du gaz et du charbon, nous allons les taxer de plus en plus, alors même que l'Europe en est encore dépendante à 85 %, et qu'elle le sera encore sans doute au moins à 50 % en 2030. Rien n'est prêt pour assurer la transition énergétique, excepté les instruments fiscaux qui vont progressivement s'empiler dans le but de rendre les fossiles inabordables. En France, on connaît déjà la taxe carbone, de son vrai nom « contribution climat-énergie » (CCE), mise en place en 2014. La TICPE, qui renchérit le prix des carburants et du fioul domestique, en est la déclinaison pétrolière, mais il existe aussi la TICGN pour le gaz naturel, et la TICC pour le charbon. La taxe carbone est la vedette de la fiscalité environnementale, qui regroupe près d'une quarantaine d'impôts et taxes frappant tous les produits et services jugés nuisibles à l'environnement. Son rendement ne cesse de croître : de 41 milliards d'euros en 1995, il frise désormais les 60 milliards d'euros selon les données du ministère de la Transition écologique, et la TICPE en représente à elle seule plus de la moitié (56 %). Pour les ménages, qui en règlent la majeure partie quand ils font le plein de leur réservoir ou de leur cuve, c'est un surcoût sans compensation, alors que la promesse initiale de la taxe carbone était que les recettes devaient leur être en partie reversées sous la forme d'un crédit d'impôt ou d'un « chèque vert » pour les ménages non imposables.

La taxe carbone, néanmoins, n'est que le premier étage d'une fusée fiscale en construction. Les deux étages supérieurs sont encore à l'état de plan dans le « Paquet climat », ou *Green Deal*, présenté le 14 juillet 2021. Ce « paquet » agglomère en fait douze textes visant à réduire d'ici à 2030 les émissions de CO_2 dans l'UE de 55 % par rapport à 1990, d'où son autre nom, *Fit for 55* (« prêt pour les 55 % »). Outre l'objectif zéro carbone pour le secteur automobile à l'horizon 2035, c'est toute l'économie qui va devoir réduire ses émissions de CO_2, au moyen d'un système d'échange de quotas d'émission : le SEQE-UE. Concrètement, il s'agit d'un marché du carbone pour les entreprises. Ce marché définit pour chacune d'entre elles un quota maximum d'émission de gaz à effet de serre. Si l'entreprise n'en consomme pas la totalité, elle peut revendre l'excédent. Si, à l'inverse, elle dépasse son quota, elle achètera le surplus à une autre entreprise qui n'aurait pas consommé tout le sien. Le prix du carbone sur le SEQE-UE dépendra donc de l'offre et de la demande, dans la limite de l'enveloppe de CO_2 globale fixée chaque année et qui va progressivement se réduire.

En complément de ce nouveau marché intérieur, Fit for 55 propose un mécanisme d'ajustement carbone aux frontières : le CBAM (Carbon Border Adjustement Mechanism), qui n'est autre qu'une taxe carbone ciblant tous les produits entrant dans l'UE. Le but étant de gommer l'avantage compétitif des industriels étrangers qui ne paient pas leurs émissions carbone, et de décourager les délocalisations dans les secteurs les plus émetteurs. À son lancement, cette taxe carbone aux frontières s'appliquerait à seulement six matières premières : l'électricité, le fer et l'acier, l'aluminium, les engrais et le ciment. Les produits manufacturés et les automobiles seraient imposés dans un second temps. Limpide sur le papier, le CBAM s'annonce comme un vrai cauchemar à mettre en place. Comment s'assurer que tel producteur d'acier en Turquie ou en Inde alimente son usine avec de l'électricité au charbon ou d'origine éolienne ? L'Europe prévoit-elle de dépêcher des « inspecteurs verts » dans chaque usine de la planète ? Ce qui est complexe pour un produit simple comme l'acier va devenir impossible sur des produits manufacturés complexes : ira-t-on vérifier l'empreinte carbone de chacune des milliers de pièces, produites dans des centaines d'usines différentes dans plusieurs pays, qui peuvent se retrouver assemblées dans un seul produit ? Pour fonctionner, le CBAM exigerait de tous les industriels une transparence totale de leur processus de production, ce qui a peu de chance de se réaliser, à moins que le monde entier n'adopte le mécanisme européen. En attendant, l'Europe-la-vertu va se retrouver confrontée à une triche mondiale.

Green Deal : un choc de décroissance…

Dans quel état l'industrie européenne sortira-t-elle de ce nouveau cadre fiscal ? Probablement affaiblie vis-à-vis de la concurrence extérieure. À la clé, des pertes de parts de marché et sans doute des destructions d'emplois. Et pour les consommateurs, des prix plus élevés. Prenons l'exemple d'une machine à laver. Sa production réclame environ 25 kilos d'acier, 4 kilos de ciment pour le lest en béton, et 3 kilos d'aluminium. Ces trois matériaux sont déjà soumis à la taxe carbone, à raison de 90 euros par tonne de CO_2 émis. Le SEQE-UE vise 250 euros par tonne à terme. Cette inflation fiscale passera à un moment ou l'autre dans le prix de la machine finale, car il n'existe à ce jour aucune technologie crédible permettant d'alléger significativement et à bas coût le bilan carbone de son processus de production.

Outre la *fossilflation*, les entreprises et les ménages doivent subir ce que la BCE appelle la *greenflation*, autrement dit la hausse du coût de toutes les matières premières de base entrant dans la composition des technologies bas carbone. Le lithium, présent en grande quantité dans les batteries des véhicules électriques, a ainsi vu son prix multiplié par dix depuis 2020. Début 2022, la demande dépassait l'offre pour la première fois. Et l'Agence internationale de l'énergie (AIE) prévient que d'ici 2040, le monde consommera quarante fois plus de lithium qu'aujourd'hui, vingt fois plus de nickel et sept fois plus de manganèse. Parallèlement, ouvrir des mines devient de plus en plus difficile. Partout dans le monde, les réglementations se durcissent au nom… de l'environnement ! La Chine, qui s'est récemment engagée à la neutralité carbone en 2060, plafonne l'ouverture de nouvelles fonderies d'aluminium, dont elle contrôle 60 % de la production mondiale, car c'est l'un des métaux les plus sales à produire. Autrement dit, la cause environnementale freine la transition énergétique, et la rend toujours plus coûteuse. Les réglementations vertes exigent de développer et de déployer massivement en des délais record des technologies décarbonées, mais elles découragent simultanément les investissements dans les mines ou les fonderies qui permettraient de les produire à coût raisonnable.

On est en droit de s'interroger aussi sur l'objectif de réduction du bilan carbone européen. Pour parvenir à réduire de 55 % d'ici 2030 ces émissions de CO_2 par rapport à 1990, l'Union européenne veut faire passer la part des énergies renouvelables de 15,8 % de l'énergie finale consommée à 40 % en 2030. Une telle ambition est-elle tenable ? L'économiste Philippe Herlin pose la question dans une note pour l'Institut Thomas More parue en octobre 2021. Pour y répondre, il commence par identifier l'origine de ce chiffre magique de 40 % de renouvelables à atteindre en moins d'une décennie. Il est mentionné pour la première fois en 2011 par le GIEC, le groupe d'experts intergouvernemental sur l'évolution du climat, dans un rapport consacré au rôle des énergies renouvelables dans l'atténuation du changement climatique, le rapport SRREN. 40 % en 2030 serait l'étape intermédiaire avant l'objectif de 80 % de renouvelables dans le *mix* énergétique mondial en 2050. Seulement, ce scénario 40/80 n'est que le plus radical parmi les 164 qu'explore le GIEC au fil des 1 544 pages du rapport SRREN. Et la Commission européenne en a fait la seule performance digne d'être accomplie par les 27, alors même que l'AIE estime plus sûrement, compte tenu des blocages décrits au paragraphe précédent, que l'éolien et le solaire ne seraient en mesure de couvrir que 5 % des besoins énergétiques du monde en 2040, et 10 % en 2050.

Quel sera le prix à payer de placer si haut la barre verte ? Là encore l'équation économique ne tient pas la route. En matière d'investissements, la Cour des comptes européenne évaluait en 2018 le budget nécessaire aux 27 à 11 200 milliards d'euros entre 2021 et 2030. Ramené à la France, cela correspond à une dépense de 150 milliards d'euros chaque année, soit 6 % du PIB, ou un peu plus de 10 % des dépenses publiques. Il faudrait, pour soutenir un tel effort, beaucoup de croissance. Or, l'objectif de –55 % d'émissions de CO_2 en 2030 va avoir l'effet exactement contraire, à savoir un énorme recul de la richesse annuellement créée. Dans un article publié en décembre 2020 dans la revue *Contrepoints*, l'économiste Vincent Bénard en apporte la preuve en appliquant une célèbre équation mathématique inventée en 1993, un an avant les accords de Kyoto, par l'économiste japonais Yoichi Kaya. Appliquée aux objectifs européens, l'« équation de Kaya » révèle qu'ils exigeraient une décroissance du PIB de 28,5 % entre 2018 et 2030. La conclusion de Vincent Bénard est sans appel : « Cet objectif [–55 % de CO_2 en 2030] est inaccessible, sauf à mettre en place dans chaque État membre des moyens de coercition de l'économie, voire des populations, tout à fait inimaginables. » Le seul moyen d'atteindre la cible d'émission en conservant une croissance correcte serait donc la découverte d'une technologie miracle ou un assouplissement des réglementations environnementales permettant de multiplier par plus de deux, et à prix soutenable, la vitesse de décarbonation de notre économie.

… ET UN CHOC DE POUVOIR D'ACHAT

Il aura fallu trente ans à l'Europe, de 1990 à 2020, pour réduire ses émissions de CO_2 de 30 %. Il s'agirait maintenant d'en faire pratiquement autant en moins d'une décennie. Or, la baisse dans la période précédente est essentiellement due à la désindustrialisation massive de notre économie. Le carbone n'a pas été supprimé, il est parti s'émettre ailleurs, essentiellement en Asie, laissant derrière lui des friches industrielles et du chômage. Peut-on s'en satisfaire ? L'impératif vert va d'ailleurs inévitablement contrarier, voire s'opposer à l'ambition de réindustrialiser la France. N'ayant plus beaucoup d'usines à dépolluer, n'ayant pas de prise, ou si peu, sur les processus de fabrication des produits importés, la France n'a en réalité plus qu'une solution pour réduire son bilan carbone : s'en prendre aux ménages, en pénalisant fiscalement les produits importés et en alourdissant leurs trois principaux postes de dépenses à savoir le logement, l'alimentation et les transports.

Concernant les transports, l'offensive verte se concentre sur la voiture avec la grande bascule autoritaire vers l'électrique (voir le chapitre 5 de la deuxième partie). L'Europe ne veut plus de la neutralité technologique qui laissait jusque-là aux industriels une relative liberté pour atteindre les objectifs CO_2 tout en préservant le pouvoir d'achat automobile de ses clients. Le véhicule demain sera électrique ou ne sera pas, même s'il doit coûter pendant plusieurs années 10 000 euros de plus que la version thermique. Pour l'alimentation, la stratégie Farm to Fork aboutirait une fois mise en place à une hausse des prix, on l'a vu, de 1 % à 12 % (voir le chapitre 3 de la deuxième partie). Quant au logement, la lutte contre les passoires thermiques se traduit déjà par l'interdiction dès 2023 de mettre en location tous les logements actuellement classés G et qui ne connaîtraient pas de travaux d'isolation. En 2028, ce sera le tour des logements classés F. Pris ensemble, F et G représentent 30 % du parc privé, soit 7 à 8 millions de logements menacés de sortir du marché locatif, alors même que la France manque de toits. La situation ne va pas s'arranger. D'une part, les surfaces constructibles sont amenées à se raréfier avec l'objectif, inscrit dans la loi Climat et résilience de 2018, de parvenir à « zéro artificialisation nette » des sols en 2050. D'autre part, construire va coûter de plus en plus cher avec le verdissement du cahier des charges pour le secteur du bâtiment. La norme RE2020, entrée en vigueur au début de 2022 et qui va s'alourdir progressivement d'ici à 2030, va se traduire, hors inflation liée aux pénuries de matériaux, par un surcoût de 3 % à 13 % au mètre carré pour les maisons, selon les simulations du ministère de la Transition écologique.

La transition inacceptable ?

Les consommateurs sont-ils prêts à de tels sacrifices au nom du climat ? Difficile de répondre simplement par oui ou par non. La France bute en effet sur un paradoxe déroutant : elle se place parmi les pays où la prise de conscience écologique atteint des sommets dans les enquêtes d'opinion, alors même que l'acceptation des politiques environnementales y demeure concrètement faible. L'hémisphère gauche du cerveau France, logique et rationnel, admet la nécessité de manger moins de viande, de prendre moins la voiture et de baisser le chauffage, mais son cerveau droit se rebelle contre la fiscalité écologique, les zones à faible émission dans les centres-villes et la perspective du végétarisme forcé. Difficile de mobiliser sans saute d'humeur l'opinion contre un péril aussi diffus, éloigné dans le temps, et davantage mondial que national que le dérèglement du climat.

En chacun de nous cohabitent deux forces contraires : l'espoir de « sauver le climat » et l'humanité par la même occasion grâce à la transition écologique, et une profonde inquiétude pour nos niveaux de vie. Cela rejaillit dans les résultats, en apparence contradictoires, de différentes enquêtes. En mars 2022, la Banque européenne d'investissement (BEI), le bras financier de l'UE, questionna des habitants des 27 pays ainsi que des Américains, des Chinois et des Britanniques sur l'impact qu'ils attendaient de la transition écologique. Concernant les Français, 59 % répondirent s'attendre à une amélioration de leur qualité de vie, 55 % qu'elle créera plus d'emplois qu'elle n'en détruira, et 72 % qu'elle fera baisser leur pouvoir d'achat. Autrement dit, de manière assez étonnante, de nombreux répondants ont décorrélé le bien-être (la qualité de vie) de l'emploi et surtout du porte-monnaie (le pouvoir d'achat). Auraient-ils intégré l'inévitable sobriété et la décroissance forcée qu'impliquent les plans de la Commission européenne pour réduire les émissions de CO_2 ? La réponse est ailleurs. Il ne s'agit ni de résignation, ni d'une conversion écologiste radicale, mais plutôt d'un arbitrage qu'effectue le citoyen consommateur entre les grandes causes et le sacrifice économique qu'elles impliquent. Dans *Le Prix de nos valeurs*, les économistes Augustin Landier et David Thesmar analysent finement le compromis que chacun de nous opère quand il s'agit de défendre une valeur morale (l'écologie, l'aide aux plus démunis, sanctionner la Russie guerrière...), mais que celle-ci implique un coût économique[1]. Confronté au dilemme entre « sauver la planète » et sacrifier son pouvoir d'achat, chacun fixe son prix, au-delà duquel il refuse d'aller. Cette logique est le contraire de l'intransigeance et du « quoi qu'il en coûte ».

1. Augustin Landier et David Thesmar, *Le Prix de nos valeurs. Quand nos idéaux se heurtent à nos désirs matériels*, Paris, Flammarion, 2022.

Toute la subtilité est que ce prix peut varier dans le temps : le lien social et la qualité des produits justifiaient en 2020 de payer un peu plus cher dans les commerces de proximité ; c'est moins vrai avec le retour de l'inflation alimentaire deux ans plus tard. Qu'en sera-t-il dans dix ans à l'égard de l'effort climatique sous la pression croissante des trois inflations, climatique, fossile et verte ? En 2021, seulement 22 % des Italiens et des Allemands acceptaient de payer 10 % plus cher leur consommation, soit le niveau de hausse de prix généralement admis pour initier des changements significatifs d'habitudes, nous apprend une enquête Allianz Pulse. C'était seulement 14 % en France, contre 50 % affirmant ne pas vouloir payer un centime de plus à cet effet. L'adhésion ou le refus n'ont rien à voir avec le pouvoir d'achat : les réponses sont sensiblement les mêmes à 1 000 euros de revenu qu'à 5 000 euros. La différence se fait sur l'âge des répondants. Dans le groupe des 14 %, le taux de consentement à payer plus pour le climat varie de 10 % chez les retraités à 32 % chez les 18-24 ans. Cela renforce l'idée que les valeurs morales tendent à prendre le pouvoir sur le porte-monnaie parmi les jeunes générations, même s'il est impossible d'affirmer qu'à leur tour, elles ne seront pas un jour gagnées par un « effet Gilet jaune » si le prix de la transition écologique venait à dépasser celui de leurs valeurs.

Le pouvoir d'achat n'est pas un droit, mais une récompense

L'équation du pouvoir d'achat est complexe. Pour la poser complètement, nous ne pouvions pas nous contenter de la feuille de paie et du caddie. Il nous a fallu convoquer mille et une notions d'économie, nous plonger dans l'histoire et la géographie, les rapports du GIEC, la carte scolaire, la politique agricole commune, le droit du travail, la fiscalité, etc. L'impression générale qui se dégage de ce vaste examen est que le futur du pouvoir d'achat s'annonce sombre. Les perspectives ne prêtent guère à l'optimisme. Nous prenons maintenant la juste mesure de la vanité des propositions « de bon sens » présentées par les responsables politiques comme des solutions rapides et efficaces à l'amélioration du niveau de vie des Français. Dès lors qu'on prend du recul, et que l'on fait moins de politique et plus d'économie, les failles apparaissent. Qui explique qu'augmenter le Smic, c'est prendre le risque de nouvelles délocalisations dans les secteurs à forte intensité en travail non qualifié, ou encore de la substitution du travail humain par des robots ? Qui rappelle que toucher aux cotisations sociales pour réduire l'écart entre salaires bruts et nets implique ensuite de réduire les prestations sociales ou d'augmenter les impôts ? Pour du salaire immédiat, on sacrifiera du revenu différé.

En France, on politise à l'excès le pouvoir d'achat. On organise des grand-messes sociales et des conférences salariales sans lendemain. Un jour on bloque les prix de l'énergie pour maintenir la consommation, qu'il fallait à tout prix réduire la veille pour sauver le climat. Un autre jour, on convoque la grande distribution pour limiter les prix des produits de base. Le lendemain, on la rappelle pour qu'elle rémunère dignement les producteurs agricoles, et on critique Leclerc et sa baguette à 29 centimes pendant trois mois. Ça tire à hue et à dia. On encadre les loyers dans les secteurs en tension, décourageant les investisseurs de financer la construction de nouveaux programmes, qu'on tente de relancer juste après par des dispositifs de réduction d'impôt. On veut bloquer le thermomètre en croyant que cela empêche la température de grimper. Le bénéfice politique immédiat toujours, la réflexion de long terme, jamais.

Le pouvoir d'achat ne se décrète pas

On agit à l'égard du pouvoir d'achat comme s'il s'agissait d'un acquis social que la puissance publique avait la charge de réassurer, en cas de coup de chaud, par diverses mesures de soutien. Mais le pouvoir d'achat n'est pas un droit. Il est la récompense de choix de société forts. La solution à la crise française du pouvoir d'achat est une affaire de revenus et de prix, et, par conséquent, d'emploi et de productivité, d'innovation et de puissance industrielle, de fiscalité et d'aménagement du territoire, de temps de travail dans la semaine, l'année, la vie. La clé se trouve autant chez les partenaires sociaux qu'à l'école, autant à l'Université que dans les centres de formation professionnelle. Autant dans les négociations des accords de libre-échange, que dans les départements de recherche et développement (R&D) des entreprises. Gagner la fameuse « bataille du pouvoir d'achat » exige des politiques de long terme, mais aussi des réponses de marché. Il n'y a pas de solution miracle. Sommes-nous prêts à relever le défi ?

Homo Consumericus est un animal compliqué. Aussi individualiste que soucieux d'un commerce éthique, il réclame la qualité, mais aussi la quantité. Il s'engage à la sobriété, mais à condition de ne jamais manquer. Il est un peu contrarié aujourd'hui : les sollicitations se multiplient pour le tirer du confort de son bonheur privé. Il appréhende avec inquiétude l'avenir qui se dessine jour après jour. Le voilà sommé d'arbitrer des choix politiques douloureux, dont il risque bien d'être le perdant à tous les coups. Fin de mois contre fin du monde. La souveraineté au péril de la cherté. Que choisira-t-il ?

Revenons à Alain Peyrefitte, que nous avons déjà cité dans ces pages. En 1976, à la fin de son livre *Le Mal français*, dans lequel il explorait la lancinante question du déclin tricolore, il concluait : « C'est une révolution mentale dont les Français ont besoin ». Alors qu'en règle générale, plus un pays est riche, plus ses habitants se déclarent heureux, la France se démarque par un pessimisme plus élevé que ce que devrait lui procurer son niveau de vie. Or le pessimisme agit comme un anesthésiant puissant. Il faut redouter que la conviction du déclin et du déclassement affaiblisse nos réactions et devienne la source d'une prédiction autoréalisatrice. Posons-nous la question : consentirions-nous aujourd'hui à accepter les sacrifices qu'impliquaient les politiques de puissance de Charles de Gaulle, Napoléon ou Louis XIV ? Il est permis d'en douter, rien qu'à voir l'hostilité que suscite l'idée d'un report de l'âge de départ en retraite. Qui peut croire que les Français accepteraient aujourd'hui, docilement, des réformes assumées de modération salariale immédiate, en échange de la promesse d'une prospérité future ? C'est ce que fit l'Allemagne dans la première décennie des années 2000, avec le succès que l'on observe aujourd'hui. C'est ce que firent nos ancêtres au sortir de la seconde guerre mondiale, avec le succès que l'on sait. Faut-il être naïf pour s'imaginer que l'implantation d'usines par centaines, la réouverture de mines dans le but de réduire nos dépendances aux matières premières étrangères, se feraient sans l'hostilité des riverains et des associations de défense de l'environnement ? Comprendrait-on, à l'heure de la lutte tous azimuts contre les discriminations et l'obsession égalitaire, un dirigeant politique qui déclarerait, comme Deng Xiaoping en 1978, qu'il faut laisser d'abord une partie de la population s'enrichir ?

La France n'a plus connu la guerre sur son sol depuis plus de soixante-quinze ans. Mais, pour paraphraser Clausewitz, si l'économie est devenue la continuation de la guerre par d'autres moyens, nous péchons par notre incorrigible pacifisme, en refusant la course à l'armement économique que devrait nous imposer la compétition mondiale. Tout se passe comme si la France, épuisée par une histoire hachée, entrecoupée de guerres et de périodes de reconstruction, était prise d'une fatigue séculaire, la privant de la force et de la volonté de maintenir ou reconquérir un rang à l'avant du peloton.

Le pouvoir d'achat, ultime projet de société pour la France ?

Gagner la bataille du pouvoir d'achat doit passer par un examen de conscience national. Dans leur pessimisme, les Français ont perdu confiance en l'État et les pouvoirs publics en général. Ils se méfient aussi des autres. La majorité considère que, dans la société d'aujourd'hui, les règles du jeu ne sont pas les mêmes pour tous. L'argent devient alors le seul moyen de s'émanciper, de conquérir ou conserver qualité de vie et liberté de choix. Il apparaît comme un refuge pour soi et ses proches, dans une société perçue comme incapable, désormais, de résoudre collectivement les problèmes. Gagner en pouvoir d'achat, c'est pouvoir s'offrir des aliments de meilleure qualité, habiter un quartier tranquille, choisir l'école de ses enfants, avoir accès aux meilleurs soins de santé. Avoir de l'argent, c'est pouvoir s'armer et se défendre dans la vie, bref se sauver soi-même ainsi que ses proches, à défaut de sauver le pays qui serait, lui, sur une pente descendante. « Sauve qui peut ! » et « Chacun pour soi », un cocktail tragique.

La France n'est plus depuis longtemps gouvernée par l'idée, comme le dit l'historien Jean-François Sirinelli, d'un « bonheur différé ». Elle n'est plus la société de pénuries qu'elle fut jusqu'aux années 1960, dominée par le catholicisme, le communisme puis le gaullisme, attendant patiemment les lendemains qui chantent. Le pays ressemble de plus en plus, pour reprendre la formule de Jérôme Fourquet, à « un énorme syndic de copropriété » où chacun « se contente de respecter le règlement du lotissement, point. » L'abstention massive et régulière aux élections est un symptôme, parmi d'autres, de cette mise en retrait collective.

Pense-t-on et vit-on encore la France collectivement, et en grand ? Le bonheur n'est plus un projet de société ; c'est une aspiration individuelle, ici et maintenant. Il y a soixante ans, il fallait attendre des mois une ligne téléphonique ; aujourd'hui, les ventes de voitures s'écroulent en partie car les délais de livraison d'un véhicule neuf atteignent six à douze mois. L'abondance ordonne l'immédiateté. Le monde s'est « consumérisé » : la fidélité à une marque, comme à son employeur, ne va plus de soi. L'une et l'autre doivent travailler leur désirabilité pour susciter la satisfaction. Nous sommes exigeants et volatils, et nous décernons des notes à tout et à tout le monde, le chauffeur Uber, le livreur Deliveroo, la fille ou le garçon sur une appli de rencontres. Notre époque est à la mise en étoiles de la vie sociale et du monde. En chacun de nous cohabitent un consommateur et un travailleur, et le premier dicte ses conditions au second.

On quitte un poste aujourd'hui parce qu'il manque de « sens » ou que les « valeurs » de l'entreprise ne nous correspondent pas.

Pendant les Trente Glorieuses, la consommation était vectrice d'intégration. Elle est aujourd'hui le moyen de se différencier, et, peut-être, la meilleure clé de lecture d'une société qui ne croit plus au « grand soir ». La norme sociale cède la place à la société du choix. Sous le double effet de l'individualisme et du communautarisme, les Français ne font plus masse. « Le peuple a explosé en plusieurs foules », écrivait Jean Viard en 2013[1]. Chacun vit en mitoyenneté avec ses voisins, soucieux avant tout de cultiver son jardin, ou, à défaut, son balcon, bien à l'abri derrière sa clôture ou ses brise-vue. Et les colères naissent justement de se voir refuser l'accès au bien-vivre. Les Gilets jaunes en ont été les turbulents révélateurs en cassant les vitrines des magasins dans les centres-villes, et en bloquant des péages jugés trop chers. Les économistes sont désormais convaincus que si les questions d'identité prennent aujourd'hui autant d'importance dans le débat public, c'est parce qu'une majorité de Français seraient frustrés économiquement. On s'inquiéterait de ce que l'on *est*, par frustration de ce que l'on *n'a pas*.

Face à un pays si fragmenté, en déficit de projection commune, les responsables politiques peinent à trouver des thèmes fédérateurs. Le pouvoir d'achat en est l'un des rares. Serait-il notre dernier dénominateur commun, le dernier projet global ?

La question est vertigineuse.

1. Jean Viard, « Territoires, identités et diversité culturelle », dans Jean-Pierre Saez (dir.), *Un lien à recomposer*, Toulouse, Éditions de l'attribut, 2012, p. 156-165.

Table

TROISIÈME PARTIE

Sommes-nous des gagne-petit ?

MIXTE
Papier issu de
sources responsables
FSC® C003309

L'éditeur de cet ouvrage s'engage dans une démarche de certification FSC® qui contribue à la préservation des forêts pour les générations futures.

Pour en savoir plus :
www.editis.com/engagement-rse/

CET OUVRAGE
A ÉTÉ ACHEVÉ D'IMPRIMER
SUR ROTO-PAGE
PAR L'IMPRIMERIE FLOCH
À MAYENNE EN AOÛT 2022

N° d'impression : 100919
Imprimé en France